Mc
Graw
Hill
Education

Cover: Nathan Love, Erwin Madrid

mheducation.com/prek-12

Send all inquiries to:
McGraw-Hill Education
Two Penn Plaza
New York, New York 10121

ISBN: 978-0-07-900632-5
MHID: 0-07-900632-9

Printed in the United States of America.

3 4 5 6 7 8 9 LWI 23 22 21 20 19

B

Autores

Jana Echevarria   Gilbert D. Soto

Teresa Mlawer   Josefina V. Tinajero

McGraw Hill Education

1

Piénsalo bien

Animales fabulosos

UNIDAD 3

¡Así se hace!

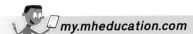 *my.mheducation.com*

UNIDAD 4

¿Realidad o ficción?

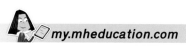

my.mheducation.com

James Quine/Alamy

Pasado, presente y futuro

LECTURA INDEPENDIENTE

LOS TERREMOTOS

Sneed B. Collard III

Pregunta esencial

¿Cómo reacciona la gente a los desastres naturales?

Lee cómo puede ayudar la ciencia a que la gente se prepare para los terremotos.

¡Conéctate!

10

Un planeta que se desplaza

Queremos creer que el suelo que está bajo nuestros pies es firme y seguro. Las personas que han sentido temblar la tierra piensan de otro modo. Ellas han sobrevivido a un terremoto.

La corteza terrestre se parece más a un rompecabezas que a una esfera sólida. Al igual que un rompecabezas, la corteza se divide en diferentes piezas que encajan. Estas piezas se llaman placas. Las placas de la Tierra flotan sobre una capa que está inmediatamente debajo de la corteza, llamada manto superior. El manto superior es roca sólida, pero se comporta como un gel espeso. El calor que emana del fondo de la Tierra atraviesa la roca y hace que esta gire lentamente y fluya.

Habitantes de Birmania inspeccionan grandes grietas en una carretera luego de que un terremoto azotara la región.

La doctora Inés Cifuentes es sismóloga: una persona que estudia los terremotos. Le gusta comparar el movimiento de las placas de la Tierra con leche hirviendo. "Cuando hierves leche", afirma, "obtienes esa pequeña capa superficial de crema que se mueve y baila. Eso es lo que ocurre en la Tierra, solo que la corteza terrestre es mucho más dura que la capa de crema".

Cuando el manto "hierve", empuja y jala las placas que están sobre él. "En los extremos de estas placas es donde ocurren la mayoría de los terremotos", explica.

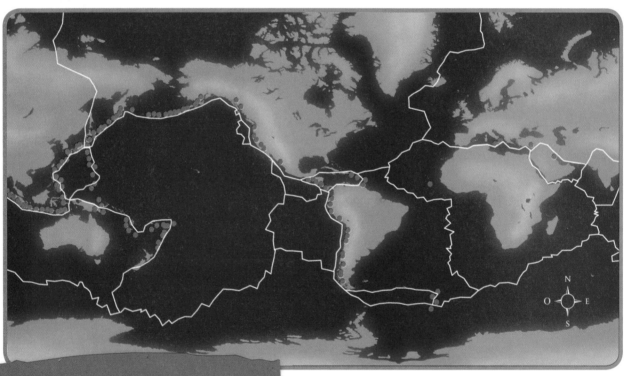

Las líneas blancas del mapa muestran las placas de la superficie terrestre. Los puntos rojos muestran dónde han ocurrido terremotos.

Unas personas miran una enorme grieta en una call... de Valdivia, a causa del terremoto de 1960 en Chil...

El terremoto más fuerte del mundo: un relato de primera mano

La doctora Inés Cifuentes se convirtió en sismóloga por una buena razón: su familia y ella experimentaron el terremoto más fuerte de la historia. Se trata del terremoto que sacudió a Chile en 1960. La doctora Cifuentes explica: "En abril de 1960, mi familia se mudó a Santiago de Chile. Solo unas pocas semanas más tarde, el 21 de mayo, nos despertó una fuerte sacudida. Treinta y tres horas después un gran terremoto golpeó el sur del país, y con él, un enorme tsunami. Aproximadamente un año después viajamos al extremo norte de la zona donde ocurrió el terremoto. Allí vimos que la tierr... de hecho se había levantado más o menos un metro. Vi estos camb... enormes y ¡me impresionó que la tierra pudiera hacer eso! Despu és cuando era estudiante de posgra... quise saber qué fuerza había teni... ese terremoto, cuánto había dura... y si lo había precedido un terrem... "lento". Trabajé en este problem... durante cuatro años. Pude calcul... que el mayor terremoto registrad... tuvo una magnitud de 9.5. Tambi... confirmé que 15 minutos antes d... terremoto principal había ocurri... un precursor. Estoy muy orgullosa de este trabajo".

¿De quién es la falla?

Las placas de la Tierra chocan entre sí, se separan y se deslizan una contra la otra. Dondequiera que lo hagan, producen grietas en la corteza terrestre. Los sismólogos llaman fallas a estas grietas. Por lo general, los bloques de roca que están a cada lado de la falla simplemente se mantienen unidos. Sin embargo, cuando se acumula suficiente presión, los dos lados de la falla se pueden desplazar, o deslizar, de repente. Este movimiento repentino libera ondas de energía que viajan por la tierra. Nosotros las sentimos como terremotos.

La mayoría de las fallas no se deslizan ni causan terremotos. No obstante, en todo el mundo las fallas activas ocasionan cientos de terremotos a diario. La mayoría de ellos son demasiado leves para que los sintamos. Pero de vez en cuando, la Tierra desencadena uno enorme.

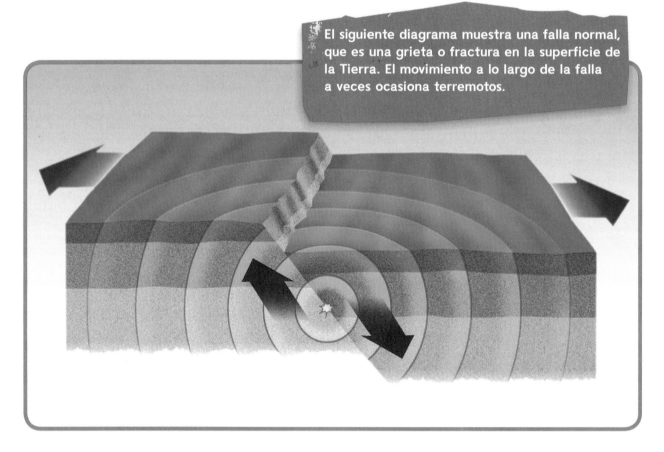

El siguiente diagrama muestra una falla normal, que es una grieta o fractura en la superficie de la Tierra. El movimiento a lo largo de la falla a veces ocasiona terremotos.

Cómo se miden los terremotos

Los sismólogos registran los terremotos con máquinas llamadas sismógrafos. Estos miden la sacudida o movimiento del suelo. Después de un terremoto, los científicos leen sus sismógrafos. A partir de sus lecturas, calculan la intensidad o magnitud de un terremoto. Las escalas de magnitud están diseñadas para que cada número entero sea diez veces mayor que el número anterior. Por ejemplo, un terremoto de magnitud 7.0 es diez veces mayor que uno de magnitud 6.0.

Aproximadamente una vez al año suceden terremotos enormes, los cuales tienen una magnitud de 8.0 o mayor. Solo ocurren en fallas muy grandes y pueden ocasionar una **destrucción grave.**

La doctora Cifuentes explica: "El único lugar en que se puede presentar un terremoto como el de 2011 en Japón es donde una placa se deslice por debajo de otra. Este es el único lugar donde hay una falla suficientemente larga y ancha para liberar ese tipo de energía".

Los sismólogos dieron al terremoto de 2011 en Japón una magnitud de 9.0, el cuarto más fuerte registrado. Ellos creen que el terremoto ocurrió sobre una falla de más de 150 millas (250 kilómetros) de longitud. Sacudió a Japón entre tres y cinco minutos, y fue tan fuerte que **alteró** la geografía del país. Sorprendentemente, no fue la sacudida del suelo la que produjo los mayores daños. Una enorme ola resultó ser mucho más destructiva.

Los sismógrafos ayudan a los científicos a determinar la magnitud o intensidad de un terremoto.

AHORA COMPRUEBA

Volver a leer ¿Cómo miden los científicos los terremotos? Vuelve a leer para verificar si entendiste.

La zona de desastre en Kesennuma, Japón, 2011, 100 días después del enorme terremoto y el tsunami.

El terror del tsunami

Cuando ocurre un terremoto bajo el océano, por lo general mueve una cantidad **considerable** de agua por encima de él. Esto crea una ola que se desplaza rápidamente llamada tsunami. Mar adentro, la ola puede tener solo unos cuantos pies de altura. Sin embargo, al acercarse a la orilla, se pu ede convertir en un monstruo que lanza agua hacia el interior a lo largo de millas.

Los tsunamis recorren miles de millas. En 1960, el terremoto más fuerte registrado en el mundo golpeó a Chile. Produjo olas de hasta 82 pies (25 metros) de altura sobre la costa. El tsunami también se desplazó por el océano Pacífico a una velocidad superior a 150 millas por hora. Golpeó las costas de Hawái, Japón, Alaska y otros lugares. Cientos de personas se ahogaron.

El terremoto de 2011 en Japón produjo olas de tsunami de más de 30 pies (10 metros) de altura. El terremoto en el océano Índico ocurrido en 2004 en el sudeste asiático produjo tsunamis de más de 50 pies (15 metros). Estas olas sepultaron ciudades y costas enteras; arrasaron viviendas, autos y personas.

Japón, el sudeste asiático y Chile ya habían experimentado terremotos y tsunamis muy poderosos. ¿Por qué tantas personas no estaban preparadas?

Como se predicen los terremotos

Los sismólogos son muy buenos para medir los terremotos, pero aún no pueden predecirlos.

"Hubo una época", explica la doctora Cifuentes, "en que los científicos creyeron que la predicción de los terremotos estaba a la vuelta de la esquina; que pronto iban a poder predecirlos. Sin embargo, hoy está claro que no está a la vuelta de la esquina. De hecho, algunos han renunciado totalmente a predecir terremotos".

Una razón por la cual los terremotos son **impredecibles** es que los científicos no pueden reunir suficiente información para entender dónde y cuándo ocurrirá el siguiente terremoto. Aunque han instalado instrumentos especiales en muchas zonas sísmicas, los terremotos siguen tomándonos por sorpresa. Por ejemplo, los científicos creían que el siguiente gran terremoto de Japón ocurriría en el extremo sur, más cerca de Tokio. Pero por el contrario, golpeó el extremo norte.

Un poderoso tsunami obligó a las personas a huir hacia el techo de una torre de control en un aeropuerto inundado.

AFP PHOTO/HO/NHK/Getty Images

Prepararse para los terremotos

Aunque los terremotos no se pueden predecir, podemos prepararnos para cuando sucedan. Muchos científicos ayudan a que la información esté **disponible** para que las personas se puedan preparar y reaccionar. Esto es particularmente importante cerca de las zonas costeras.

"Si la sacudida se prolonga más de treinta segundos", dice la doctora Cifuentes, "es muy sencillo. Aléjate del océano y ve a terrenos altos. Tienes entre quince y veinte minutos para llegar a un terreno más alto".

Cómo están construidas las ciudades también influye en el número de personas que sobreviven a un terremoto. En muchos países, hay leyes especiales de construcción. Los edificios deben ser fuertes y flexibles, para que no **colapsen**. Pero en otros países los edificios suelen estar mal construidos. El terremoto de 2010 en Haití, por ejemplo, mató entre 46,000 y 316,000 personas. A diferencia del de Japón, muchas de ellas murieron porque colapsaron los edificios y cayeron escombros.

Pero los terremotos no solo destruyen. También crean. "Ayudan a formar montañas, costas y otros paisajes", dice la doctora Cifuentes. Vale la pena recordar esto mientras aprendemos a predecir los terremotos y a sobrevivirlos.

Se están construyendo ductos como este para proteger los alambres, cables y tuberías subterráneos en caso de un terremoto.

Qué hacer durante un terremoto

Si estás dentro

- Arrójate al suelo y gatea bajo un mueble sólido y resistente hasta que la sacudida cese.

- Aléjate de los vidrios, las ventanas, las puertas y los muros, y de cualquier cosa que se pueda caer, como una lámpara de techo o un ventilador.

- Quédate en la cama si estás allí cuando ocurra el terremoto. Cúbrete la cabeza con una almohada. Aléjate de la cama solo si hay una lámpara pesada o un ventilador encima de ti.

- Refúgiate bajo el marco de una puerta solo si sus bases son sólidas.

- Permanece dentro hasta que la sacudida cese y sea seguro salir.

- No uses el ascensor.

Si estás fuera

- Aléjate de los edificios, semáforos y cables de servicios públicos.

- Evita todos los espacios donde caen escombros, como vidrio.

- Cuando estés en un espacio abierto, quédate allí hasta que la sacudida cese.

AHORA COMPRUEBA

Volver a leer ¿Cómo puedes protegerte si estás dentro durante un terremoto? Vuelve a leer para verificar si entendiste.

Los estudiantes toman conciencia sobre los terremotos participando en un simulacro nacional de terremoto.

David McNew/Getty Images News/Getty Images

Aprendamos sobre ciencia con este autor

Sneed B. Collard III cree que las personas pueden encontrar ciencia dondequiera que miren. Sus padres fueron biólogos, por lo cual Sneed estuvo expuesto a la ciencia todos los días mientras crecía. Ha escrito más de 40 libros de ciencia para niños, muchos de ellos inspirados en su propia vida e intereses, ¡incluyendo a su perro, que puede atrapar *frisbees*! En la actualidad vive en Montana y disfruta escribir acerca del Oeste estadounidense y su belleza natural.

Propósito del autor

Sneed B. Collard III informa a los lectores por medio de sus entrevistas a científicos. ¿Aprendiste sobre los terremotos al leer el texto acerca de la Dra. Inés Cifuentes?

Respuesta al texto

Resumir

Resume lo que aprendiste de los terremotos.
La información del organizador gráfico de diferente
y parecido puede servirte de ayuda.

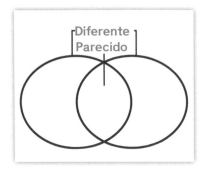

Escribir

¿De qué modo facilita el autor con las características
del texto que el lector comprenda el efecto que tienen
los terremotos en las comunidades?

El autor utiliza fotos para…
El autor también emplea otros recursos como…
Así puedo comprender cómo los terremotos…

Hacer conexiones

¿Cómo puede ayudar la ciencia a que las personas se
preparen para los terremotos? PREGUNTA ESENCIAL

¿Por qué las personas deberían tomar en serio las
alertas de tsunami? EL TEXTO Y EL MUNDO

Enfrentar la tormenta

por Anna Whittemore

Las **graves** inundaciones llegaron el mismo fin de semana en que las niñas exploradoras de Tennessee habían programado un camporí. Este es un evento en el que las tropas se reúnen en un campamento de niñas exploradoras.

Hubo pronósticos de tormentas toda la semana. Eso nos desanimó. Mi mamá que es la líder de nuestro grupo, otras dos niñas exploradoras de mi tropa y yo, estaríamos allí como fuera. El viernes por la tarde emprendimos el viaje de dos horas. Empacamos nuestras maletas y la comida en el diminuto auto rojo de mi madre.

Nuestra cabaña tenía agua potable, una cocina, un baño y cuatro habitaciones. La compartiríamos con otra tropa. Nos acostamos a dormir después de organizar nuestras camas y contar historias.

Esa noche comenzó a llover.

Me desperté a las 5:00 a. m. entre truenos y rayos. Toda la mañana llovió a cántaros. Cancelaron todos los programas. No habría cabalgata ni escalada de árboles. Algunas de las tropas partieron ese día temiendo inundaciones.

Después del almuerzo, caminé hacia un puente que cruzaba el río. Miré el campo que tenía que atravesar y, ¡vi otro río! Veinticuatro horas antes, ese campo estaba seco. La carretera también estaba sumergida. Una cosa era segura: nadie podría salir pronto de nuestra "isla".

22

Esa noche, una tropa de *brownies* se mudó a nuestra cabaña. La de ellas se inundó por la chimenea. Advirtieron que habría tornado esa noche. Todas dormimos amontonadas en el baño para evitar **riesgos.**

Nos levantamos un poco adoloridas y cansadas, pero todas estábamos bien. ¡No se podía decir lo mismo de la carretera! El nivel del agua estaba más alto que antes. Dudamos en llamar al servicio de emergencias porque ellos estaban atendiendo emergencias reales. Teníamos suficiente comida, agua y juegos de mesa. No estábamos en **crisis.**

Algunas tropas locales partieron ese día por la "salida de emergencia", una carretera sin pavimentar muy lodosa. Pero nosotras no podíamos partir. La carretera principal estaba inundada y era probable que las aguas crecidas hubieran destruido el puente. Era imposible que el auto diminuto de mi madre pasara por la lodosa carretera de emergencia. No podíamos ir a pie. Aceptamos la idea de quedarnos otra noche.

El día siguiente llegó con muy buenas noticias. El agua bajó por completo y pudimos cruzar el puente. Esperamos hasta las 11:00 a.m. Cargamos el auto y salimos tras solo un contratiempo: nos quedamos atascadas en la entrada lodosa.

Me divertí aunque algunas partes del viaje no fueron tan geniales. Vi inundaciones repentinas y jugué en charcos por primera vez en años. Además me hice una idea de lo que es estar en un desastre natural (sin haber estado realmente en peligro). Agradezco que nadie haya resultado herido. Pero la próxima vez que vaya a acampar, ¡cancelaré mis planes tan pronto haya una señal de lluvia!

SPEED LIMIT 40

⁇ Haz conexiones

¿Qué pasos siguió la narradora para protegerse durante la inundación? PREGUNTA ESENCIAL

¿En qué se parecen las inundaciones a los terremotos? ¿En qué se diferencian? EL TEXTO Y OTROS TEXTOS

¿A quién le toca?

Gabriela Peyron
Ilustraciones de Valeria Gallo

Ahhadáaaa!

60h
Ceskoslovensko

A las siete en punto de la mañana, Nicanor se despierta, se estira y se levanta de la cama.

A las siete en punto, su vecino Juan ya está despachando bolillos en la panadería.

A las siete, Rosita barre la entrada de su casa. También a las siete, Elvira se prepara para ir a la escuela.

Estas cuatro personas hacen cosas distintas, a la misma hora, en la misma calle, en el mismo barrio, en una misma ciudad, en un mismo país, en un mismo planeta.

Las personas tenemos muchas cosas en común, pero somos diferentes. Todos somos seres humanos, pero nuestros cuerpos, formas de actuar y de pensar son únicos.

Además compartimos muchas cosas con otras personas: por ejemplo, los parques y la casa.

Por eso, aunque somos diferentes, para vivir en sociedad, tomamos en cuenta a los demás y no hacemos sólo lo que nos viene en gana.

Por esto mismo, luego de levantarse de la cama, Nicanor va de puntitas al baño, procurando no hacer ruido, pues en su casa, los demás están todavía durmiendo.

Al llegar a la panadería, Juan saluda a sus **compañeros** antes de comenzar su jornada de trabajo.

Rosita espera a que pase la gente que va por la calle, antes de barrer la **banqueta**, para no ensuciarle los pies.

Y Elvira, cuando baja las escaleras, ayuda a una señora que viene cargando a un bebé y trae unos paquetes.

Unos minutos antes de las siete, ha pasado alguien por la calle donde viven Juan, Nicanor, Elvira y Rosita.

Ese alguien va comiendo un plátano.

Como el plátano está muy maduro, ya no se lo termina. Mira para un lado y otro, y como no ve ningún **basurero,** simplemente tira el plátano en la banqueta.

El plátano a medio terminar queda embarrado en el suelo.

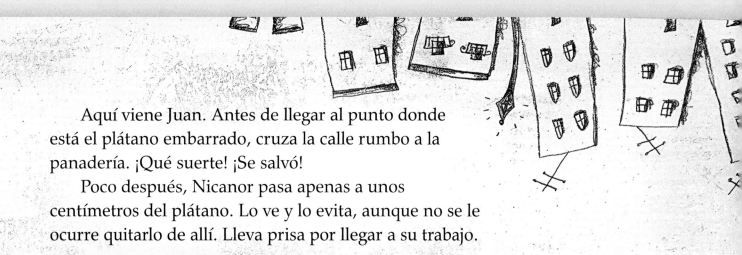

Aquí viene Juan. Antes de llegar al punto donde está el plátano embarrado, cruza la calle rumbo a la panadería. ¡Qué suerte! ¡Se salvó!

Poco después, Nicanor pasa apenas a unos centímetros del plátano. Lo ve y lo evita, aunque no se le ocurre quitarlo de allí. Lleva prisa por llegar a su trabajo.

AHORA COMPRUEBA

Hacer predicciones ¿Crees que alguien resbalará con la cáscara del plátano? ¿Quién? Usa pistas en el texto para hacer una predicción.

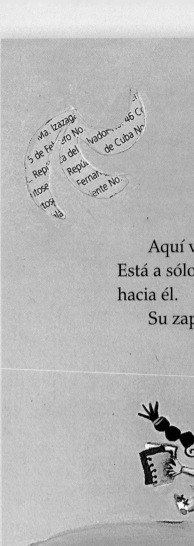

Aquí viene Elvira, muy quitada de la pena.
Está a sólo tres pasos del plátano y va derechito
hacia él.

Su zapato está a punto de dar el tercer paso.

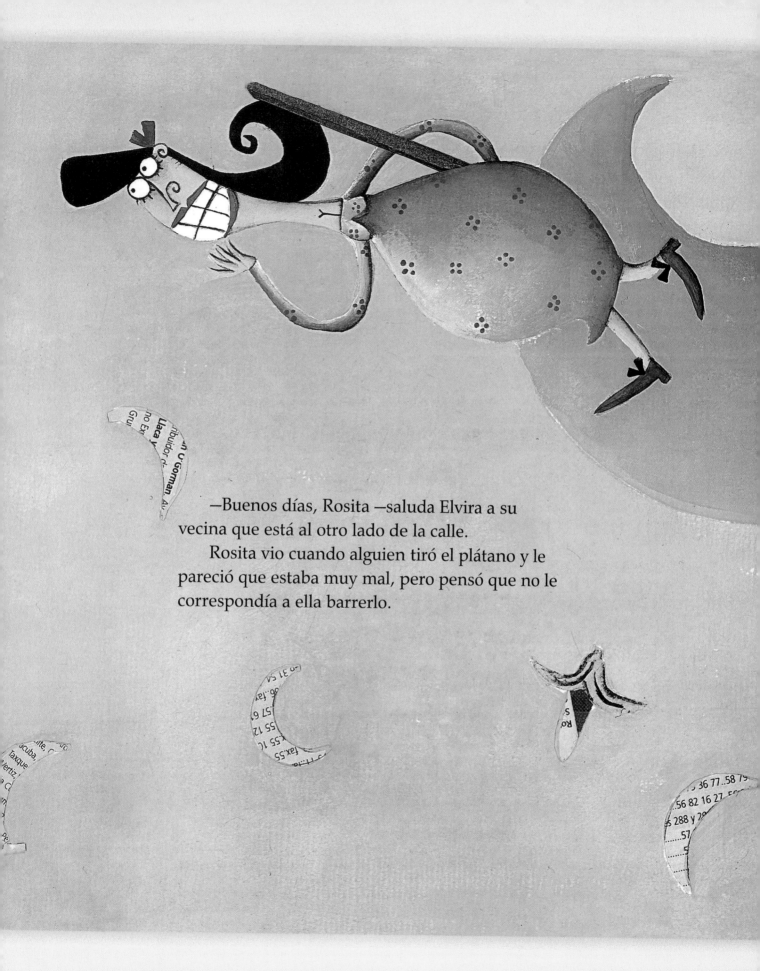

—Buenos días, Rosita —saluda Elvira a su
vecina que está al otro lado de la calle.

Rosita vio cuando alguien tiró el plátano y le
pareció que estaba muy mal, pero pensó que no le
correspondía a ella barrerlo.

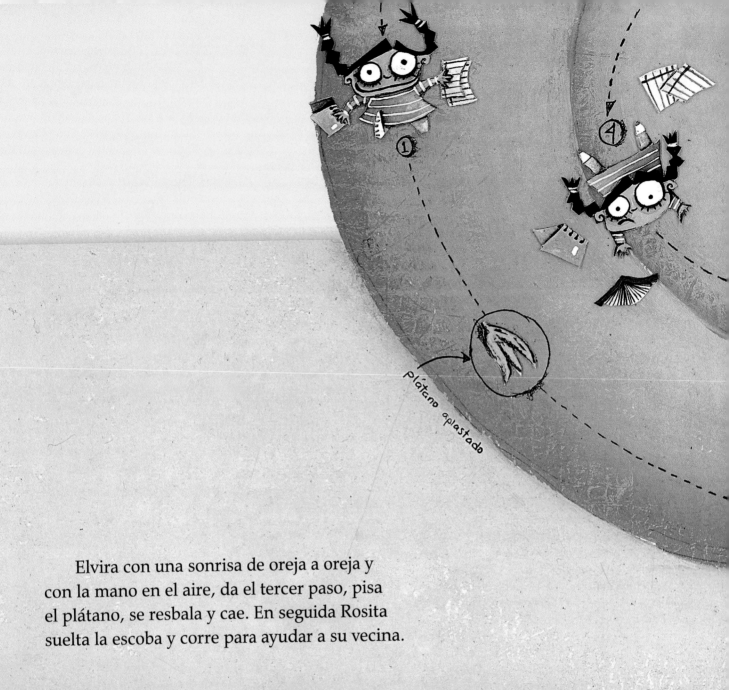

plátano aplastado

Elvira con una sonrisa de oreja a oreja y
con la mano en el aire, da el tercer paso, pisa
el plátano, se resbala y cae. En seguida Rosita
suelta la escoba y corre para ayudar a su vecina.

resbalón por plátano aplastado

Elvira llora. Por la caída y por la rabia que le da ver su pantalón lleno de tierra, y su cuaderno de geografía flotando en un **charco**.

Si ese plátano **aplastado** no hubiera estado allí tirado, ahorita mismo Elvira se estaría subiendo al autobús e iría **sonriente** con su pantalón tan limpio como cuando se lo puso antes de salir.

AHORA COMPRUEBA

Confirmar predicciones ¿Por qué se cayó Elvira? Confirma o revisa tu predicción anterior.

Además, no estaría a punto de recibir un regaño por parte del maestro de deportes y no se habría arruinado su cuaderno. Sólo que alguien simplemente no pensó en las demás personas.

Si pudieras regresar en el tiempo,
a las siete de la mañana de ese día fatídico
para Elvira, ¿qué cambiarías en esta historia?

AHORA COMPRUEBA

Hacer predicciones Si no se hubiera caído, ¿cómo habría sido la mañana de Elvira? Haz una predicción de cuán diferente pudo haber sido su día sin el resbalón.

Gabriela y Valeria nos enseñan una lección

Gabriela Peyron nació en Ciudad de México en 1955.
Después de dirigir un taller de animación a la lectura, se
dedicó a la literatura infantil. Ha sido maestra de literatura
y redacción, bibliotecaria, traductora y promotora de lectura.
Además, ha obtenido varios premios, como el que otorga la
Feria Internacional del Libro Infantil y Juvenil y el premio
de cuento Juan de la Cabada. En sus ratos libres le gusta
jugar béisbol y dedicarle tiempo a su perro Ziggy.

Valeria Gallo es una diseñadora mexicana nacida en 1973.
Aunque empezó escribiendo cuentos y poemas, se enfocó
en la ilustración, animación y creación de personajes,
principalmente para el público infantil. Desde que nació su
hijo, dedica gran parte de su tiempo a leer con él, y el resto
lo pasa ilustrando libros infantiles. Se inspira en la idea de
que hay belleza donde usualmente no la vemos.

Propósito de la autora

En el cuento *¿A quién le toca?*, los
personajes viven situaciones reales:
tienen que despertarse temprano para
ir a la escuela o al trabajo, tienen familia,
vecinos, preocupaciones. ¡Y tienen
que ser responsables de sus actos!
¿Por qué crees que la autora escribió
este cuento?

Respuesta al texto

Resumir

Usa detalles de *¿A quién le toca?* para resumir lo que sucede en el cuento. El organizador gráfico de problema y solución puede servirte de ayuda.

Personaje
Ambiente
Problema
Sucesos
Solución

Escribir

Piensa en la pregunta con la que la autora finaliza *¿A quién le toca?* y en los diferentes recursos que utiliza para interpelar al lector a lo largo de este relato. ¿De qué modo emplea la autora distintos recursos para transmitir al lector el mensaje de que a todos nos toca velar por el bienestar de los demás?

La autora emplea varios recursos, como...

Así puede transmitir al lector su mensaje, porque...

Hacer conexiones

¿Cómo afectó a los demás el hombre que tiró la cáscara de plátano a la banqueta? PREGUNTA ESENCIAL

Los personajes de los cuentos de ficción realista viven experiencias de la vida real. El accidente que le ocurre a Elvira en *¿A quién le toca?* podría pasarnos a nosotros si no pensamos en la forma en que nuestras acciones afectan a los demás. Habla con un compañero o una compañera acerca de cómo encontraste la solución a un problema.
EL TEXTO Y EL MUNDO

Compara los textos

Lee y descubre cómo las personas hacen frente al acoso escolar.

Denuncia
el acoso escolar

Las víctimas del acoso escolar con frecuencia se sienten impotentes o incapaces de resolver su problema.

Plantear el problema

Uno de los problemas más serios que afrontan los estudiantes hoy en día es el *bullying,* o acoso escolar. El acoso escolar ocurre cuando una persona se comporta de forma agresiva para herir a los demás a propósito. Debido a que los actos de acoso escolar por lo general suceden una y otra vez, las víctimas se sienten impotentes. El poder de un agresor radica en que es mayor, más grande o más fuerte. Además parece tener más amigos o recursos que la persona maltratada.

El acoso escolar se presenta de muchas maneras. Burlarse de alguien o ponerle apodos es una forma de acoso escolar. Otras formas incluyen difundir historias que no son ciertas sobre una persona. Algunos agresores hieren a las personas al ignorarlas o excluirlas. También pueden herir a sus víctimas empujándolas, golpeándolas o pateándolas. El acoso puede ocurrir en cualquier lugar, incluso en el ciberespacio. Las víctimas pueden ser atacadas en internet, por correo electrónico o teléfono celular.

Los estudiantes deben informar cualquier signo de acoso escolar a un adulto en quien confíen.

¿Cómo pueden los estudiantes evitar que el acoso escolar se convierta en un problema? Lo más importante que pueden hacer es contarle a un adulto de confianza que son maltratados. Deben usar la misma estrategia si ven que alguien más es acosado. Ignorar a los agresores, llegar a un acuerdo con ellos o usar el humor son posibles maneras de anular su poder. Participar en programas contra el acoso escolar también puede ayudar a resolver este problema.

Las comunidades se manifiestan

Nueva Hampshire aprobó una ley para detener a los agresores. La ley establece que se debe entrenar a todo el personal de las escuelas para saber cómo se manifiesta el acoso escolar y aprender a reconocer sus signos. También declara que las personas deben denunciar cualquier acoso. El estado espera que la ley cree escuelas libres de acoso escolar.

En Midland, Texas, la policía lleva este mensaje a las escuelas. Los oficiales de policía les dicen a los estudiantes que el acoso escolar puede ser un delito. Quieren que los agresores sepan que son responsables de lo que hacen. Esto quiere decir que si los atrapan serán castigados. Los oficiales invitan a los estudiantes que han sido víctimas de acoso o que lo han visto a que informen de inmediato. Les dicen que cualquier persona puede decidir dejar de ser un agresor.

A la izquierda, Julia Kordon habla con estudiantes sobre cómo cuidarse del acoso en internet.

La actriz de televisión Lauren Potter denuncia el acoso a estudiantes con necesidades especiales.

Los jóvenes denuncian

Julia Kordon de Phoenix, Arizona, da su mensaje a los estudiantes. Cuando tenía 13 años, comenzó el grupo Se Acabó el Acoso Escolar. Julia desea que las escuelas sean seguras y divertidas. Viaja por el estado para hablar con los jóvenes. Les cuenta cómo las palabras hirientes pueden bajar la **autoestima**. Pide a los estudiantes que compartan sus historias en internet. Quiere que las personas defiendan a otros.

La actriz Lauren Potter se dirige a los legisladores. Ella denuncia el acoso a estudiantes con necesidades especiales. Lauren nació con síndrome de Down. Como no lucía como sus compañeros, se burlaban de ella y la insultaban cuando era niña. Aspira a que se creen leyes que protejan a la gente de los agresores.

Aprender a denunciar

Es importante que las personas de todo el mundo reconozcan y denuncien todas las formas de acoso escolar. Todos tienen derecho a sentirse seguros y a ser tratados con respeto. Así mismo, cada uno es responsable de tratar a los demás con respeto. Informa todo lo que pueda interferir con la convivencia en un ambiente seguro.

Di no al acoso escolar

Haz conexiones

¿Cómo hacen frente las personas al acoso escolar? PREGUNTA ESENCIAL

¿De qué maneras las acciones marcan la diferencia? EL TEXTO Y OTROS TEXTOS

Niños emprendedores

Pregunta esencial

¿Cómo comenzar un negocio puede ayudar a los demás?

Lee cómo los niños empresarios están marcando la diferencia.

¡Conéctate!

Comenzar un negocio es un gran **proyecto**. Por esa razón, estos jóvenes empresarios que ayudan a los demás son muy asombrosos.

Hayleigh Scott ha usado ayudas auditivas desde que tenía 18 meses. Esconderlas detrás de su pelo se había convertido en **rutina**. Cuando tenía 5 años decidió que quería sentirse orgullosa de ellas. Así que comenzó a dibujar sus ideas para hacer dijes que parecieran aretes. Los dijes colgarían de sus ayudas auditivas y se destacarían. Su madre la ayudó a llevar sus dibujos a la realidad. Su idea de realzar las ayudas auditivas puso en marcha una nueva **empresa.**

A los 8 años, Hayleigh comenzó un negocio con la ayuda de su familia, incluida su hermana gemela. Ahora vende casi 400 dijes de diferentes estilos. Incluso tiene patentes de sus creaciones.

Joshua Williams tiene un mensaje para los niños: "Nunca se es muy joven para marcar la diferencia". Joshua es uno de los presidentes más jóvenes del mundo. Es director de *Joshua's Heart Foundation*. Su organización se propone ayudar a erradicar el hambre en Miami, Florida. El **compasivo** grupo recolecta y distribuye comida a los necesitados. Los negocios locales contribuyen con alimentos y ayuda.

El trabajo de Joshua incluye un programa de asistencia alimentaria que ayuda a los niños con hambre. También planea comenzar una huerta comunitaria. De ese modo, dice, "las personas obtienen más alimentos frescos".

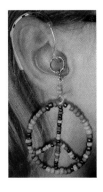

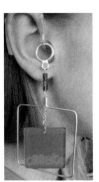

AHORA COMPRUEBA

Volver a leer ¿Por qué quería Hayleigh que sus dijes se destacaran? Vuelve a leer para verificar si entendiste.

El negocio de plantas de Anna ayuda al medioambiente.

Anna Azevedo es una apasionada por el medioambiente. A los 10 años, se dio cuenta de que la mayoría de los vasos de vidrio no se podían reciclar. Así que encontró un modo amigable con la naturaleza de reutilizar los vasos viejos. El negocio en ciernes de Anna es Sprout. Vende "plantas en un vaso".

Anna concibió su **innovadora** idea con base en la biología. "Las plantas básicamente trabajan para uno. Purifican el aire y eliminan todo lo malo", dice. ¿Su **proceso**? Recolecta vasos, cultiva las plantas en su patio y prepara el fertilizante. Transfiere las plantas, la arena y la tierra a los vasos para crear un producto ecológico. Anna vende las plantas en su página web.

Cecilia Cassini es una joven diseñadora **excepcional** que confecciona ropa para niños y adolescentes. Pidió una máquina de coser cuando cumplió 6 años. Como quería hacer su propia ropa, tomó dos lecciones de costura. Dice que luego simplemente comenzó a coser y no se ha detenido desde entonces.

"Comencé haciendo ropa para mi hermana y sus amigas y se corrió la voz", le dijo a *TIME For Kids*. Una amiga de su mamá, gerente de una tienda, la ayudó a comenzar su negocio. Su sueño es que su ropa se venda en tiendas alrededor del mundo. Sin embargo, Cecilia sabe que en la vida hay más que solo ropa bonita. También dona vestidos para recoger **fondos** para caridad. Después de todo, la moda cambia, pero ayudar a los demás nunca pasará de moda.

Cecilia suele donar vestidos hechos por ella con el fin de recoger fondos para caridad.

Por amor a un buen libro

No necesitas dinero para hacer la diferencia. Si tienes libros que ya no te interesan ni quieres volver a leer, ¡dónalos a la beneficencia! Better World Books recibe los libros que los ciudadanos y las bibliotecas no desean más y los vende con descuento o los dona. Con el dinero que obtiene de sus ventas en línea contribuye a la alfabetización. En la gráfica de barras de abajo se muestra la cantidad total de dinero que Better World Books ha recaudado para la alfabetización.

Fondos acumulados recaudados para la alfabetización

	$18,000.000
	$16,000.000
	$14,000.000
	$12,000.000
	$10,000.000
	$8,000.000
	$6,000.000
	$4,000.000
	$2,000.000

2005   2006   2007   2008   2009   2010   2011   2012   2013   2014

Respuesta al texto

1. Resume la selección a partir de los detalles importantes. RESUMIR

2. ¿De qué modo aclara el autor su punto de vista en esta lectura? ESCRIBIR

3. ¿Cuáles son algunas formas en que los empresarios jóvenes pueden ayudar a las personas de todo el mundo? EL TEXTO Y EL MUNDO

Compara los textos

Lee y entérate de los pasos que debes seguir para empezar un negocio.

Cómo empezar un negocio exitoso

Convertirse en empresario es un trabajo duro. Pero si eres una persona dedicada y tienes excelentes habilidades organizativas, puede ser gratificante. A veces, ¡una idea pequeña se puede convertir en un negocio muy exitoso! Neale S. Godfrey, autora de *Ultimate Kids' Money Book*, nos brinda estos consejos para empezar un negocio próspero.

Paso 1 Tener una idea **innovadora**.

Supongamos que te gustan los perros, tienes tiempo libre y eres **compasivo** con las personas ocupadas. ¿Por qué no comenzar un servicio de paseo de perros?

Paso 2 Averiguar si tu negocio tiene posibilidades de éxito.

Piensa en preguntas y haz un estudio de mercado. Pregúntales a los clientes potenciales sobre sus gustos y necesidades. Averigua cuánto estarían dispuestos a pagar por tus servicios. Sus respuestas te ayudarán a decidir si debes seguir con tu plan. Además, investiga sobre la competencia. Si ya hay otro servicio de paseo de perros en tu vecindario, tu negocio tiene menores probabilidades de tener éxito.

Paso 3 Elaborar un plan de negocios y un presupuesto.

Un plan de negocios detallado dice qué tipo de producto se venderá, cómo se venderá, quiénes serán los clientes y cuánto costará comenzar. Un presupuesto esboza tus finanzas en detalle.

Paso 4 Contactar a los consumidores potenciales.

Busca a cualquier persona que pudiera necesitarte. Luego, establece un horario de trabajo para ti. Por último, ¡comienza a pasear perros!

Paso 5 Llevar las cuentas de tu negocio.

Cuando tu negocio esté en marcha, observa cómo va. Si hay dinero después de pagar los gastos, tienes ganancias. Ahora, ¡puedes considerarte un empresario exitoso!

¿? Haz conexiones

¿Qué pasos puedes seguir para comenzar un nuevo negocio? **PREGUNTA ESENCIAL**

¿Cómo puede un empresario ser exitoso? **EL TEXTO Y OTROS TEXTOS**

Eric Larsen

Pregunta esencial

¿De dónde vienen las buenas ideas?

Lee este cuento para saber cómo una niña logró que su amiga aprendiera a sonreír.

¡Conéctate!

Felicia y Odicia

María Eugenia Blanco Palacios
Ilustraciones de Laura Michell

FELICIA

Hace muchos años, en el hospital de un pequeño pueblo, nació una linda niña a quien sus padres llamaron Felicia. Cuando nació, en lugar de llorar como todos los bebés, Felicia se puso a reír. Era **sorprendente** verla reír a carcajadas en el cunero del hospital, mientras los demás bebés lloraban a su alrededor. Por esta razón, a nadie le extrañó que sus padres la llamaran Felicia.

—¿De qué se ríe? —preguntaban constantemente las personas al verla.

—De todo —decían sus padres—, no para de reír porque es una niña feliz.

Pasaron los años y Felicia creció feliz y siguió siempre sonriente.

Cuando la llevaban a vacunar, a diferencia de muchas personas, no lloraba ni se quejaba.

—Sentí cosquillas —decía.

Un día, los padres de Felicia se fueron a vivir a una gran ciudad.

—Ahora sí estará triste —dijo su padre con preocupación—. Sin su casa, sus amigos y el parque donde jugaba. Pero ella no reaccionó como esperaban, en cambio, les dio otra alegría:

—¡Qué padre! —dijo emocionada—. Conoceré una ciudad diferente y tendré nuevos amigos.

La nueva casa de Felicia era más bien pequeña, no tan grande y **espaciosa** como la de su pueblo.

—Felicia extrañará nuestra casa —dijo su madre preocupada—. Aquí no podrá salir como lo hacía en el pueblo. Pero Felicia dijo, como siempre:

—¡No importa que la casa sea pequeña! Así no perderé mis juguetes y todos estaremos más juntitos.

¡Cómo alegraba Felicia a sus padres! Donde quiera que estuviera, siempre estaba contenta y de buen **humor.**

Un día, la mamá de Felicia descubrió que estaba embarazada.

—Vas a tener un hermanito —le anunció a Felicia, **temerosa** de que esta noticia le quitara su alegría.

—¡Qué maravilla, mamá! —exclamó la niña—. Yo te ayudaré a cuidarlo.

Poco tiempo después, nació el hermanito de Felicia. Era un niño sonrosado de enormes ojos azules. Era tan lindo que, al verlo, todos decían:

—¡Qué bello bebé!

Esto también asustaba a sus padres, pues pensaban que Felicia sentiría celos de su hermanito. Sin embargo, una vez más, los sorprendió.

—¡Gracias por darme un hermano tan bonito; qué orgullosa me siento!— expresó—. Cuando yo sea grande, y pueda ser mamá, quiero tener un niño así de guapo.

Sin embargo, el hermano de Felicia no tenía tan buen humor como ella. Como casi todos los bebés, lloraba cuando tenía hambre o frío.

—Mamá, ¿qué hace el bebé?

—Está llorando.

—¿Por qué?

—Porque se siente triste.

—¿Qué es sentirse triste, mamá?

—Supongo que la tristeza viene de lo que nos hace daño, de las cosas que nos hacen sentir mal.

—¿Por qué yo no siento eso, mamá?

—Seguro es porque siempre ves lo bueno de las cosas, sin importar qué sea, y ese es un don que debes conservar.

Unos días después, Felicia llegó a su nueva escuela, que era mucho más grande que la escuelita de su pueblo. Estar ahí le parecía una emocionante aventura.

Los primeros días de clase no fueron fáciles para Felicia, pues tuvo que adaptarse al nuevo ambiente. Como sus compañeros estaban más adelantados que ella, Felicia reprobó su primer examen de matemáticas.

La maestra creyó que esto desalentaría a Felicia, pero, como de costumbre, la niña fue muy optimista.

—Maestra —le dijo—, reprobé este examen, pero le prometo que estudiaré muy duro para el próximo.

En la escuela había unos niños que se distinguían porque se divertían al abusar de los más pequeños.

—¡Dame tu almuerzo! —le gritó uno de ellos a Felicia, pero lo sorprendió con su respuesta, pues esperaba que ella se negara o que llorara, como los otros.

—Con gusto —Felicia sorprendió a todos—. Si quieres, también te regalaré unos dulces que traigo en la mochila.

Cuando Felicia cumplió seis años, sus padres quisieron hacerle una fiesta de cumpleaños en el jardín de su casa. Adornaron todo con globos y serpentinas de colores. Muchos niños y niñas acudieron al festejo, pues Felicia era muy popular, la querían mucho. Durante la fiesta, una enorme nube negra cubrió el jardín, luego, comenzó a llover.

—Felicia ahora sí va a ponerse triste —dijeron sus amigas—. Su fiesta de cumpleaños se ha arruinado. Felicia asombró de nuevo a todos: En lugar de angustiarse, se puso a bailar sonriente bajo la lluvia con la cara al cielo para sentir las gotas que caían.

—¡El agua está tibia, vengan a sentirla! —gritó.

Todos los niños salieron a la lluvia y levantaron sus rostros para sentir las gotas al igual que su amiga. Empezaron a jugar y a bailar junto con Felicia. Brincaron sobre los charcos y se mojaron unos a otros. Para casi todos los niños que asistieron, esa fue la fiesta más divertida a la que hubieran ido jamás.

ODICIA

El mismo día que nació Felicia, en un hospital de la ciudad, nació otra niña a quien sus padres llamaron Odicia. A diferencia de Felicia, Odicia siempre estaba enojada. Desde que nació, se distinguió de los demás bebés por las pataletas y berrinches que hacía sin razón.

—¿Por qué llora tanto su bebita? —les preguntaban a sus papás.

—No sabemos —respondían—. Quizá se siente mal, o le duele algo.

Conforme Odicia fue creciendo, se dieron cuenta de que siempre estaba enojada. En lugar de una sonrisa, había una **mueca** en su rostro. Los padres de Odicia intentaban hacerla feliz, pero nada la complacía; si le compraban un caramelo rojo, lo rompía porque deseaba el azul; si la llevaban a pasear al parque, se quejaba porque quería ir a la feria. No importaba lo que hicieran sus padres, Odicia siempre estaba muy enojada.

Un día, su mamá se acercó a ella para darle una noticia que, creyó, la llenaría de alegría.

—Odicia —dijo su madre emocionada—, pronto tendrás un nuevo hermanito con quién jugar.

—¡Yo no quiero a nadie más en la casa! —gritó Odicia, y, con este gesto, a su mamá se le rompió el corazón.

El hermanito de Odicia nació algunos meses después, y ella estaba más enojada y distante que nunca porque la única vez que se acercó a verlo, el bebito le sonrió y Odicia, como siempre, se puso a gritar:

—¡El bebé se está burlando de mí! ¡Ya díganle que no se ría!

—Pero Odicia —dijo su papá—, solo te está sonriendo, debes sentirte dichosa porque seguro le agradas.

—¡No es cierto! —respondió la niña rompiendo a llorar. Luego se encerró en su recámara y, con este comportamiento, hizo que sus padres se sintieran muy tristes, como cada vez que ella se comportaba así.

—Pronto irá a la escuela —decía su padre—. Conocerá a otros niños, por eso creo que su carácter cambiará.

AHORA COMPRUEBA

Hacer predicciones
¿Cambiará el carácter de Odicia al ir a la escuela? Usa las claves del texto para hacer una predicción.

Pero no fue así. En la escuela, Odicia les quitaba la comida a los niños más pequeños, y si se resistían, los lastimaba. Además, mordía y pateaba a sus compañeros de clase y hasta les jalaba el pelo a los profesores que la regañaban por su pésima actitud.

Odicia se enojaba en cualquier caso: cuando le dejaban tarea y también cuando no tenía nada que hacer. En la escuela, en vez de platicar normalmente con las niñas de su edad, les contaba historias de terror, así que muchas empezaron a tenerle miedo.

En alguna ocasión, sus padres le organizaron una fiesta de cumpleaños.

—Ahora sí se pondrá feliz —dijo su madre. Pero Odicia se comportó peor que nunca. En lugar de pegarle a la piñata, se puso a darles de palos a todos los niños de la fiesta.

Como tampoco quiso compartir su pastel con los invitados, ellos empezaron a irse de su casa y, al final, la dejaron sola.

No era de extrañar que Odicia no tuviera un solo amigo ni que nunca la invitaran a sus fiestas de cumpleaños.

UNA APUESTA

Un día, por cosas del destino, Felicia y Odicia coincidieron en el mismo salón de clases. La maestra puso a sus alumnas a trabajar en parejas. Todas las niñas querían estar con Felicia, y nadie quería estar con Odicia, quien, para variar, estaba enojada.

—Yo seré la pareja de Odicia —dijo Felicia de pronto.

—Está bien —dijo la maestra—, empezarán a trabajar juntas mañana.

A todas las niñas de la clase les asombró la decisión de Felicia.

—¿Por qué elegiste a Odicia? —le preguntaron—. La última vez que trabajó con alguien lo pellizcó hasta que le sacó sangre.

—Ya lo sé —dijo Felicia—, pero nadie quiere estar con ella y a mí no me hará enojar.

Mientras hablaban, Odicia las escuchó y se acercó a ellas.

—¿Dices que no te haré enojar? —preguntó con amargura.

—Así es —contestó Felicia—, yo no sé lo que es estar enojada o triste, por eso, creo que será difícil que logres hacerme sentir mal.
Es más, te puedo prometer que te enseñaré a sonreír.

—Te apuesto a que no —replicó Odicia, enojada.

—Te apuesto a que sí —dijo Felicia, sonriendo, como siempre.

—Está bien —continuó Odicia—. ¿Qué vamos a apostar?

—Bueno —contestó Felicia—, quien pierda deberá hacer el trabajo de las dos. ¿Qué te parece?

—Trato hecho —dijo Odicia, mientras se alejaba de ahí.

Al día siguiente, Felicia llegó emocionada a la escuela, pues nunca había hecho una apuesta, y hacer sonreír a Odicia era todo un reto. Odicia por su parte, buscaba la forma de hacer enojar a Felicia.

—¡Buenos días, Odicia! —dijo Felicia, emocionada—. ¿Cómo amaneciste?

—¡A ti qué te importa! —respondió Odicia, malhumorada.

—Hoy te ves muy bonita —continuó Felicia, buscando hacerla sonreír. Sin embargo, Odicia se sintió agredida y gritó:

—¡No puedo decir lo mismo, pues tú amaneciste horrorosa!

—Ya lo sé —dijo Felicia con una sonrisa y tratando de hacerla reír—. Hoy noté que amanecí con cara de buñuelo.

Al oír esto, las niñas se rieron, y Odicia estuvo a punto de hacer lo mismo, pero recordó la apuesta, se contuvo y dio media vuelta para irse a sentar a su lugar.

Felicia hacía chistes y bromas, pero Odicia, en vez de reírse, se molestaba, pues creía que se burlaba de ella. En cambio, cuando Odicia le hacía burla a Felicia, esta soltaba tremendas carcajadas que enfurecían más a Odicia.

—Nunca la harás reír —le decían sus amigas a Felicia—. Es demasiado enojona y amargada.

—Claro que sí —respondía Felicia—. Veo en sus ojos que no es feliz enojada y sé que cambiará cuando sepa lo que es reír.

Pasaron varios días y Felicia no lograba hacer reír a Odicia, que tampoco hacía enojar a Felicia. Como no lograba su objetivo, Felicia decidió ponerle una **trampa** a Odicia. Un día, mientras Odicia intentaba hacer enojar a Felicia picándole la espalda con una pluma, esta fingió estar muy enojada, aunque por dentro, se moría de risa. Se puso a patalear y a gritar tal como había visto hacer a Odicia con frecuencia y a la menor provocación. A Odicia le sorprendió tanto verla llorando y haciendo berrinche, que mostró una gran sonrisa.

—¡Gané, gané! —repetía una y otra vez mientras brincaba de felicidad.

Por primera vez, Felicia vio una sonrisa en la cara de Odicia.

—Sí, Odicia —le dijo—, como tú ganaste, yo haré el trabajo de las dos.

—¿Qué te pasa? ¿No estás enojada por haber perdido?

—¡Qué va! —respondió Felicia, riendo—, estoy feliz porque, además de hacer un trabajo que me ayudará a aprender, logré hacerte sonreír. ¿O no te gustó lo que sentiste al sonreír?

AHORA COMPRUEBA

Confirmar predicciones ¿Cómo es el carácter de Odicia en la escuela? Confirma o revisa tu predicción.

64

—Me gustó mucho; pero dime, ¿cómo le haces para sentirte siempre tan feliz?

—Bueno, creo que cada persona puede elegir entre estar feliz o enojada. A mí me gusta estar feliz porque me hace sentir bien y me divierte. —Odicia se quedó pensativa y luego dijo:

—A mí también me hizo sentir bien.

Felicia había perdido una apuesta, pero había ganado una amiga.

Sobre todo, había logrado que Odicia, a quien empezó a llamar Odi, conociera la felicidad que había estado escondida dentro de ella durante toda su vida.

La mueca de antes se convirtió en una sonrisa que le iluminaba la cara, y que la hacía verse más bonita. Una vez que Odicia descubrió esa felicidad, empezó a compartirla con los demás y jamás volvió a enojarse. Comenzó a tener amigos y amigas, y cada día fue más feliz.

Aprende a sonreír con María Eugenia y Laura

María Eugenia Blanco Palacios

Nació en México y estudió muchas carreras: Derecho, Historia y Literatura. Además, le gusta escribir libros para niños, y a los niños les gusta leer sus libros. Los cuentos de María Eugenia hablan sobre el respeto y la cooperación. ¡Sus personajes son muy divertidos!

Laura Michell

Estudió pintura y grabado en la Escuela Nacional de Bellas Artes y ahora se dedica a la ilustración infantil porque le gusta la relación de la imagen con el texto. Le encanta inventar personajes y el mundo donde viven.

Propósito de la autora

La autora describe cómo una niña logra hacer sonreír a su amiga. ¿Cómo te ayuda la forma en que la autora organiza los sucesos a ver el cambio de Odicia?

Respuesta al texto

Resumir

Con la ayuda del organizador gráfico de personaje, ambiente y trama, resume los sucesos más importantes de *Felicia y Odicia*.

Escribir

¿Cómo muestra la autora que la apuesta de Felicia cambia la vida de Odicia? Usa los siguientes comienzos de oración para organizar la evidencia en el texto.

Al principio Odicia…

Luego la autora…

Esto muestra que la vida de Odicia…

Hacer conexiones

¿Cómo logró Felicia que Odicia sonriera? PREGUNTA ESENCIAL

En muchos cuentos los personajes tienen ideas ingeniosas para lograr lo que se proponen. ¿Qué nos enseñan estos cuentos acerca de dónde provienen las buenas ideas?

EL TEXTO Y EL MUNDO

Género • Ficción realista

Compara los textos

Lee sobre las ideas de una niña para ayudar a una amiga y a su familia.

¿Qué pasaría si te sucediera a *ti*?

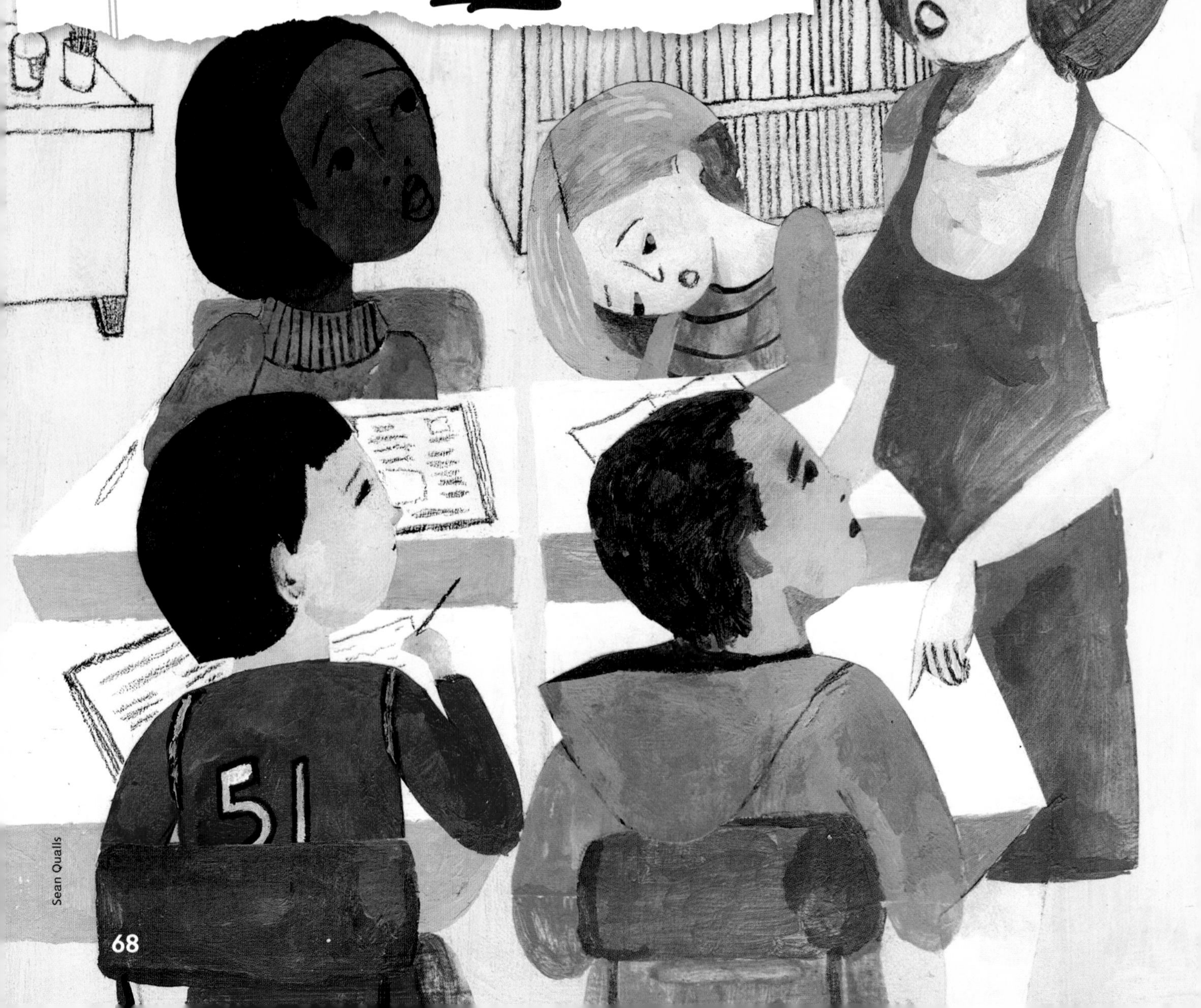

Sean Qualls

Jana Rodríguez no podía esconder la cara de preocupación cuando su amiga Yasmín no fue a la escuela. Las dos niñas tranquilas se habían hecho buenas amigas en el corto tiempo desde que la familia de Yasmín se había mudado a la ciudad. Ambas venían de familias grandes y compartían el gusto por dibujar animales, hornear tortas y ayudar en la comunidad.

Como se sentaban juntas en el autobús y estaban en el mismo salón de clases, Jana y Yasmín pasaban el día intercambiando secretos y estudiando. Por eso, cuando Yasmín no llegó al paradero del autobús ni a la escuela, Jana supo que algo andaba mal, muy mal.

—Préstenme atención, por favor —dijo la maestra—. Tengo malas noticias. Anoche hubo un incendio por fallas eléctricas en el edificio de apartamentos donde viven Yasmín Ali y su familia.

—¡Oh, no! —gritó Jana en una voz que no parecía suya. Todas las caras se voltearon hacia ella porque no era usual que Jana expresara **emociones** tan fuertes.

—Yasmín y su familia están a salvo, pero la familia Ali perdió todo en el incendio —dijo la señora Lentini.

Durante el resto de la mañana, Jana pensó en cómo podría ayudar a Yasmín. Mientras almorzaba, hizo una lista de sus ideas en pedazos de papel de cuaderno mientras que los otros niños jugaban con sus juegos electrónicos portátiles. Jana negaba con la cabeza. ¿Cómo podían sentarse ahí y jugar en un momento como este? Otros niños discutían sobre cuáles zapatillas o vaqueros eran mejores. ¿Y qué pasaría si solo tuvieras la ropa que llevas puesta? Finalmente, decidió pedirles a los niños de su mesa que hicieran algo por la familia Ali.

—Yasmín tiene dos hermanos, Luis. ¿Tienes una camisa o unos vaqueros que les puedas donar? —le preguntó al niño que estaba enfrente.

Luis ni siquiera levantó los ojos de su juego mientras otros niños se juntaron a su alrededor.

—Ummmmm... ¿podrías preguntarme luego? Estoy por pasar este nivel.

donar ropa a la familia Ali

dar nuestra mesada a la familia Ali

Jana se volteó hacia la niña que estaba sentada a su lado.

—¿Y qué tal tú, Sonia? ¿Puedes dar parte de tu mesada para ayudar a Yasmín y a su familia?

—Pues, he estado **ahorrando** para comprar una nueva pulsera —contestó ella, mirando hacia otro lado.

Jana miró la fila de pulseras que rodeaban el brazo de Sonia.

—Pero ya tienes tantas —le dijo suavemente, preguntándose por qué a nadie parecía importarle Yasmín.

En el corredor mientras regresaba a clase, caminó detrás de Tomás y Rodrigo, que se quejaban sobre las reseñas de los libros que debían terminar antes de poder irse al parque de patinaje. De repente, Jana cayó en cuenta de cómo podría hacer que los niños pensaran en ayudar a Yasmín y a su familia. Se quedó en la escuela después de clases para escribir y dibujar, y cuando terminó, le mostró su trabajo a la señora Lentini, quien sonrió y le ofreció su ayuda.

A la mañana siguiente, se veían fotocopias del dibujo y el poema de Jana colgados por todos los corredores, salones de clase y en la cafetería. En la parte superior de cada cartel había un dedo de papel señalando el poema que Jana había escrito.

¿QUÉ PASARÍA SI TE SUCEDIERA A TI?

Si un incendio te dejara
sin tus cosas, sin tu casa,
¿has pensado lo que harías?
¿A quién acudirías?

¡Por favor, ayuda a la familia Ali!
Trae ropa extra, útiles escolares
y cualquier otra donación a la clase
de la señora Lentini.

El cartel captó la atención de todos. Los niños se imaginaron cómo se sentirían en la situación de Yasmín. Donaron las monedas que tenían, y Sonia dio su mesada. Todos llevaron ropa. Luis donó un juego electrónico. Tomás y Rodrigo llevaron libros y un monopatín. Pronto llenaron varias cajas. Jana ayudó a cargarlas hasta el auto de la maestra y fue con ella hasta el refugio donde estaba la familia Ali.

—Te has portado como una verdadera amiga con Yasmín, Jana —dijo la señora Lentini.

—Ella haría lo mismo por mí —dijo Jana.

Haz conexiones

¿De dónde le viene la idea a Jana de ayudar a su amiga? PREGUNTA ESENCIAL

Compara y contrasta de dónde vienen las ideas de los personajes EL TEXTO Y OTROS TEXTOS

Género • Narrativa de no ficción

Pregunta esencial

¿Cómo puede ayudarte la ciencia a entender cómo funcionan las cosas?

Lee cómo las fuerzas y el movimiento afectan nuestras vidas.

¡Conéctate!

FUERZAS Y MOVIMIENTO

CON **MAX AXIOMA** SUPERCIENTÍFICO

Conozcamos a Max

Nombre verdadero: Maximiliano J. Axioma

Ciudad natal: Seattle, Washington

Estatura: 6' 1"   **Peso:** 192 lb

Ojos: Marrón   **Pelo:** No

Capacidades superiores: Superinteligencia, capacidad para encogerse hasta el tamaño de un átomo; sus gafas de sol le dan visión de rayos X; su bata de laboratorio le permite viajar a través del tiempo y del espacio.

Origen: Desde su nacimiento, Max Axioma parecía destinado a la grandeza. Su madre, una bióloga marina, le enseñó los misterios del mar. Su padre, un físico nuclear y guardabosques voluntario, instruyó a Max sobre las maravillas de la Tierra y el cielo.

Un día, en una caminata en la naturaleza, un rayo megacargado alcanzó a Max con gran furia. Cuando despertó, Max descubrió una nueva energía y se dispuso a aprender lo que más pudiera sobre ciencia. Viajó a través del mundo obteniendo títulos en todos los aspectos del campo. Cuando regresó, estaba listo para compartir su conocimiento y nueva **identidad** con el mundo. Él se había convertido en Max Axioma, el supercientífico.

Emily Sohn
ILUSTRADO POR **Steve Erwin y Charles Barnett III**

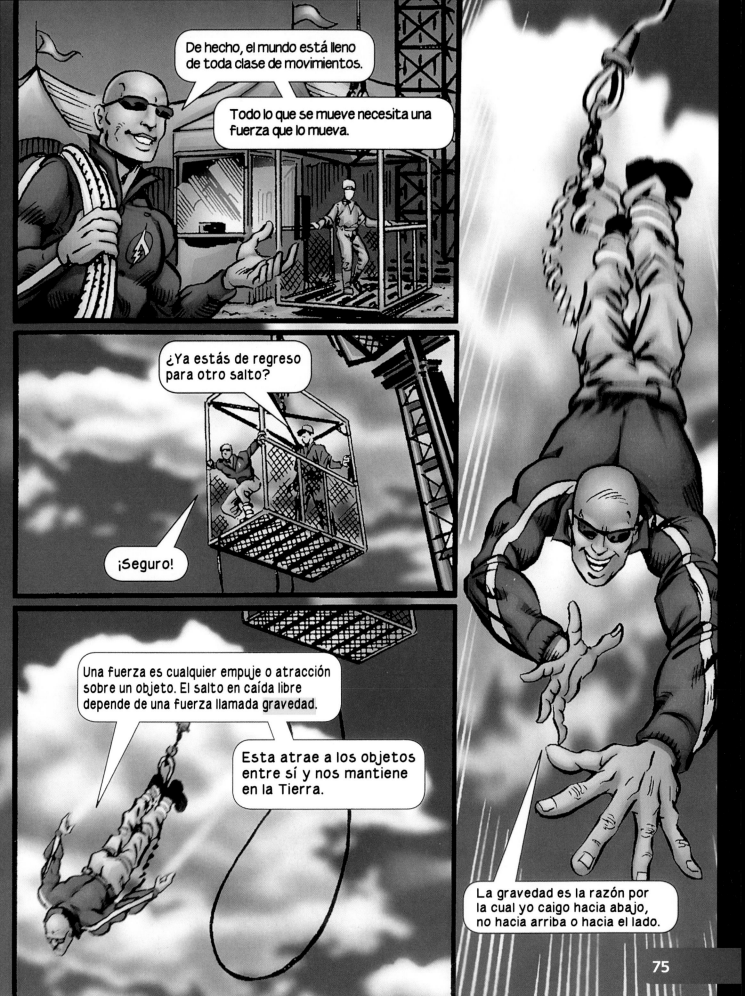

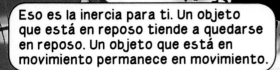

Eso es la inercia para ti. Un objeto que está en reposo tiende a quedarse en reposo. Un objeto que está en movimiento permanece en movimiento.

Esa es la primera ley de Newton sobre el movimiento. Un objeto que está quieto necesita una fuerza para moverse.

Isaac Newton (1643–1727) fue la primera persona en darse cuenta de que ciertas leyes de la naturaleza explicaban todo el movimiento en la Tierra y en el espacio. También fue el primero en explicar la idea de la gravedad.

AHORA COMPRUEBA

Volver a leer ¿Por qué un objeto en movimiento necesita una fuerza para cambiar de dirección, ir más despacio o detenerse? Vuelve a leer para verificar que entendiste.

Del mismo modo, un objeto en movimiento necesita una fuerza para cambiar su dirección, ir más despacio o detenerse.

Por ejemplo, la inercia hace que ese cochecito continúe rodando...

¡Uyy!

... hasta que venga otra fuerza y lo detenga.

¡Ayyy!

¡Para curar tu inercia, solo necesitas un empujoncito!

Anímate. ¡Vamos a montar en la montaña rusa!

¡Pongámonos en movimiento!

De modo que las barras de seguridad evitaron que continuáramos hacia adelante en la montaña rusa.

¿Qué evita que esa piedra continúe moviéndose?

¡Excelente pregunta! Tú no la puedes ver, pero una fuerza llamada fricción detuvo la piedra.

La fricción sucede cuando dos superficies se rozan entre sí. En la Tierra, la gravedad y la fricción trabajan juntas para desacelerar las cosas y detenerlas.

PLOP

La fricción en el espacio

En el espacio no hay fricción. Si patearas una piedra, esta continuaría moviéndose y moviéndose. Por eso los astronautas están atados a la estación espacial cuando hacen caminatas espaciales. De otro modo, simplemente se irían flotando.

AHORA COMPRUEBA

Volver a leer ¿De qué manera la fricción detiene una montaña rusa? Vuelve a leer las páginas 78-79 para explicar cómo funciona la fricción.

¿Qué es masa, tío Max?

La masa es la cantidad de materia que tiene un objeto. La bola de bolos tiene más materia que la pelota de tenis y por eso es más pesada.

Piénsalo. ¿Con cuál pelota sería más fácil hacer malabarismo, Nico?

Atracción gravitacional

El peso es diferente de la masa. El peso se determina por la atracción gravitacional sobre un objeto. Cada planeta en nuestro sistema solar tiene una atracción gravitacional diferente. Si viajaras a cada uno de los sitios de abajo, tu masa siempre sería la misma, pero tu peso sería diferente. Ahora, multiplica tu peso por el número que se muestra debajo de cada planeta para saber cuánto pesarías allí. Si pesas 100 libras en la Tierra, podrías pesar 38 libras en Marte y 236 libras en Júpiter.

VENUS
.88

MARTE
.38

JÚPITER
2.36

SATURNO
.92

NEPTUNO
1.13

Un paseo con los "supercientíficos"

EMILY SOHN vive en Minneapolis (Minnesota). Escribe principalmente sobre ciencia y medicina para niños y adultos. Emily estudió ciencia en la escuela. Incluso pasó algunas estaciones siguiendo leones marinos y focas para conocerlos mejor. Cuando no está escribiendo y aprendiendo sobre ciencia, le encanta escalar y correr triatlones.

STEVE ERWIN es artista de cómics. Al comienzo de su carrera, Steve contribuyó con su arte a muchas series de cómics de superhéroes, incluidos *Batman regresa* y *Superman: El hombre de acero*. Por sus logros en el campo de los cómics, fue incluido en el Salón de la Fama de los Caricaturistas de Oklahoma.

Propósito de la autora

"Un curso relámpago sobre fuerzas y movimiento con Max Axioma, Supercientífico" es un texto informativo en forma de novela gráfica. Esto significa que la información se presenta de manera gráfica, o con palabras e imágenes que nos cuentan un relato, muy parecido a un libro de cómics. ¿Por qué eligió la autora enseñar conceptos científicos en un formato de novela gráfica?

Respuesta al texto

Resumir

Resume lo que aprendiste sobre las fuerzas y el movimiento. La información del organizador gráfico de causa y efecto puede servirte de ayuda.

Causa ➜ Efecto
➜
➜
➜
➜

Escribir

Considera los diferentes recursos que emplea un autor para exponer ideas complejas en sus textos. ¿Por qué emplea la autora ejemplos de la vida real para explicar la interacción entre fuerzas físicas?

> La autora incluye varios ejemplos de la vida real, como…
> Estos permiten comprender que…
> Tambien facilitan la comprensión de ideas complejas relacionadas con los conceptos de fuerza y movimiento porque…

Hacer conexiones

¿Cómo te afectan las fuerzas y el movimiento? PREGUNTA ESENCIAL

¿De qué manera es útil que las personas entiendan sobre la gravedad? EL TEXTO Y EL MUNDO

Género • Ciencia ficción

Compara los textos

Lee cómo dos robots futuristas utilizan la ciencia para resolver un problema.

DR. TANQUE

El proyecto del Buzón Espacial

BRILLO

ARRIBA

90

El decimotercer sol de la Galaxia X subía en el cielo color naranja cuando el Dr. Tanque y su asistente, Brillo, llegaron al trabajo.

—Buenos días —dijo Brillo mientras se ponía su bata de laboratorio—. ¡Hoy es el día! ¡Lo siento en mi batería!

—Brillo, nosotros no sentimos. Somos robots, ¿lo recuerdas? —dijo sonriendo el Dr. Tanque.

—¡Me pilló, Dr. Tanque! Pero, en serio, creo que hoy resolveremos el problema de esta tonta máquina —la risa robótica de Brillo sonó como canicas dentro de una lata.

La tonta máquina, llamada Buzón Espacial, permanecía en el centro del laboratorio y parecía una taquilla.

—Esperemos que así sea, Brillo. Abandonaremos este proyecto si no tenemos éxito pronto.

Durante meses, los robots habían intentado viajar a la Tierra en el Buzón Espacial. Viajar al planeta Crito no era difícil, aunque estaba al doble de distancia. Podían aterrizar en Grolón en un suspiro. Cuando viajaron a Vicentín, ¡regresaron incluso diez minutos antes de haberse ido!

¿Pero a la Tierra? Cada vez que intentaban aterrizar en ese extraño planeta únicamente lograban aproximarse.

—Es hora de repasar la lista matutina —dijo el Dr. Tanque.

—Listo —respondió Brillo.

—¿Inercia? —preguntó el Dr. Tanque.

—Verificada —dijo Brillo—. Está en reposo, sin duda.

—Espléndido. Apliquemos fuerza para moverlo —replicó el Dr. Tanque. Ambos empujaron el Buzón Espacial, que se deslizó fácilmente.

—Ahora usa fuerza para detenerlo —dijo el Dr. Tanque.

Brillo alzó entonces su enorme mano de robot y detuvo de inmediato el corredizo Buzón Espacial.

—Hagamos un viaje de prueba de ida y regreso a Clíper —dijo el Dr. Tanque. Los dos entraron al Buzón Espacial y se abrocharon los cinturones.

—Acelera a empuje de curvatura por cinco destellos —dijo el Dr. Tanque.

A medida que el Buzón Espacial aumentaba la velocidad, los cinturones de seguridad mantenían sujetos a los robots en su lugar.

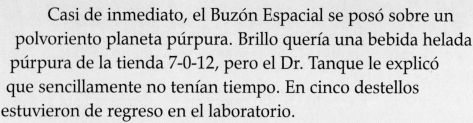

Casi de inmediato, el Buzón Espacial se posó sobre un polvoriento planeta púrpura. Brillo quería una bebida helada púrpura de la tienda 7-0-12, pero el Dr. Tanque le explicó que sencillamente no tenían tiempo. En cinco destellos estuvieron de regreso en el laboratorio.

—No tenemos problemas llegando a Clíper, ¡pero es imposible aterrizar en la Tierra! —dijo el contrariado Dr. Tanque— .¡Es ridículo!

—Vamos —lo consoló Brillo—. Rendirse no es la alternativa.

El Dr. Tanque no pudo evitar sonreírle a su siempre jovial asistente. Ahora se arrepentía de no haberle permitido tomar el refresco en Clíper.

—Tienes toda la razón —dijo el Dr. Tanque—. Intentemos llegar a la Tierra nuevamente.

Una vez se pusieron el cinturón, Brillo comenzó a **acelerar** a empuje de curvatura siete destellos, luego doce. El universo era una masa distorsionada de colores. Sus dientes cromados rechinaban mientras atravesaban las galaxias como un bólido, hasta que al fin aterrizaron con un ruido sordo. Ambos miraron por la ventana.

—¡Caramba! —gritó contrariado el Dr. Tanque—. ¡Ha ocurrido otra vez! Jamás lograremos bajar hasta allá.

Brillo miró hacia abajo. Allá abajo estaba la Tierra, pero el Buzón Espacial, que había quedado atascado en los numerosos brazos de una enorme estructura verde y marrón, yacía al menos a quince pies de distancia.

—¿Por qué no logramos llegar? —gritó el Dr. Tanque.

—¡Yu-ju! ¡Arriba! —se escuchó una voz desde abajo.

Los robots se miraron atónitos. ¡Algo estaba tratando de comunicarse con ellos!

—¡Yu-ju! —llamó nuevamente la voz.

—Tal vez "yu-ju" signifique hola —dijo Brillo—. ¡Intentemos comunicarnos!

Brillo se asomó por la ventana y respondió: "¡Yu-ju!".

—¿Puedo hacer una **averiguación**? —dijo la criatura terrestre.

—¿Una averiguación? —preguntó Brillo.

—Una pregunta. ¿Puedo hacer una pregunta?

—Desde luego —respondió el Dr. Tanque—.
Y después nosotros le haremos una pregunta a usted.

—De acuerdo —dijo la criatura—. ¿Ustedes querían
aterrizar en un árbol?

—¡Árbol! —dijo Brillo—. ¡Qué nombre tan cómico para
esta extraña cosa!

—Su árbol impide que aterricemos en su planeta —dijo el
Dr. Tanque—. ¿Hay algo que podamos hacer al respecto?

La criatura asintió con la cabeza.

—Creo que la gravedad puede ser la solución. Intenten
mecerse un poco hacia delante y hacia atrás. Apenas
comiencen a caer, estoy seguro de que llegarán hasta abajo.

Los robots se miraron incrédulos, pero comenzaron a
correr de un lado a otro hasta que el Buzón Espacial comenzó
a moverse. Luego, este se deslizó hacia abajo. De hecho, cayó
bastante rápido.

—¡Sí! —gritó el Dr. Tanque—. ¡Al fin logramos aterrizar en
la Tierra!

Para tener pruebas de su aterrizaje exitoso,
los robots se tomaron fotografías con la criatura
terrícola, cuyo nombre resultó ser Martín.
Los robots remendaron el Buzón Espacial con
una cinta adhesiva especial y pronto quedó listo
para regresar a casa. Antes de abandonar la Tierra,
el Dr. Tanque le compró a Brillo una deliciosa
bebida helada verde para el viaje de regreso.

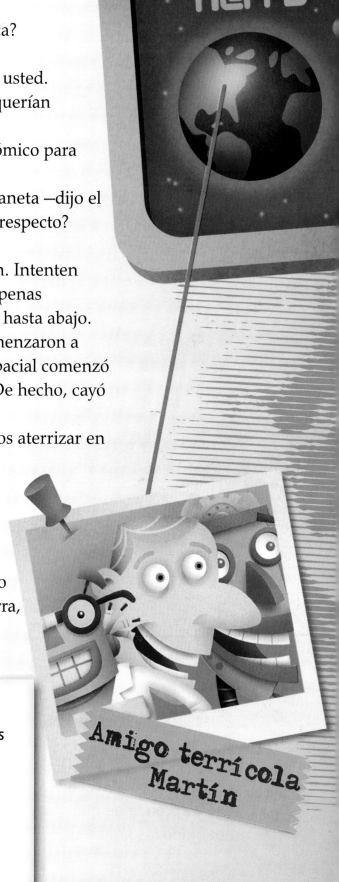

Amigo terrícola
Martín

Haz conexiones

¿De qué manera ayudó la ciencia a los robots
a resolver su problema? PREGUNTA ESENCIAL

¿Cuáles son algunas de las maneras en que
la ciencia puede ayudarnos a responder
preguntas y resolver problemas? EL TEXTO
Y OTROS TEXTOS

Pregunta esencial

¿Qué ayuda a un animal a subsistir?

Lee y aprende de qué manera se han adaptado las arañas para subsistir.

¡Conéctate!

94

Arañas

Nic Bishop

Algunas arañas son tan pequeñas como un grano de arena. La más grande, la tarántula Goliat, o pajarera, que habita en América del Sur, es tan grande como una de las páginas de este libro. Sin embargo, todas las arañas comparten características similares. Tienen ocho patas, colmillos, hilan seda y se alimentan de otros animales. Al comienzo puedes confundirlas con insectos, pero es fácil saber la diferencia. Los insectos tienen seis patas y las arañas tienen ocho, además, nunca tienen alas.

A la tarántula Goliat, o pajarera, le gusta permanecer cerca de su madriguera en el suelo de la selva tropical. Allí espera a que la presa se acerque lo suficiente para poder atraparla.

El cuerpo de una araña tiene dos partes principales. La parte trasera se llama abdomen y contiene el corazón que bombea sangre azul clara (¡sí, azul!) y las hileras que producen la seda. El frente o la parte de la cabeza se llama cefalotórax. Allí están sus patas, ojos, colmillos, cerebro, estómago y dos brazos cortos, llamados pedipalpos, que usa para sostener a su presa.

La araña lince verde queda perfectamente **camuflada** cuando se esconde entre las hojas mientras espera para **abalanzarse** sobre un insecto. Se cree que las espinas largas y negras de sus patas le ayudan a atrapar a su presa.

Las arañas se alimentan de una manera inusual. No mastican y tragan el alimento como lo haces tú. Ellas lo beben. Primero, la araña le clava sus colmillos a la presa y le inyecta un líquido  venenoso para que deje de moverse. Luego, gotea jugos digestivos sobre su comida. Esto convierte las vísceras del animal en una sopa, para poder sorberlas. Después, todo lo que queda de la presa son pedazos de piel vacíos y algunas alas.

AHORA COMPRUEBA

Resumir ¿Cómo se comen las arañas a su presa? Resume usando detalles del texto.

Esta araña viuda negra
acaba de atrapar una
avispa en su telaraña.
Se alimentará una vez
la haya envuelto en la
seda de forma segura.

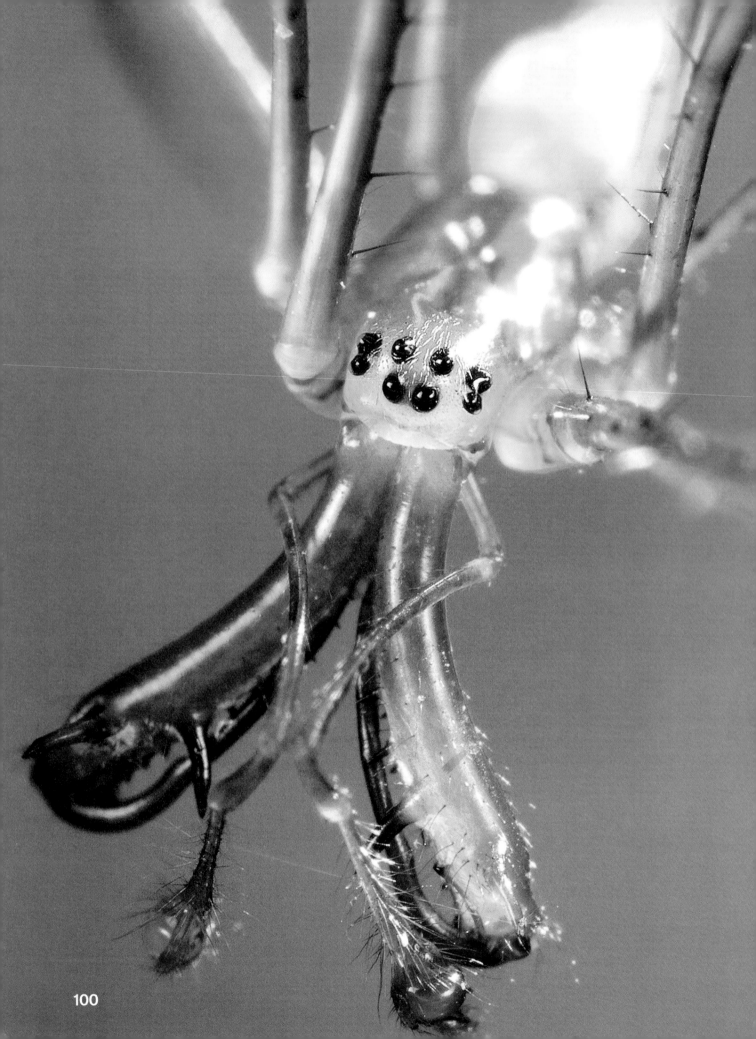

La mayoría de las arañas tienen ocho ojos que les permiten ver en varias direcciones al mismo tiempo. Pero una araña no ve tan claro como tú. **Normalmente sus ojos son muy pequeños y simples.** Las arañas notarán si algo se mueve cerca, pero por lo general no pueden distinguir muy bien las formas.

Algunas arañas no tienen ojos. Estas viven en lo profundo de las cuevas, donde está completamente oscuro todo el tiempo. Pero esto no les dificulta atrapar a sus presas, porque las arañas tienen otros sentidos extraordinarios en los cuales confiar.

La araña de quelíceros largos es una tejedora de telarañas. Recibe su nombre por los largos quelíceros que sostienen los dos colmillos delgados que puedes ver doblados en la parte inferior.

Una araña no tiene nariz ni orejas, al menos no como las tuyas. Aun así, tiene sentidos extraordinarios en todo su cuerpo. Mira de cerca y verás que esta araña está cubierta de pelos. Muchos de ellos sienten el tacto, las vibraciones y los sonidos. **Los pelos de las patas de una araña sienten el sonido de un insecto mientras vuela.**

Otros órganos que tienen en las patas huelen y saborean cosas solo caminando sobre ellas. Una araña incluso reconoce el sabor de su propia seda al tocarla.

Esta araña cazadora está perfectamente camuflada sobre una hoja del bosque tropical. Los pelos en su cuerpo y patas sentirán las vibraciones que produzcan las pisadas de un insecto que se aproxime.

La piel de la araña está compuesta de una sustancia dura llamada quitina. Es la armadura personal de la araña y su esqueleto. La araña no tiene huesos dentro de su cuerpo como soporte. Su piel dura es como un esqueleto que lleva puesto en el exterior y que protege y le da soporte a su cuerpo.

Esta piel dura no se estira, de manera que una araña debe mudar de piel de vez en cuando a medida que crece. La araña encuentra un lugar seguro y después se sale de su piel vieja lentamente. Esto puede tardar una hora y es muy estresante. La araña incluso debe mudar la piel que cubre sus ojos y el interior de su boca. Después, su nueva piel está húmeda y suave como masilla. Así, la araña descansa hasta que su nueva piel se seque y se endurezca.

AHORA COMPRUEBA

Resumir ¿Por qué las arañas necesitan buscar un lugar seguro para mudar de piel? Resume usando detalles del texto.

Una tarántula azul cobalto debe rodar sobre su dorso para mudar de piel. Así jala la piel vieja desde sus patas. Sus nuevos colmillos son blanco puro, pero se oscurecerán con el tiempo.

La seda es el secreto del éxito de las arañas. Ellas producen varios tipos de seda que pueden ser pegajosos, elásticos, fuertes o afelpados. Cada seda tiene un uso especial, como hacer sacos de huevos, atrapar presas, tejer telarañas o hacer cables resistentes que la araña arrastra a medida que camina o salta sobre ella.

Las hileras en el abdomen de la araña producen la seda. Salen hilos líquidos de docenas de orificios diminutos y se solidifican a medida que la araña los jala. La seda de la araña es una sustancia increíble: puede ser más fuerte que el acero y se puede estirar el doble de su longitud. Lo mejor de todo es que es reciclable. Una araña puede ingerir su seda cuando termina de usarla.

Una araña de jardín negra y amarilla usará sus patas para girar su presa a medida que la envuelve con la seda de sus hileras.

Las telarañas están hechas de seda. Algunas telarañas parecen papel de seda viejo que cuelga sobre los cercos. Otras cuelgan en marañas desordenadas en un rincón de tu garaje. Pero la más conocida es la telaraña orbital con su maravillosa espiral de hilos pegajosos. Una telaraña orbital grande puede tener más de 100 pies de hilo de seda y su construcción puede tardar alrededor de una hora.

La mayoría de las arañas construyen sus telarañas en la noche y trabajan con el tacto. Una vez que terminan, las arañas se ubican en el centro o en un borde y tocan la telaraña para poder sentir la vibración de un insecto que quede atrapado. Si la presa es una avispa peligrosa, la araña puede liberarla haciendo un corte. Si no, envuelve a su presa en seda y la muerde.

AHORA COMPRUEBA

Volver a leer ¿Por qué las arañas que tejen telarañas orbitales no quedan atrapadas en su propia red? Vuelve a leer el pie de foto para comprobar si entendiste.

Las arañas que tejen telarañas orbitales tienen pinzas especiales y sus patas no son pegajosas; de esta manera pueden caminar sobre su red sin quedar atrapadas.

El hombre araña

¡Un amante de la naturaleza!

Nic Bishop es un autor y fotógrafo de libros para niños sobre la naturaleza. ¡Y además le encantan las arañas de verdad! Lo que para algunas personas es horripilante y asqueroso, para Nic es absolutamente increíble y fascinante.

Nació en Inglaterra, pero ha vivido y viajado por todo el mundo. Algunos de sus viajes han sido para buscar las arañas más interesantes del planeta. En ocasiones, su esposa, que es bióloga, lo acompaña. Él busca arañas y otras criaturas para mostrarles a los niños lo que ofrece el mundo natural.

Nic incluso ha criado sus propias arañas en casa. Lo hace para tomarles fotos cuando mudan de piel o ponen huevos, por ejemplo, pues es difícil captar imágenes de ellas haciendo este tipo de cosas cuando están libres en la naturaleza. ¡La mayoría de las arañas de Nic permanecen en sus jaulas, pero unas pocas alborotadas han encontrado formas de escapar! Pero, no te preocupes, ¡Nic siempre ha podido encontrar y atrapar a las pequeñas fugitivas!

Propósito del autor

Nic Bishop acompaña sus textos con fotos y pies de foto dramáticos. ¿De qué manera estas características del texto te ayudan a comprender mejor el tema de las arañas?

Respuesta al texto

Resumir

Fíjate en detalles importantes de *Arañas* para resumir de qué manera se han adaptado las arañas para poder subsistir. La información del organizador gráfico de idea principal y los detalles clave pueden servirte de ayuda.

Idea principal
Detalle
Detalle
Detalle

Escribir

Piensa en la forma como Nic Bishop emplea los elementos del texto para hablar de las arañas. ¿Cómo te ayudan estos elementos del texto a comprender su punto de vista sobre las arañas? Completa estas oraciones para organizar tu respuesta.

Nic Bishop emplea los elementos del texto para...

Él muestra que las arañas son...

Esto me permite entender que él piensa que las arañas...

Hacer conexiones

¿Cómo se han adaptado las arañas para subsistir? PREGUNTA ESENCIAL

Explica cómo podrían las arañas de la selva tropical y las arañas del desierto adaptarse de formas diferentes. EL TEXTO Y EL MUNDO

Nic Bishop

Género • Cuento de embusteros

Compara los textos

Lee de qué manera una araña aprende a usar su propia habilidad especial para salvarse.

ANANSI Y LOS PÁJAROS

Michael Slack

A nansi adora los retos. Engañar a los comerciantes para quitarles sus riquezas y a los leones para que salgan de sus tronos son sus aventuras más emocionantes. Y hoy les demostrará a esos pájaros arrogantes que él puede volar junto a los mejores.

Le suplicó a cada pájaro que le diera una pluma para crear un par de alas, y luego comenzó a practicar su vuelo. Anansi quedaba muy bien **camuflado** en sus nuevas alas y lucía como un pájaro.

—¡Uuu huut! —lo reprendió el búho bajo la luna—. Una araña no está hecha para volar. ¿Por qué intentas ser algo que no eres?

—Ocúpate de lo tuyo, búho —respondió Anansi disgustado—. ¡Eres un **depredador**, así que vete a cazar ratones!

Anansi siguió a los pájaros a su fiesta en la cima de una montaña. Se servía mucha comida y empujaba a todos para obtener su parte. Cuando se sintió lleno, cayó en un profundo sueño.

Disgustados, los pájaros le quitaron las plumas de sus alas y después se fueron, todos excepto un cuervo. Cuando Anansi despertó, se dio cuenta de lo que había pasado y le rogó al cuervo que lo ayudara a bajar de la montaña.

—Por supuesto —respondió el cuervo con malicia, mientras lo empujaba por un acantilado.

—¡Ay! —gritó Anansi, que por su incapacidad de volar cayó impotente dando vueltas en el aire.

El viejo búho apareció frente a él y le preguntó:

—¿Por qué no escuchaste, Anansi? ¡No eres un pájaro!

—¡Por favor, ayúdame, búho! —le rogó Anansi.

—¡Mete la barriga! —le dijo el búho a Anansi.

Cuando lo hizo, salieron hilos de seda de detrás de él. El búho los cogió y los ató a una rama alta. Colgando de ellos, Anansi se dio cuenta de que el búho tenía razón. Desde ese día, continuó hilando telarañas en lugar de intentar ser algo que no era.

Haz conexiones

¿Qué ayuda a Anansi a sobrevivir?
PREGUNTA ESENCIAL

En este cuento, Anansi descubrió que tenía una habilidad increíble. Comenta algunas otras adaptaciones de animales asombrosas. EL TEXTO Y OTROS TEXTOS

Palabra de urraca

Iñigo Javaloyes
Ilustrado por Andrés M. Rojas

AMBIENTE
Un bosque de América del Norte

PERSONAJES
SIMÓN, macho de águila calva
QUIROGA, hembra de águila calva
RAÚL, macho de búho real
ÚRSULA, hembra de búho real
PACO URRACA
CAZADOR
EXTRAS: un pájaro carpintero
y varias grullas

Pregunta esencial
¿Cómo cambian las historias
cuando los personajes son
encarnados por animales?

Lee cómo un rumor puede
afectar las relaciones.

¡Conéctate!

ESCENA I

(En lo alto de un árbol, Simón y Quiroga, dos águilas calvas, conversan en una rama bajo una luz intensa que se va haciendo más y más tenue a medida que la conversación progresa. Los actores llevan un gorro blanco y un pico sobre la nariz sujetado por detrás de la cabeza con una banda elástica. Se oyen pajarillos de fondo).

QUIROGA *(alarmada)*. Lo que oyes, el halcón del acantilado. Ha desaparecido en plena noche. ¡Tenemos que irnos de aquí, Simón!

SIMÓN. Tranquila, Quiroga... A ver, ¿quién te ha dicho eso?

QUIROGA. Paco Urraca. Me lo contó mientras pescabas en el lago.

SIMÓN *(escéptico)*. ¡Qué raro! Hace mucho, muchísimo tiempo que no oía algo así. Yo no me fiaría.

QUIROGA. Simón, ¿no te acuerdas de lo que le pasó a tu primo hace unas primaveras?

SIMÓN *(tras un breve silencio).* Nadie sabe lo que le pasó a mi primo, Quiroga. Lo de que se lo comieron los búhos son habladurías... ¡solo son cuentos!

QUIROGA. ¡Nada de eso! Todo el mundo sabe que las rapaces diurnas, las del día, están en guerra continua con las rapaces nocturnas, las de la noche.

SIMÓN *(sin darle importancia).* Bla, bla, bla... Y aunque fuera verdad, ¿qué importa? En esta parte del bosque no hay búhos.

QUIROGA. Dirás que no *había* búhos. Ya han vuelto.

SIMÓN. ¿Los has visto?

QUIROGA. Yo no, pero Paco Urraca sí los ha visto.

AHORA COMPRUEBA

Hacer y responder preguntas ¿Qué piensa Simón de lo que dice Quiroga? Vuelve a leer para hallar la respuesta.

(Se oye un aleteo entre las ramas. Las dos águilas miran a su alrededor sobresaltadas. Un pájaro carpintero pasa saltando de árbol en árbol).

QUIROGA *(asustada)*. ¿Qué ha sido eso?

SIMÓN *(tranquilizador)*. ¡Tranquila, tranquila! Ha sido Pájaro Carpintero. *(pausa)* Mira, yo me olvidaría de lo que ha dicho Paco Urraca.

(Entra Paco Urraca en el escenario. Se queda a un par de pasos de la pareja de águilas).

PACO URRACA *(ruidoso)*. ¡RACA, RACA! He oído mi nombre. ¿Me llamaban?

SIMÓN *(enojado)*. Estabas espiándonos, ¿verdad?

PACO URRACA *(con sarcasmo)*. ¡Qué negativo eres, Simón!

QUIROGA *(dirigiéndose a PACO URRACA)*. Dile lo del halcón del acantilado, Paco.

PACO URRACA. ¡RACA, RACA! Se lo comió el búho. Palabra de urraca.

QUIROGA *(a Simón)*. ¡Te lo dije!

PACO URRACA. Y creo que tiene "planes" (formando comillas con los dedos de ambas manos) para ustedes.

SIMÓN. ¡Qué tontería! Los búhos nos tienen miedo.

(Paco Urraca se ríe y grazna mientras corre en círculos alrededor del escenario).

PACO URRACA. ¡Qué risa! ¡RACA! ¡RACA! Cuando llega la noche, los búhos no le tienen miedo a nadie.

(Se oye el arrullo de una bandada de grullas en migración. Las dos águilas miran cómo las grullas pasan despacio de un lado a otro del escenario).

PACO URRACA *(señalando a las grullas).* ¡Ah! Llega la primavera. Miren, las grullas ya regresan de sus cuarteles de invierno. Dentro de poco construirán sus nidos. Pondrán sus huevos. Nacerán sus polluelos... ¡Algunas vivirán! ¡Otras morirán! *(con fingida resignación)* Bueno, así es la vida.

(Todos se quedan escuchando el arrullo de las grullas, que se aleja hasta desaparecer. La luz se hace más tenue).

SIMÓN. Oye, y esos búhos que dices haber visto, ¿dónde están?

PACO URRACA. Están en un gran fresno, junto a la **vereda** que lleva al lago. Ahí tienen su nido. *(susurrando)* Tienen que darse prisa, dentro de poco tiempo van a despertar.

(Se oye el ulular de los búhos: Uuuuuu, Uuuuuu, Uuuuuu....).

PACO URRACA *(sobresaltado y con miedo repentino).* ¡Demasiado tarde!

*(La urraca **despega** de la rama y se aleja asustada dando **potentes** aletazos).*

PACO URRACA. "RACA, RACA".

(El escenario queda en una penumbra azulada. Se oye el ulular del búho, ahora mucho más fuerte... UUUUU, UUUUU, UUUUU... Quiroga se abraza a Simón).

119

(Los dos actores llevan máscaras de ojos grandes y una gorra con orejas de cartón puntiagudas. El escenario está iluminado por una luz azulada, más oscura que la luz de la escena anterior. Cuelga del techo una Luna de cartón de color naranja. Raúl está en el escenario, nervioso, caminando de un lado a otro. De pronto, se queda petrificado. Mira en la distancia, moviendo la cabeza de lado a lado, tratando de vislumbrar algo. Es su pareja, Úrsula, que llega **planeando** *entre la espesura. Al posarse en el nido junto a Raúl, Úrsula empieza a ulular. ¡UUU UUUUU UUUUUUU!)*

RAÚL. ¡Úrsula! ¿Quieres dejar de ulular, por favor? ¡Nos van a oír las águilas!

ÚRSULA *(sorprendida)*. Bueno, ¿y desde cuándo nos preocupan las águilas?

RAÚL. ¿Es que aún no te has enterado? ¡Se han comido una lechuza!

ÚRSULA *(con cara de extrañeza)*. ¿Las águilas? ¿Una lechuza? ¡Qué raro!

RAÚL. Bueno, tan raro, tan raro, no es. Los búhos estamos en guerra con las águilas desde hace miles de años.

ÚRSULA. Eso son leyendas, Raúl. Esas cosas no pasan en la realidad.

RAÚL *(como si no hubiera oído a Úrsula)*. Ya te dije que mudarnos a una zona con tanto lago era mala idea. Porque donde hay lagos hay salmones, y donde hay salmones... ¡hay águilas calvas!

ÚRSULA. Bueno, ¿y qué pasa? ¿Acaso tenemos cara de salmón?

RAÚL *(irritado)*. No te hagas la graciosa, Úrsula. ¡Ya sabes a lo que me refiero!

ÚRSULA *(tratando de calmarlo)*. Pero veamos, Raúl. ¿A ti quién te ha dicho lo de la lechuza?

RAÚL *(irritado)*. Una urraca que vino por aquí. Me dijo que tuviera (formando comillas con los dedos) "mucho cuidado".

ÚRSULA. ¡Bah, no hagas caso! ¡Seguro que aquí ni siquiera hay águilas!

RAÚL. Claro que sí. Esta tarde vi una planeando por encima del lago. Y no era una rapaz cualquiera... ¡Era un **portento** de águila!

ÚRSULA *(coqueteando)*. ¿Tan portentosa como yo?

(Se oye un ruido entre las ramas. Raúl se asusta).

RAÚL. ¡Shhhh! ¿Has oído eso?

ÚRSULA *(**imita** a Raúl burlonamente)*. "¿Has oído eso?, ¿has oído eso?" ¡Raúl, por favor, no seas miedoso! ¡Será una ardilla! ¿O acaso crees que un águila nos atacaría en plena noche?

RAÚL *(aliviado momentáneamente)*. Tienes razón. Mientras sea de noche, estaremos a salvo. Pero ¿qué va a pasar cuando salga el sol?

AHORA COMPRUEBA

Hacer y responder preguntas ¿En qué se parecen Quiroga y Raúl? Vuelve a leer para hallar la respuesta.

(Vuelven a oírse las ramas. Raúl corre hacia Úrsula y se abraza a ella. Paco Urraca entra en el escenario).

PACO URRACA *(con severidad)*. No pueden esperar a que salga el sol.

ÚRSULA. ¿Se puede saber qué hace una urraca despierta a estas horas de la noche?

PACO URRACA. He venido a avisarles. Las águilas calvas están preparando un ataque.

ÚRSULA *(escéptica, a Paco Urraca)*. Vamos a ver, ¿y tú cómo lo sabes?

PACO URRACA. Eso no importa. Tienen que actuar ya... ¡Esta noche! Si no, será demasiado tarde.

ÚRSULA *(mira de reojo a Raúl, que está aterrorizado. Luego, enfurecida, grita a Paco Urraca)*. Eres un mentiroso... ¡Vete!

PACO URRACA. Mira, Búho, si quieres esperar a que salga el sol para que vengan las águilas y se los coman... adelante. Yo no gano nada con todo esto. Adiós.

(Paco Urraca desaparece por un lado del escenario dando fuertes aletazos).

ÚRSULA. No me gusta nada la **actitud** de esta urraca. Es una entrometida y una charlatana.

RAÚL. Eso es lo de menos... Úrsula, no podemos quedarnos de brazos cruzados. ¡Tenemos que hacer algo!

⤳ ESCENA III

*(Hay un árbol solitario en el suelo. Se oye el ulular
de un búho. Luego, pasos en la hojarasca. Entra en
escena Cazador, que lleva una gorra de camuflaje y
un cazamariposas. Se detiene en el centro del escenario.
Camina de lado a lado y mira hacia el público con la mano sobre
las cejas, como para protegerse del sol. Está buscando algo. De
pronto llega el águila Simón con las alas abiertas. Mientras Cazador
mira hacia otro lado, Simón lo tumba al suelo. Desde el extremo
opuesto del escenario, Úrsula lo mira desafiante).*

SIMÓN. ¡Si quieres cazar a los animales de este bosque te las tendrás
que ver conmigo!

CAZADOR *(asustado).* ¡No me hagas daño, águila! ¡Te lo suplico!
Yo no quería cazarte a ti, yo...

*(Úrsula entra por detrás de Simón, pasa de largo y se dirige hacia
el Cazador, quien huye aterrorizado. Úrsula lo ve marcharse,
se da la vuelta y mira a Simón).*

ÚRSULA *(mirando al público).* Tenía razón Paco Urraca: hay águilas
en este bosque.

SIMÓN *(mirando al público).* Tenía razón Paco Urraca: hay búhos
en este bosque.

ÚRSULA *(mirando a Simón).* Sí, pero nada nos dijo de los cazadores. Gracias, águila, me has salvado la vida.

SIMÓN *(avergonzado).* Pues tengo que confesarte una cosa: te estaba buscando para...

ÚRSULA *(interrumpiendo).* No hace falta que me digas para qué. Y tampoco hace falta que te disculpes. Yo también quería cazarte.

SIMÓN. ¿Y por qué no lo has hecho?

ÚRSULA *(encogiéndose de hombros).* No sé. ¿Y tú a mí? ¿Por qué no me atacaste?

SIMÓN. No somos enemigos.

ÚRSULA. Es cierto, yo no creo que haya guerra entre los búhos y las águilas.

SIMÓN. Ni yo.

ÚRSULA. Eso son habladurías.

SIMÓN. Puros cuentos.

(Las dos aves se quedan mirando en silencio).

SIMÓN. Tienen el nido en el fresno del valle, ¿verdad?

ÚRSULA. Sí.

SIMÓN. Buen sitio. Allí no los molestará nadie. *(apuntando a algún lugar lejano)* Nosotros hemos hecho nido allí arriba.

ÚRSULA. Buena suerte.

(Simón sale del escenario batiendo las alas. Úrsula lo mira en la distancia y sonríe. Se oye a Paco Urraca fuera del escenario: "RACA, RACA". El búho alza el vuelo y entra Paco Urraca).

PACO URRACA *(gritando en dirección al bosque)*. ¡Búho! ¡El nido del águila está vacío! ¡Es buen momento para atacar! ¡Apresúrate!

(Cazador irrumpe en el escenario y captura a Paco Urraca con su cazamariposas. Lo saca del escenario. Paco Urraca grita despavorido).

PACO URRACA. ¡RACA, RACA! ¡RACA, RACA!

CAZADOR. ¡Palabra de urraca!

(Cazador y Paco Urraca salen por el otro lado del escenario).

Iñigo Javaloyes

Nació en Bilbao, España, en 1966. Desde niño ha sido un apasionado de la escritura y de la naturaleza. Siguiendo los pasos de su padre se dedicó al periodismo, que fue su puerta hacia la literatura. En 1992 viajó a Nueva York como corresponsal del diario ABC de Madrid. Desde entonces ha tenido una profunda fascinación por EEUU.

En 2006 escribió para sus hijos pequeños la novela corta *Tortuga Número Cien*, traducida al inglés y al chino. Diez años después salió a la luz su segunda obra, *Yo, Helíaca*, una fábula sobre los animales de España. "No hay mucha diferencia entre escribir para niños o adultos", dice Iñigo. "Yo escribo parecido para todo el mundo".

PROPÓSITO DEL AUTOR

¿Por qué crees que el autor escribió *Palabra de urraca* en forma de drama? ¿En qué contribuyen el diálogo y las acotaciones al cuento?

Andrés Mauricio Rojas

Maestro en Bellas Artes nacido en Bogotá, Colombia, en 1983. Interesado en la práctica del dibujo, la ilustración y la escritura. Dibuja todos los días objetos, animales, casas, paisajes, situaciones, personajes y cosas incomprensibles y espera hacerlo por mucho tiempo.

Respuesta al texto

Resumir

Resume *Palabra de urraca*. Incluye los detalles más importantes del drama. La información del organizador gráfico de tema puede servirte de ayuda.

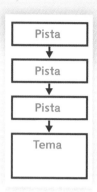

Pista
↓
Pista
↓
Pista
↓
Tema

Escribir

¿Cómo te ayuda el autor a comprender al personaje principal con el lenguaje descriptivo y las acotaciones?

El autor emplea acotaciones para...

Para mostrar cómo se sienten los personajes el autor...

Esto me ayuda a comprender que el personaje principal...

Hacer conexiones

¿Qué importancia tiene el personaje de Paco Urraca en el drama? PREGUNTA ESENCIAL

¿Por qué se pueden identificar las personas con los personajes encarnados por animales? EL TEXTO Y EL MUNDO

Compara los textos

Lee acerca de lo que hace Pecos Bill con el monstruo del lago.

Pecos Bill y el monstruo del lago Bear

¿Alguna vez has oído hablar de Pecos Bill? ¿El vaquero criado por coyotes durante diecisiete años? ¿El que enlazó un tornado con una serpiente cascabel viva para bajarlo del cielo? ¿El que desenterró el río Grande porque su ganado tenía sed y necesitaba agua? ¡Por supuesto que has escuchado esas historias! Pero apuesto a que no conoces este relato sobre Pecos Bill.

Pecos Bill estaba cabalgando y reuniendo el ganado con algunos vaqueros. Un vaquero de Utah comenzó a contar historias sobre el monstruo del lago Bear una noche. Dijo que el monstruo lucía como una serpiente con patas. Y que tenía más de 100 millas de largo. Uno de los trucos favoritos del monstruo era aparecerse a los nadadores para escucharlos gritar. Y se comía a un par de ellos de almuerzo. Contó que una vez unos antílopes americanos se acercaron a beber agua del lago. La serpiente se los bebió como si fueran un trago de té dulce. Al monstruo le picaba la cola en otra ocasión. No se podía rascar. Por eso hizo que las olas del lago inundaran las costas durante días.

Pecos Bill le dijo al vaquero que lucharía contra el monstruo hasta que prometiera comportarse.

—Disfruto mucho de un buen combate de lucha libre –dijo sonriendo y con **actitud** desafiante.

Pecos Bill subió a su caballo Enviudador y partió hacia Utah a la mañana siguiente. Unos rancheros juraron haber visto un cometa cruzar el horizonte ese día. Eran las chispas que despedían las herraduras de Enviudador sobre las rocas.

Bill llegó acalorado y sediento al lago Bear. Fue al agua y nadó una milla o dos. De repente el agua se agitó y se espumó. Comenzaron a caer violentas olas de diez pies de altura sobre su cabeza. Un monstruo salió del agua con la boca abierta y rugió. Bill había visto cavernas más pequeñas que la boca de esa serpiente. Su rugido hizo temblar las montañas que rodeaban el lago. Pecos Bill saltó al cuello del monstruo y enlazó su boca con una cuerda. Después sostuvo los extremos como riendas.

Decir que la serpiente parecía tan **malhumorada** como un oso cuando lo pican muchas avispas es poco. El monstruo se retorcía y hacía serpentear su lomo tratando de librarse de Bill. Pero Bill no cedió. El viento bramaba y chillaba en torno a Bill. Las olas se elevaban en picos cada vez más altos. ¡Salpicaron tanta agua que el lago se convirtió en una tromba gigantesca!

Pasaron dos días. Bill luchó contra el monstruo hasta llevarlo a la costa del lago Bear. Lo tomó por la cola, lo levantó sobre su cabeza y lo hizo girar muy rápido. Luego, lo soltó. El monstruo cruzó el océano Atlántico volando por los aires. Fue a dar al lago Ness, en Escocia. El monstruo serpiente del lago Bear de Utah todavía vive en el lago Ness. La diferencia es que ahora es miedoso y tímido. Pocas personas lo han visto. La gente de esa zona lo llama el monstruo del lago Ness o "Nessie" para abreviar.

¿? Haz conexiones

¿Cómo cambia la serpiente del inicio al final del relato? PREGUNTA ESENCIAL

¿Qué características tienen en común los personajes Simón y Pecos Bill? EL TEXTO Y OTROS TEXTOS

El canto de la cigarra

Cerca del lago, encima del abeto,
en el escaparate, en la azotea,
en la cocina o en la chimenea,
la cigarra repite aquel soneto

con su violín de despertar al día.
El canto la protege de un letargo
que parece volverse menos largo
siempre que lo convierte en melodía.

La solista improvisa acurrucada
en un arbusto leve y prematuro.
La soledad, a ratos, la entristece,

pero no le interrumpe su tonada,
pues sabe que la magia del futuro
es un caudal de música que crece.

Alexis Romay

Pregunta esencial

**¿Cómo inspiran los animales
a los escritores?**

Lee y aprende cómo los poetas visualizan,
de maneras creativas y descriptivas, las
características y los hábitos de los animales.

¡Conéctate!

El ave marina

Alza una gaviota el vuelo,
y hacia la estrella remota,
parece que la gaviota
fuera hundiéndose en el cielo.

Quién pudiera sobre el mar,
como la gaviota aquella,
darse al viento, dulce estrella,
y hacia ti volar, volar…

Leopoldo Lugones

Barrilete

Alta flor de las nubes
—lo mejor del verano—
con su tallo de música
en mi mano sembrado.

Regalo de noviembre,
nuevo todos los años:
para adornar el día,
para jugar un rato.

Banderola de fiesta
que se escapa volando…
Pandereta que agitan
remolinos lejanos.

Pececillo del aire
obstinado en el salto;
pájaro que se enreda
en su cola de trapo.

Luna del mediodía
con cara de payaso;
señor del equilibrio,
bailarín del espacio.

Ala que inventa el niño
y se anuda a los brazos.
Mensaje a lo celeste.
Corazón del verano.

Claudia Lars

Respuesta al texto

Resumir

Busca los detalles del poema "Barrilete" y resúmelo. La información del organizador gráfico de punto de vista puede servirte de ayuda.

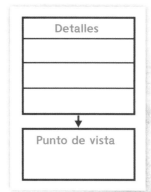

Detalles

↓

Punto de vista

Escribir

Piensa en la diferencia entre las imágenes que construyen los poetas y cómo se ven estos sucesos en la vida real. ¿Por qué emplean los poetas algunos recursos relacionados con el uso del lenguaje para crear imágenes nuevas de los sucesos ordinarios?

> En los poemas, los poetas crean varias imágenes, como...
>
> Para crearlas emplean diferentes recursos, como...
>
> Los poetas se valen de estos recursos porque...

Hacer conexiones

¿De qué manera estos animales inspiraron a los poetas?
PREGUNTA ESENCIAL

¿Qué otros animales piensas que merecen sus propios poemas? ¿Por qué crees que inspirarían a los poetas?
EL TEXTO Y EL MUNDO

Compara los textos

Lee y compara cómo dos poetas
se inspiran en diferentes animales.

Mi caballo cerrero

Galopa en la arena,
en la montaña, sobre el agua...
Mi caballo cerrero
salta como un puma,
corre como un lince,
relincha de alegría
y escucha mis palabras.
Mi caballo cerrero existe
en mi imaginación,
y me lleva con él
donde siempre he querido ir.

Laia Cortés

Receta para dormir

Para que el sueño venga, se recomienda
cerrar los ojos, contar ovejas,
oír el canto de las estrellas,
comer manzana con mejorana
y tomar agua de toronjil,
sentir que el viento mece la cama,
tocar la almohada con la nariz.

Para que el sueño venga y se quede quieto
toda la noche, cerca de ti,
pídele al mundo que haga silencio,
dile que el sueño quiere dormir.
Shhhh...

Yolanda Reyes

Haz conexiones

¿Puede un caballo existir en la imaginación de una poeta? PREGUNTA ESENCIAL

Los poetas por lo general usan lenguaje descriptivo. Escribe sobre cómo las descripciones de los escritores te ayudaron a visualizar a los animales. EL TEXTO Y OTROS TEXTOS

Pregunta esencial

¿Cómo están conectados todos los seres vivos?

Lee acerca de las relaciones entre el búfalo, los seres humanos y la tierra.

¡Conéctate!

El REGRESO de los BÚFALOS

Jean Craighead George • *ilustraciones de* Wendell Minor

Hace mucho tiempo nació un ternero de búfalo rojizo. Se tambaleó sobre sus patas y parpadeó. Una alondra voló hacia una brizna de pasto de seis pies y cantó tan dulcemente como una flauta de pan. Un grupo de perros de la pradera ladraba. Los pastos verdes y dorados de las llanuras **se mecían** como olas, de horizonte a horizonte. Ese día de mediados del siglo XIX, setenta y cinco millones de búfalos deambulaban por América del Norte. En poco más de cincuenta años, ya no habría casi ninguno.

¿Qué sucedió? La respuesta es una historia sobre los indígenas americanos, el búfalo y el pasto.

Los indígenas americanos

El día que el ternero nació, el aire estaba lleno de humo. Los indígenas que vivían en las llanuras habían prendido fuego a los pastos, como llevaban haciéndolo por miles de años. El fuego era bueno para la pradera. Tal vez al ternero le asustaban las llamas, pero estas evitaban que los árboles invadieran las praderas. Las cenizas del fuego daban nutrientes al suelo, lo cual hacía que el pasto que comían los búfalos fuera más lozano.

Al cuidar el pasto, los indígenas cuidaban al búfalo. A su vez, el búfalo cuidaba a los indígenas y las llanuras. Los búfalos eran el alimento de los indígenas, quienes también los usaban para construir sus hogares y elaborar prendas de vestir. El búfalo nunca comía demasiado pasto y sus pezuñas afiladas ayudaban a que el agua de lluvia penetrara en el suelo. Esto mantenía la pradera próspera.

El ternero rojizo aprendió a revolcarse en el polvo. Veía a los urogallos hacer alarde de sus exóticas plumas. Desde el Mississippi hasta las montañas Rocosas y desde el Golfo de México hasta Canadá, las manadas de búfalos pastaban en las Grandes Llanuras.

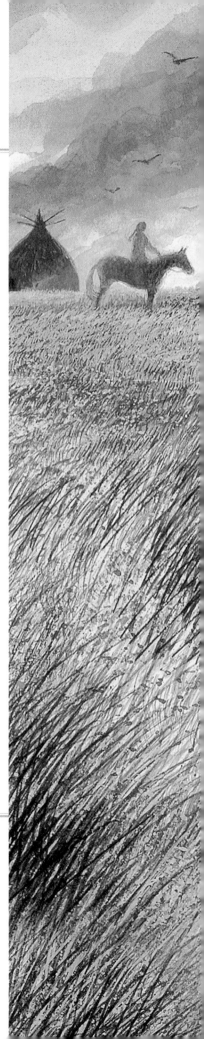

AHORA COMPRUEBA

Resumir ¿Por qué los indígenas prendían fuego a los pastos? Haz un resumen usando detalles del texto.

143

El búfalo

A mediados del siglo XIX, el cambio llegó a las llanuras. Primero fueron los cazadores blancos de pieles. Apilaban las hermosas pieles de búfalo en canoas puntiagudas y las vendían en el Este para obtener ganancias. Después vinieron los exploradores estadounidenses, quienes disparaban a muchos animales por diversión. Los búfalos son un blanco fácil para los cazadores porque son grandes y con frecuencia permanecen quietos.

Pero fueron los colonos del Este y el gobierno estadounidense quienes mataron a casi todas las manadas de búfalos. Después de la Guerra Civil, el gobierno compró grandes extensiones de tierra a los indígenas. Obligaron a muchos de ellos a ir a reservas y vendieron la tierra a los colonos. Familias de Europa y de la Costa Este se desplazaron hacia el Oeste para asentarse en la fértil tierra negra de la pradera.

Pero hubo problemas en las llanuras. El gobierno incumplió los tratados con los indígenas. Así que estos se defendieron y ganaron muchas batallas contra el ejército de Estados Unidos. Luego el gobierno encontró otra forma búfalos que vieran, o a llevar manadas enteras a que se despeñaran por los acantilados. Sin el búfalo como fuente de alimento, abrigo y vestido, los indígenas no pudieron sobrevivir en las llanuras.

La mayoría de los últimos búfalos salvajes cayeron en el polvo y a causa de los disparos.

Como dijo el gran jefe siux Toro Sentado, quien venció al general George A. Custer en la batalla de Little Big Horn: "Un viento frío sopló en la pradera cuando el último búfalo cayó… un viento de muerte para mi pueblo".

Y, como descubrirían poco después los colonos, fue un viento de muerte para la pradera.

El pasto

Con la muerte del búfalo, las guerras indígenas terminaron. No obstante, los colonos afrontaron una nueva lucha: la batalla por los pastos. Durante millones de años, los pastos de la pradera se habían adaptado a las **sequías** frecuentes de las Grandes Llanuras al desarrollar raíces fuertes para conservar la humedad. Estas eran anchas y profundas y mantenían el suelo fértil. Las pezuñas afiladas del búfalo y el fuego de los indígenas habían ayudado a mantener los pastos saludables. Pero los nuevos colonos no entendieron la importancia del pasto.

Los primeros colonos eran rancheros y vaqueros, y llevaron cercas y ganado. Este no deambulaba, así que comía demasiado pasto dentro de sus cercas. Sus pezuñas planas apisonaron la tierra. El aire y el agua de lluvia dejaron de penetrar el suelo.

Los colonos que los siguieron querían cultivar la tierra, así que arrancaron el pasto y sembraron cultivos para vender. Inventaron arados de acero y tractores de vapor para conquistar la pradera y se dio inicio al "gran arado". Sembraron trigo, maíz y soya, que tienen raíces poco profundas y **frágiles.**

Al comienzo **crecieron** bajo el sol y las lluvias oportunas. Las nuevas vías férreas llevaban las cosechas a mercados distantes.

Ahora ni un búfalo se tambaleaba sobre sus patas. Las alondras que alguna vez comieron insectos ya no cantaban. Los perros de la pradera callaron. Sin el búfalo, sin los pastos y sin los indígenas que cuidaban la pradera, esta peligraba. Pronto los colonos sabrían por qué.

Resumir ¿De qué manera el "gran arado" fue bueno y malo al comienzo?

La sequía llegó, al igual que antes. Millones de saltamontes azotaron las llanuras. Hace mucho tiempo, cuando la sequía llegaba y los saltamontes comían el pasto saludable, las plantas volvían a crecer. Sus fuertes raíces siempre sobrevivían. Pero cuando devoraron los frágiles cultivos, nada volvió a crecer.

De pronto, los saltamontes pusieron huevos y volaron. Los granjeros volvieron a sembrar sus cultivos sin saber que habían comenzado a destruir la pradera.

Cuando el búfalo vivía en la pradera, sus pezuñas afiladas ayudaban a que la lluvia llegara a la profundidad de la tierra, y las fuertes raíces del pasto conservaban la humedad. Ahora no quedaba humedad en el suelo. Los cultivos de los granjeros se marchitaron y murieron.

Entre 1930 y 1940, la tierra arada finalmente **se desmoronó** y quedó convertida en polvo. El viento erosionó la tierra levantando el polvo y formando terroríficas nubes negras.

Las nubes producían lluvia con tierra. Los graneros, las granjas, las casas y los pueblos quedaron enterrados bajo el polvo. Las personas tosían, se ahogaban y se enfermaban. Muchos murieron.

Hambrientos y sin dinero, los granjeros de las llanuras y la gente de los pueblos empacaron sus pertenencias y vendieron su tierra sin valor al gobierno. El suelo de la pradera había desaparecido. La tierra ya no era fértil. Los granjeros subieron a sus carros viejos y partieron. El "gran arado" había sido un desastre. En algo más de cincuenta años, había destruido al búfalo, a los pastos protectores y a los indígenas que habían cuidado de ambos.

¿Qué se podía hacer para salvar la pradera?

El regreso de la pradera

A comienzos del siglo XX, los estadounidenses eligieron a un presidente que había sido cazador en las Grandes Llanuras. Él conocía y amaba la tierra y quería conservarla para las generaciones futuras. El presidente Theodore Roosevelt, quien era amante de la naturaleza, quería salvar especialmente al búfalo. Le tenía mucho aprecio al gran animal americano que pasta con su lomo encorvado y su denso pelaje. Entonces envió exploradores a buscar búfalos salvajes.

Los exploradores volvieron sin nada. Todos menos uno. Un naturalista llamado W. T. Hornaday buscó sin rendirse. Gracias al consejo de un indígena de la tribu crow, cabalgó hacia una pradera apartada en Montana, un lugar que había estado escondido del mundo. Allí, ante él, pastaban trescientos búfalos. Una pequeña ternera rojiza se tambaleaba sobre sus patas y parpadeaba. Una alondra voló hacia una brizna de pasto y cantó tan dulcemente como una flauta de pan.

Antes existían setenta y cinco millones de búfalos en las llanuras. Ahora quedaban trescientos en estado salvaje. Quienes entendían la tierra, empezando por Hornaday, sabían que debían salvar al búfalo. El Presidente prestó su ayuda.

Roosevelt estableció el Parque Nacional del Búfalo en Montana e hizo ilegal la caza de búfalos. Con el paso de los años, se reservó más tierra en los estados ubicados al oeste del país para las grandes manadas de pastoreo, las cuales empezaron a crecer.

Gracias a Roosevelt, la ternera rojiza de Montana jugueteó con otros terneros y se revolcó en el polvo. Su manada creció. Muchos fueron enviados a parques nacionales y refugios de vida silvestre que se habían establecido para darles comienzo a nuevas manadas.

A medida que las tormentas de polvo golpeaban granjas y ciudades, el gobierno trabajó para salvar la pradera. Se enseñó a los granjeros a sembrar en curvas, en lugar de en líneas rectas. El arado de curva de nivel ayudó a evitar que el viento se llevara la tierra. Los funcionarios del gobierno plantaron árboles con raíces profundas para mantener la humedad del suelo y romper el viento. Cuando las lluvias volvieron, los granjeros plantaron pasto entre los surcos curvos de maíz para sostener el suelo en su lugar. Los cultivos crecieron de nuevo.

Un día, una niña entró a su casa en Kansas ondeando una brizna de pasto de seis pies.

—¿Dónde encontraste eso? —le preguntó su padre—. Es pasto de búfalo. Ha estado **extinto** por años... o eso creíamos.

—En el patio de mi escuela —respondió ella.

—Esa tierra nunca fue arada —le dijo su padre.

Como muchas personas mayores que vivían en la pradera, él anhelaba ver los hermosos pastos otra vez.

—Tratemos de encontrar más de estos pastos nativos altos —dijo él—. Tal vez el pasto alto podría regresar a las llanuras.

Personas como el padre de la niña reunieron a niños, padres, botánicos, granjeros y comerciantes. Buscaron lugares donde el arado nunca había llegado: cementerios, las bases de antiguas vías férreas y cercas caídas. Allí encontraron pequeños brotes de los pastos nativos: tallo azul, gama, pajonal y pasto de búfalo. Los cultivaron y sembraron las semillas en granjas abandonadas y tierras públicas. Los pastos crecieron altos y elegantes.

Grupos que se dedican a proteger la naturaleza compraron treinta mil acres donde se habían cultivado pastos nativos. Esta reserva natural de Kansas se llama Reserva de la Pradera de Pastos Altos. Allí se liberaron trescientos búfalos.

Una mañana, no hace mucho, un universitario recién graduado galopaba por la reserva contando los búfalos para un censo. De pronto, detuvo su caballo. Un ternero rojizo se tambaleaba sobre sus patas y parpadeaba.

—Bienvenido, ternerito —dijo el joven indígena de la tribu wichita—. Eres el búfalo número doscientos mil ochenta y uno de Estados Unidos.

Una alondra voló hacia una brizna de pasto de seis pies y cantó tan dulcemente como una flauta de pan. Los búfalos habían regresado.

AHORA COMPRUEBA

Hacer predicciones ¿Qué puedes predecir acerca del futuro del búfalo? Usa el texto para sustentar tu respuesta.

LA AUTORA Y EL ILUSTRADOR QUE AMAN LA NATURALEZA

Jean Craighead George comenzó a escribir cuando estaba en tercer grado, y ha escrito desde entonces. De niña le gustaba acampar y hacer caminatas, y pronto se enamoró de las lecturas y la escritura sobre la naturaleza. ¡En total, ha escrito más de 100 libros! George opina que si algún joven quiere convertirse en escritor debe "leer, escribir y hablar con otras personas, escuchar sus ideas y sus problemas. Ser un buen oyente. Y el resto vendrá solo".

Wendell Minor creció en una granja en una llanura en Illinois, muy parecida a la descrita en "El regreso de los búfalos". Uno de sus primeros recuerdos es haber visto a un pájaro petirrojo alimentando a sus pichones afuera de la ventana de su clase y aunque debía estar leyendo, observar la naturaleza era más fascinante para él. Ahora ilustra escenas de la naturaleza en libros y espera que sus ilustraciones consigan que los jóvenes sigan leyendo en lugar de mirar hacia afuera por la ventana, al menos por un momento.

Propósito de la autora

¿La autora de *El regreso de los búfalos* escribió este relato principalmente para informar, entretener o persuadir? Usa detalles del texto para sustentar tu respuesta.

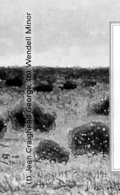

Respuesta al texto

Resumir

Usa detalles importantes del texto para resumir *El regreso de los búfalos*. La información del organizador gráfico de idea principal y detalles puede servirte de ayuda.

Idea principal
Detalle
Detalle
Detalle

Escribir

Piensa en cómo la autora usa la repetición. ¿Por qué incluyó la autora el ternero de búfalo rojizo al inicio y al final de la selección? Usa los siguientes marcos de oración para organizar tu respuesta.

Jean Craighead George expone…

El propósito de su texto es…

Esto es importante porque…

Hacer conexiones

Comenta de qué manera están conectados los seres humanos, los búfalos y la tierra.
PREGUNTA ESENCIAL

¿De qué manera se verían afectadas las personas si se sacaran ciertos animales del ecosistema?
EL TEXTO Y EL MUNDO

Compara los textos

Lee cómo el cárabo norteamericano forma parte de la cadena alimentaria del bosque.

Energía en el ecosistema

*E*n la primavera, el clima de los bosques del este se calienta después del frío invierno. La luz del día dura más tiempo. A mediados de la estación, la energía del sol ha despertado los bosques. Los árboles echan brotes y salen hojas de ellos. Los pastos y helechos brotan del suelo y vuelven las aves cantoras. El lugar cobra vida con los sonidos. En la noche, el bosque resuena con el *auu-auu* del zorro rojo, el croar de las ranas primavera y las ranas toro. A menudo, se oye un llamado que suena como: *"¡Cu-cu-rru-cu-cú! ¡Cu-cu-rru-cu-cú!"*.

"¡UH-UH! ¡UH-UH! ¡Uh-uh! ¡UH-UH! ¡Uh! ¡Ah-ah!".

Este es el llamado del cárabo norteamericano, el cazador nocturno del bosque. Desde su posición privilegiada en los robles y nogales, esta lechuza estudia el suelo del bosque. Abajo, a lo lejos, los campañoles y ratones comen pasto y larvas. Ellos no ven al cazador que los observa.

Los bosques vivos

Todas las plantas, animales y otros *organismos*, o seres vivos del bosque, dependen de los elementos inertes. El **ecosistema** de un bosque necesita un equilibrio de luz solar, humedad, temperatura y nutrientes del suelo. Cualquier **desequilibrio** en estos elementos inertes perjudicará al bosque. Por ejemplo, una **sequía,** o un largo período sin lluvia, matará las plantas. Sin plantas, los animales mueren.

En los bosques del este de Estados Unidos, la energía de la luz solar y los nutrientes del agua y la tierra permiten que las plantas crezcan. Estas conforman el primer eslabón de la cadena alimentaria del bosque. Una cadena alimentaria es el camino que la energía toma de un organismo a otro en forma de alimento. La energía solar fluye a través de esta cadena, y así une a todas las plantas y los animales de un ecosistema. Varios eslabones de la cadena conectan las plantas con la criatura que se posa en las copas de los árboles: el cárabo norteamericano. La energía que proviene de la alimentación de esta ave desempeña una función importante en los primeros eslabones de la cadena alimentaria. Pero ¿cómo?

Abajo: las capas de vegetación de un bosque producen alimento a partir de la energía solar y los nutrientes del suelo y el agua.

La cadena alimentaria del bosque

La cadena alimentaria del bosque comienza con los organismos que producen su propio alimento: los *productores*. Los pastos, los árboles y otras plantas son productores que sirven de alimento para los animales del bosque. Los organismos que no producen su propio alimento se conocen como *consumidores*. Cualquier animal que come plantas o productos vegetales es un consumidor. Algunos, como los conejos, son *herbívoros,* ya que solo se alimentan de plantas. Otros mamíferos, como los campañoles y los ratones, son *omnívoros*. Estos se alimentan tanto de plantas como de insectos, gusanos y larvas.

En el nivel más alto de la cadena alimentaria se encuentran los organismos que se alimentan de otros consumidores. En el bosque, las aves de rapiña como los búhos y las lechuzas ocupan este eslabón. Estas son *carnívoras*, lo que significa que solo comen otros animales. Como las lechuzas no producen su propio alimento, también son consumidoras en la cadena alimentaria.

Sol Fuente de energía

Hongos Descomponedores

Pasto Productor

Búho Consumidor: Carnívoro

Ratón Consumidor: Omnívoro

De regreso al ciclo

Los hongos cumplen una función diferente en la cadena alimentaria: son *descomponedores*. Los descomponedores reciclan los desechos o restos de plantas y animales en el ecosistema. La materia muerta se convierte en nutrientes del suelo que ayudan a las plantas a crecer. Con la luz solar y el agua, el ciclo comienza de nuevo.

Cuando una lechuza come un ratón o un campañol, digiere la carne y los órganos de esos animales. Sin embargo, no puede digerir el pelaje, los dientes ni los huesos. Estos se convierten en egagrópilas ovaladas que la lechuza regurgita después de cada comida. Estas bolas de pelo y hueso se encuentran con frecuencia en el suelo alrededor de los lugares de anidación. Sirven de alimento y refugio para polillas, escarabajos y hongos.

Si estás cerca de un bosque en la noche, escucha con atención. ¿Lo oyes? *"¡Cu-cu-rru-cu-cú, cu-cu-rru-cu-cú!"*.

Derecha: las egagrópilas son una fuente importante de alimento y refugio para algunos insectos y hongos. Las lechuzas no pueden digerir los huesos, los dientes ni el pelaje que las componen.

Haz conexiones

¿Cómo conecta una cadena alimentaria a todos los seres vivos? PREGUNTA ESENCIAL

¿En qué se parece un ecosistema de bosque a otros ecosistemas? EL TEXTO Y OTROS TEXTOS

El lorito pelón

Hilda Perera

ilustrado por **Gustavo Rodríguez**

Pregunta esencial

¿Cuáles son algunos de los mensajes en los cuentos de animales?

Lee cómo un lorito transmite un mensaje a sus dueños.

¡Conéctate!

Había una vez un lorito, un lorito que vivía solo en Chicago, en un apartamento. Lo trajeron los Smith, no sé si de Cuba, de San Juan o de México.

El lorito tenía todos los colores del mundo: era verde, rojo, azul, amarillo y violeta. Y además sabía decir:

—Buenas noches, Oquendo. Buenos días, Oquendo.

(Oquendo era el señor que lo crió de lorito a loro).

163

Ya el viaje no le gustó ni **pizca**. Y todo lo miraba con su ojito redondo y negro. Tampoco le gustó el edificio gris. Ni las alfombras grises. Ni la lluvia, ni la nieve.

Y no es que fuera un loro pesado; es que a los loros les gusta el aire, la yerba verde, el sol.

Los Smith no se daban cuenta. Estaban felices con su lorito, que parecía un **adorno** y que además decía:

—Buenas noches, Oquendo. Buenos días, Oquendo.

Pero, el lorito estaba cada vez más triste. Y no sabía qué hacer. Un día, trató de huir. Tomó impulso, agitó las alas y ¡paf!, por poco se mata al chocar con el cristal de la ventana.

Peor. Los Smith decidieron ponerlo en una jaula. Si hubiera podido, el loro les habría explicado:

—¡Me siento tan solo! Ustedes son unos viejitos muy **simpáticos**. ¡Pero no son loros, ni lo serán nunca!

AHORA COMPRUEBA

Hacer y responder preguntas ¿Por qué los Smith ponen al lorito dentro de una jaula? Vuelve a leer para encontrar la respuesta.

165

¡BUENOS DÍAS, OQUENDO!

¡BUENOS DÍAS, OQUENDO!

Abría la boca, tomaba aire, batía las alas. Y todo lo que lograba decir era:

—¡Buenos días, Oquendo!

Eso sí, cada vez con acento más triste. Porque veía visitas, muebles y lluvia y nieve. Pero ¡ni árbol, ni loro, ni sol! ¡Y soñaba tanto con tener su señora lora y sus hijos loritos! Toda la noche y el día, con una lágrima escondida en su ojito negro repetía:

—¡Buenas noches, Oquendo!

Entonces, como no sabía qué hacer ni podía
explicarles, tomó la decisión. Todos los días él mismo
se arrancaba una pluma.

Al principio, los Smith no le dieron importancia.
Y eso que se quitó la pluma azul. Pero, al otro día, se
quitó la amarilla. Y luego, la verde. Y luego, la roja.

La señora Smith decía:

—¿Qué te pasa, mi lorito lindo?

Y el lorito respondía con todo lo que sabía decir:

—Buenas noches, Oquendo.

Así pasaron días y días. Cada día, el lorito se quitaba una pluma. Cuando ya estaba un cuarto **pelón,** dijeron los Smith:

—¡Nuestro loro está enfermo!

Cuando estaba medio pelón, se preocuparon mucho. Y hasta la señora Smith, por abrigarlo, le tejió un abriguito.

Cuando estuvo todo pelón, se fueron al zoológico
a buscar consejo. Allí, el señor que cuidaba los pájaros sabía
mucho de loros.

—¿Qué tiene nuestro lorito? —preguntaron.

—¡Este loro está enfermo!

—¿De frío? —preguntaron los Smith.

—No. De soledad.

—¡Pero si nos pasamos el día cuidándolo!

—Queridos amigos, imaginen que a uno de nosotros
lo llevan a un país de loros. Todo de loros. Donde no hubiera
una sola persona. ¿Cómo nos sentiríamos?

—¡Pobrecito lorito! —comprendió la señora Smith.

169

Al día siguiente, le escribieron a Oquendo que les mandara, en caja, por correo aéreo, una lorita. La lorita más linda, más verde, azul, roja y amarilla que pudiera encontrar.

Al mes, estaba el lorito pelado con su abriguito, cuando sonó la puerta. Llegó el mensajero. Trajo la cajita. La señora Smith la abrió sonriendo. Puso la lorita en la jaula. El loro no quería creer lo que veía. Pensó que era un sueño.

Pero la lorita abofó las plumas y dijo:

—¡Buenos días, Oquendo!

El lorito respondió:

—¡Buenos días!

Toda la noche estuvieron hablando en loro. (El loro es un idioma muy difícil, mezcla de canto, palabra y gruñido). Y hablaron de árboles, de verde, de sol y de yerba.

AHORA COMPRUEBA

Hacer y responder preguntas

¿Por qué los Smith decidieron traer a una lorita a su apartamento de Chicago? Vuelve a leer para encontrar la respuesta.

Y al otro día, al lorito le nació una pluma roja. Y al otro, una verde. Y al otro, una azul. Y volvió a ser otra vez el pájaro espléndido de todos colores.

Todo estuvo muy bien por un tiempo. El lorito, la señora lora, y los viejitos Smith, locos de tanto oír:

—Buenos días, Oquendo.

Pero un día amaneció un huevo en el nido. La lorita estaba muy sentada sobre él, calentándolo.

Y parece que los dos, el lorito y la lorita, se pusieron de acuerdo en que su hijito loro no naciera en la jaula. No sin sol. ¡Sin siquiera poder recordarlo!

Al otro día los Smith se alarmaron. El lorito le quitaba a la lora una pluma verde. Y la lorita al loro, una pluma azul. Y al día siguiente, él a ella, una pluma roja. Y ella a él, una amarilla.

Pero esta vez no llegaron a quedarse pelones. Porque no más ver el señor Smith lo que pasaba, habló con la señora Smith. Y los dos también se pusieron de acuerdo. Y le escribieron a Oquendo que allá iban los loros. Que nunca más volviera a venderlos. ¡Que les buscara el árbol más alto, más libre, más verde!

Oquendo contestó que muy bien.
Por correo, los Smith mandaron una cajita,
con un loro **multicolor.** Y la señora lora.
Y el hijito lorito.

Y allá están, en Puerto Rico, vivos y
contentos, en el árbol más alto, más **soleado**
y más verde.

AHORA COMPRUEBA

Volver a leer ¿Por qué están tan
contentos los loros? Vuelve a leer
para encontrar la respuesta.

La autora y el ilustrador a vuelo de pájaro

Cuando tenía 12 años, **Hilda Perera** y su familia se mudaron de casa. Esta experiencia le impactó y la motivó a comenzar a escribir. A los 17 años publicó su primer libro para público infantil titulado *Cuentos de Apolo*.

Su país de origen es Cuba. Nació en La Habana en el año 1930 y en la década de los 60 se fue a vivir a Estados Unidos. Ha dedicado su vida entera a escribir. En el año 1975 obtuvo, en España, el prestigioso premio de literatura infantil "Lazarillo" con su libro *Cuentos para chicos y grandes*.

Hilda piensa que a través de sus escritos puede llegar a sensibilizar a los niños sobre su realidad de una manera juguetona, pero invitándolos a reflexionar sobre el mundo en el que vivimos.

Gustavo Rodríguez empezó a dibujar de niño en La Habana. Comenzó a publicar historietas, ilustraciones y caricaturas bajo el seudónimo de "Garrincha" en 1986.

En 2005 se fue de Cuba definitivamente para asentarse en Estados Unidos. Actualmente colabora de manera fija con *El Nuevo Herald*, *Cubaencuentro* y *Martí Noticias*.

Propósito de la autora

En el cuento *El lorito pelón*, la autora se inspira en un loro enjaulado que vive fuera de su hábitat. ¿Crees que escribió este cuento para informar, para persuadir o para entretener? ¿En qué basas tu respuesta?

Respuesta al texto

Resumir

Básate en detalles de *El lorito pelón* para resumirlo.
La información del organizador gráfico de tema puede
servirte de ayuda.

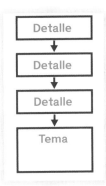

Detalle
↓
Detalle
↓
Detalle
↓
Tema

Escribir

Piensa en la reflexión que la autora quiere que el lector
realice respecto a cuál es el mejor hogar para un animal
como el lorito. ¿Cómo emplea la autora diferentes recursos
para asegurarse de que el lector entienda su mensaje?

> La autora sigue la estrategia de recurrir a varios
> recursos como…
>
> Para transmitir su mensaje, emplea estos recursos
> del siguiente modo:

Hacer conexiones

Comenta la forma en que el lorito pelón les transmite
un mensaje a los Smith. **PREGUNTA ESENCIAL**

Los cuentos de ficción realista a veces
tienen un mensaje central destinado a
los lectores. ¿Qué lección nos deja
El lorito pelón acerca de la importancia
de la libertad? **EL TEXTO Y EL MUNDO**

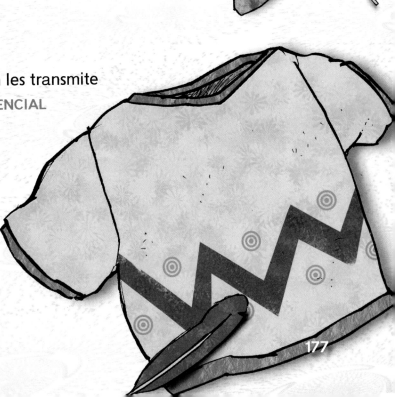

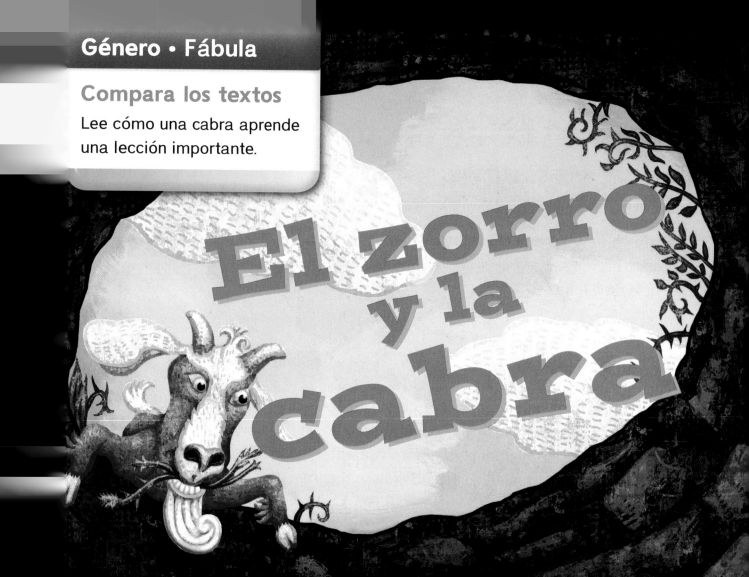

El zorro y la cabra

Francisco el Zorro ya se había engullido un ratón, pero uno solo nunca era suficiente para llenar su estómago. Por esto, su codicia lo metió en problemas mientras cazaba al segundo ratón. No vio el viejo pozo y, después de dar vueltas, cayó en el agua fría y quedó hundido de patas a cabeza. Al mirar hacia arriba, Francisco vio un círculo de cielo azul y saltó lo más alto que pudo, pero no alcanzó el borde.

—¿Cómo saldré de aquí? —aullaba Francisco.

En ese momento, bajó por el pozo el eco de alguien que masticaba y Francisco vio a Gordo la Cabra en el borde de la entrada del pozo. Él sabía que Gordo haría cualquier cosa por agua y comida. Así que hizo ruidos fuertes como de sorbidos para atraer la atención de la vieja cabra.

—Esta agua está deliciosa —gritó el astuto zorro—. ¿No quieres un trago para calmar la sed?

Gordo había estado masticando espinas y maleza, y definitivamente necesitaba agua para pasar su comida.

—Seguro —dijo—, pero ¿cómo saldré después?

—Nos ayudaremos mutuamente —dijo Francisco con una sonrisa que mostraba todos sus dientes.

Gordo no estaba seguro de que Francisco estuviera siendo honesto, pero estaba muy sediento. Saltó adentro del pozo y cuando calmó su sed, miró hacia arriba.

—Ahora… ¿cómo saldremos de acá? —preguntó.

—Fácil —dijo Francisco—. Apoya tus patas delanteras en la pared, yo subiré por tu lomo y saltaré afuera del pozo. Luego buscaré ayuda para ti —dijo sonriendo—. De verdad.

—Está bien, pero regresa pronto —dijo Gordo mientras ponía sus cascos contra las piedras.

En un instante, Francisco subió al lomo de Gordo y luego trepó sobre sus cuernos para saltar afuera del pozo. Miró hacia abajo donde estaba la cabra y agitó la mano diciendo: "¿Nadie te dijo que debes mirar antes de saltar?". El zorro se reía entre dientes mientras se alejaba corriendo, dejando que Gordo encontrara su propia manera de salir del pozo.

Moraleja: Piensa bien antes de actuar.

Haz conexiones

¿Cuál es la lección que la cabra aprende en la fábula?
PREGUNTA ESENCIAL

¿Qué lecciones podemos aprender de los personajes representados por animales? EL TEXTO Y OTROS TEXTOS

El farolero

Alejandro Lorenzo

Pregunta esencial

¿De qué formas puedes ayudar
a los demás?

Lee sobre cómo un farolero ayudó
a los tripulantes de una embarcación.

¡Conéctate!

Sin él, la **aurora** y las gaviotas no bailaban al compás de los vientos. Era farolero.

Aquella tarde fue la más larga de toda su vida. Un joven venía a sustituirlo. Él sabía que era hora de retirarse. Ya sus manos estaban hinchadas de tanto mover el farol. Había encanecido por las tensiones que provocan las tormentas y su vista no distinguía cualquiera de las lejanas señales de peligro.

El nuevo farolero portaba aparatos modernos que indicaban las zonas turbulentas del mar. Parecía responsable y se llamaba Mateo.

—Estoy aquí para que usted me **oriente** —le dijo Mateo al farolero.

—¿Es cierto lo que dices? —le preguntó el viejo, sorprendido—. Como mañana debo marcharme de esta isla, ¿de qué forma podré enseñarte?

—¿Y quién le dijo que debía irse?

—Entonces, ¿quieres que me quede?

—¡Claro! —exclamó Mateo.

Al anciano se le iluminó el rostro y de lo contento que estaba comenzó a cantarles a las iguanas azules, que a esa hora dormían **plácidamente**.

Al siguiente día, como parte del entrenamiento, salieron en una ligera **chalupa**. El experimentado farolero le explicaba a Mateo el carácter de las olas.

AHORA COMPRUEBA

Visualizar El anciano farolero no quería marcharse de la isla y se alegró al escuchar que podía quedarse. ¿Qué frases de la página 203 te ayudan a visualizar su felicidad?

—Ola Clara es suave y femenina, su lentitud es como entregarse a los hilos de un sueño. Ola Fósil resiste la agonía del viento, es sabia por su edad, y muchos marinos descifran en ella la ruta correcta de sus largas **travesías.** Existe la Ola Indulgente, cuyas manos salvan a los náufragos, y la Ola Callada, que conserva el olor de las costas. Pero la que desentona con cualquier ola es Ola Magna. Con su insaciable apetito, parte en dos a los mejores navíos y sumerge las aldeas de los pescadores. La reconocerás por las aguas negras de su vientre. Tú y yo, algún día, tendremos que enfrentarnos a sus andanzas.

Pasó la primavera y el verano. Entre el anciano
y Mateo nació una sólida amistad. En aquel pedazo
de tierra Mateo aprendió del farolero a recitarles
poemas a los delfines y a darles de comer a los
pájaros errantes que buscaban refugio.

Una noche, ya en temporada invernal, el cielo
se tornó rojo, y en el mar los peces emitían sonidos
inquietantes. El viento embestía con fuerza y la luna
se había convertido en una piedra oscura que convocaba
al terror.

AHORA COMPRUEBA

Visualizar ¿Cómo describe el autor
el ambiente en la página 206?
Identifica las palabras y frases que
te ayudan a visualizar la isla.

—¡Es Ola Magna! —anunció el farolero—.
Para colmo amenaza con destruir la goleta de los niños.
Es necesario detenerla antes de que ocurra una catástrofe.

El farolero caminó hacia el **embarcadero** portando
un largo sable, entró en la chalupa y encendió el motor.
—Eso es una locura, maestro —le gritó Mateo—.
Esa ola lo puede atrapar y no tendré quien me enseñe a
cantarles a las gaviotas. Déjeme ir, soy fuerte y sé nadar.

—Hijo mío, cuando a un hombre le quedan unos pocos años, tiene el derecho de realizar la mayor proeza de su vida —le contestó el farolero—. No me retengas, no sabes cuántas veces he añorado acabar con esa ola. ¿Qué puede suceder? ¿El fin? Algún día tiene que llegar mi hora. Si yo te encargo esta misión y te ocurre algo, me quedaría solo hasta que llegara otro relevo, y para mí ese tiempo de espera sería desastroso. Tú eres joven, fuerte e inteligente y puedes convertir esta isla en un sitio maravilloso...

Y a Mateo no le quedó otra alternativa que verlo partir.

Ola Magna lo vio acercarse. Su risa era la de una criatura que se creía invulnerable.

La proa de la chalupa tocó su cuello. Al sentirlo, Ola Magna levantó sus brazos enormes y enfurecida envolvió a la embarcación; pero el farolero, con un rápido movimiento, le clavó el sable en el centro de su vientre. Hubo un ruido tremebundo en aquellas aguas y luego se restableció la calma. La goleta de los niños había sido salvada, y tanto de Ola Magna como del farolero nada más se supo.

Cuando la goleta pasó cerca del islote, su capitán ordenó levantar banderas tricolores en honor a su salvador. Mateo, desde la torre, trató de explicarles que no era él quien los había liberado de la temible ola, sino el anciano farolero; pero tanto la tripulación como los pasajeros interpretaron los mensajes de Mateo como una muestra de modestia, y continuaron con sus expresiones de agradecimiento: disparando salvas, lanzando al mar cántaros de girasoles y cajas de caramelos, que al amanecer llegaban a la orilla del islote.

AHORA COMPRUEBA

Volver a leer ¿Por qué el anciano farolero no quiso que Mateo fuera a enfrentar a Ola Magna? Vuelve a leer la página 209 para comprobar que comprendiste el texto.

El amigo del farolero

El pintor, escritor, crítico literario y editor, **Alejandro Lorenzo** es parte de ese grupo selecto de personas que recrean nuestra imaginación a través del cuento. Nació en Cuba en 1953, y vive en Estados Unidos desde 1993.

Su obra es una invitación a despertar en nosotros cualidades de la infancia, como la inocencia. "El farolero" está marcado por el heroísmo, la lealtad, la conmiseración y el cariño que existe entre maestros y discípulos. Es un ejemplo de lo que son la gallardía y el sacrificio.

Dentro de sus obras más destacadas están *La cuerda rota* (poesía, 1990), *Cuentos de Mateo* (cuentos ilustrados, 1992) y *La piedra en el cielo* (poesía, 1994).

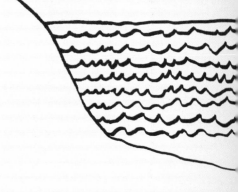

Propósito del autor

Piensa en los dos protagonistas de *El farolero*. ¿Cómo demuestra el autor, mediante este cuento de fantasía, la importancia de ayudar a los demás?

Respuesta al texto

Resumir

Usa los detalles más importantes de *El farolero* para resumir el cuento. La información del organizador gráfico de punto de vista puede servirte de ayuda.

Detalles

↓

Punto de vista

Escribir

Piensa en la construcción del personaje del farolero a lo largo del relato. ¿De qué modo te permite la descripción de este personaje entender la connotación heroica del suceso final?

> Para caracterizar al farolero, el autor…
> Esto me permite entender la connotación heroica del final…

Hacer conexiones

¿Cómo ayudó el farolero anciano a los niños que viajaban en la goleta? PREGUNTA ESENCIAL

Los tripulantes de la goleta le agradecieron a Mateo por haberlos salvado aunque él les dijo que lo había hecho el anciano farolero. ¿Por qué la gente a veces dice que es bueno "dar sin esperar nada a cambio"? EL TEXTO Y EL MUNDO

Género • Texto expositivo

Compara los textos

Lee sobre los niños y las niñas que contribuyen en sus comunidades.

La participación en el servicio comunitario

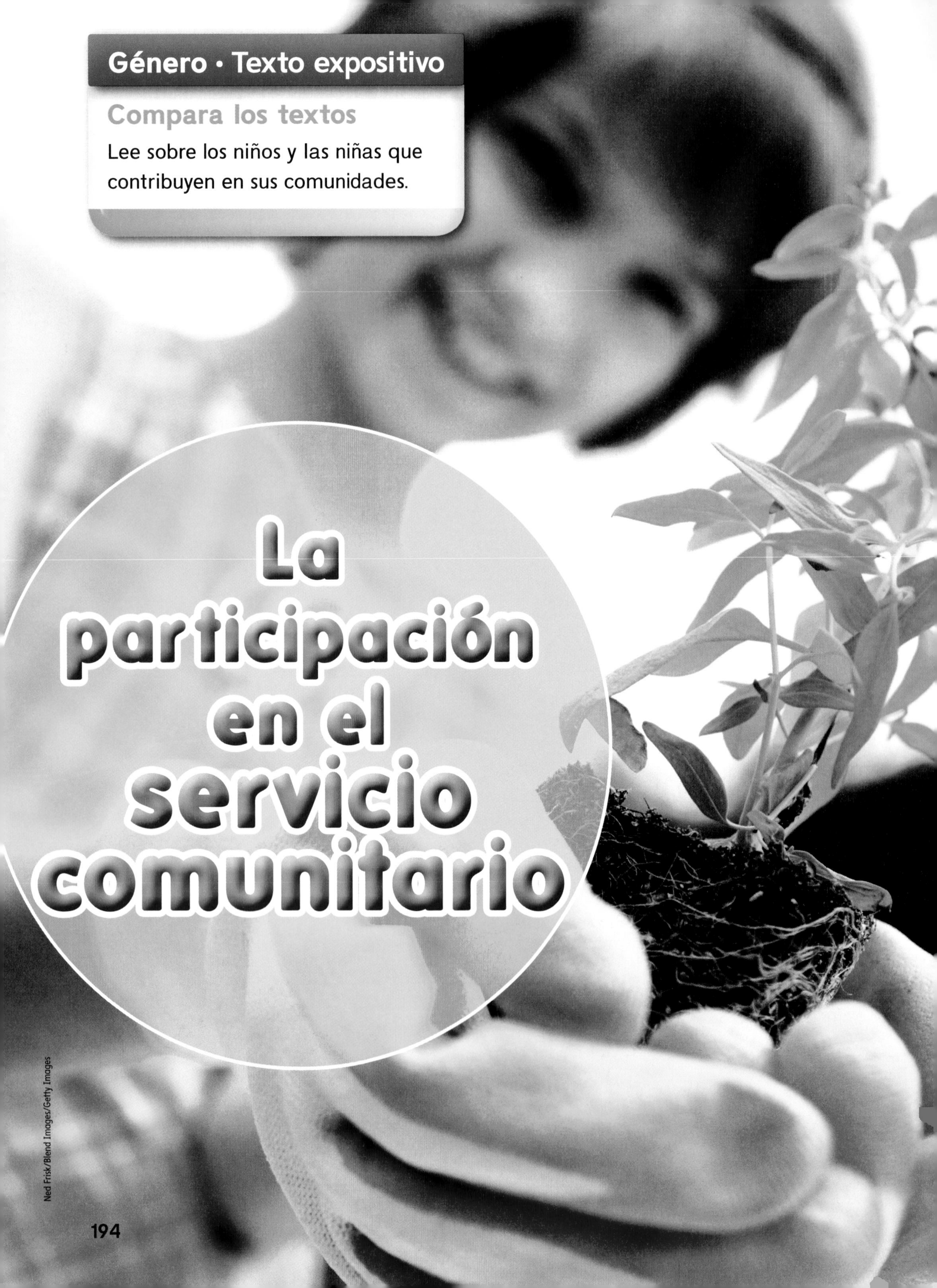

Ned Frisk/Blend Images/Getty Images

No cabe la menor duda:

ser voluntario es importante en EE. UU. Alrededor del 27% de nosotros somos voluntarios de alguna manera. Es decir, un estadounidense de cada cuatro es voluntario. Muchos son adolescentes y niños. El número de adolescentes voluntarios se duplicó en los últimos años. La popularidad de **organizaciones** juveniles como los clubes 4-H creció. Los niños se unen a grupos voluntarios locales para retribuir a sus comunidades. Trabajan para ayudar a los demás y mejorar su entorno. Participan en proyectos como la siembra de jardines. También en la recolección de alimentos y ropa. Algunos recaudan dinero para organizaciones benéficas locales. Las opciones son ilimitadas.

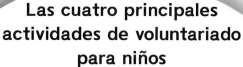

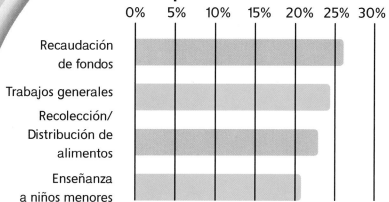

Las cuatro principales actividades de voluntariado para niños

0% 5% 10% 15% 20% 25% 30%

Recaudación de fondos

Trabajos generales

Recolección/ Distribución de alimentos

Enseñanza a niños menores

Algunos jóvenes han llevado el voluntariado al siguiente nivel. Ellos nos muestran al resto de nosotros de lo que realmente se trata el servicio comunitario.

Alex Lin apoya la idea del reciclaje. Pero no la que se refiere a botellas y latas. Anima a los demás a que reciclen e-desechos. Esto se refiere a la basura electrónica. Los aparatos electrónicos tienen sustancias químicas que pueden dañar la Tierra. Las computadoras y sistemas de juegos de video son aparatos electrónicos. Estos se deben reciclar y almacenar de manera segura.

Alex tenía nueve años cuando formó el equipo de servicio comunitario WIN para reciclar aparatos electrónicos. Cuando tenía 16 años, ya había reciclado 300,000 libras de e-desechos. También ayudó a redactar una ley contra los e-desechos en Rhode Island, su estado natal.

Alex se dio cuenta de que reusar los e-desechos era la mejor solución. Organizó un programa junto con su escuela. Arreglaban computadoras viejas y las donaban a estudiantes necesitados. Este programa creció con el tiempo. Ahora envía computadoras a personas de todo el mundo.

Erica Fernández también se preocupa por el medioambiente. Tenía 16 años cuando oyó que iban a construir una planta de gas natural cerca de su ciudad. La planta contaminaría el aire y traería químicos dañinos a las ciudades cercanas.

Decidió hacer algo al respecto. Organizó grupos para protestar contra la planta. Hablaron públicamente y escribieron cartas al gobierno. El estado estuvo de acuerdo en cancelar la construcción de la planta. Gracias a Erica se salvó el medioambiente local.

Diana López vive en San Antonio, Texas. Junto con otros miembros de su comunidad, Diana empezó el jardín comunitario Roots of Change. Este ofrece a la comunidad productos orgánicos gratuitos. También funciona como un centro educativo. Dos años después, Diana recibió el Brower Youth Award por su trabajo como activista ambiental y comunitaria. Ella cree que "todo el mundo se merece el derecho a un ambiente limpio y saludable. No importa su color de piel o nivel económico".

Evan Green tenía siete años cuando inició el Red Dragon Conservation Team para proteger la selva tropical. Su organización se ha convertido en un grupo internacional de niños que quieren salvar el planeta. Recolecta donaciones y las envía al Center for Ecosystem Survival (CES) en California. CES las usa para comprar terrenos en la selva tropical y en las áreas de arrecifes coralinos de todo el mundo. El propósito es proteger la tierra y el océano.

Las ideas simples resuelven problemas

Todos estos niños comenzaron con una idea simple. Trabajaron para ayudar a sus comunidades. Su **generosidad** ha afectado a personas de todo el mundo. Los niños tienen el poder de hacer un cambio positivo a través del voluntariado. En palabras de Evan Green:
"No tienes que ser un adulto para aportar tu grano de arena".

Haz conexiones

¿Cómo contribuyen en sus comunidades estos jóvenes? PREGUNTA ESENCIAL

Describe el rol del servicio comunitario. Usa ejemplos de las selecciones. EL TEXTO Y OTROS TEXTOS

(t) Photo courtesy of New Leaders Initiative, Earth Island Institute, and Rikshaw Films; (b) SaveNature.Org www.savenature.org

José

Georgina Lázaro
ilustrado por **María Sánchez**

Pregunta esencial

¿Cómo puede una persona aportar su grano de arena?

Lee acerca de cómo un joven lector creció y se convirtió en un gran escritor y un gran hombre.

¡Conéctate!

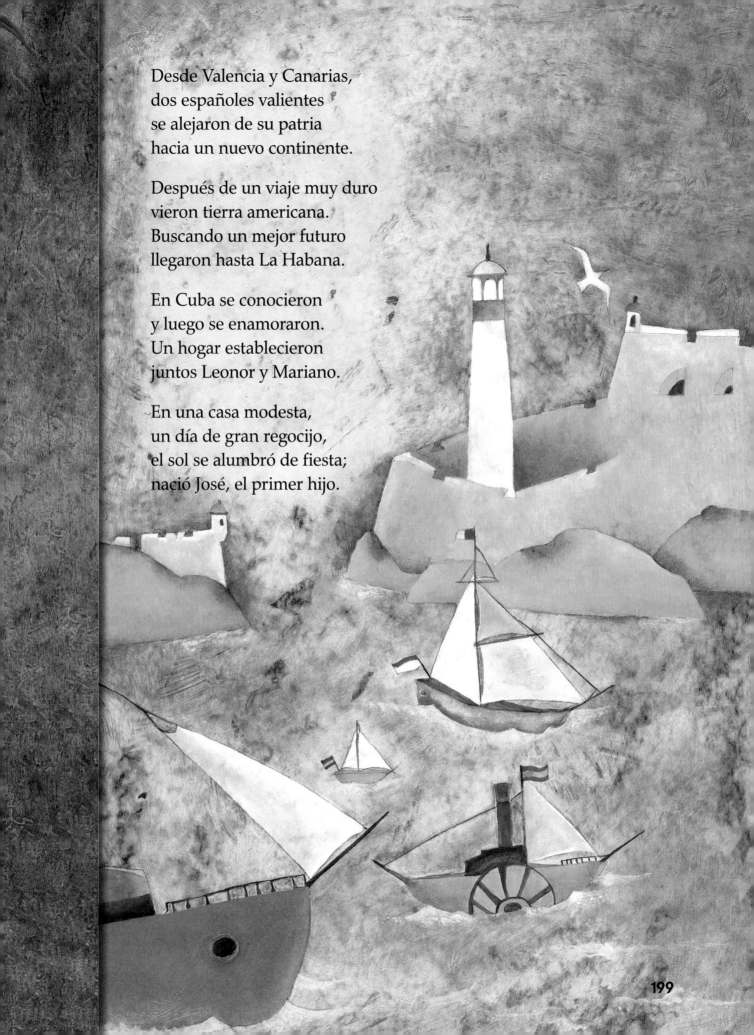

Desde Valencia y Canarias,
dos españoles valientes
se alejaron de su patria
hacia un nuevo continente.

Después de un viaje muy duro
vieron tierra americana.
Buscando un mejor futuro
llegaron hasta La Habana.

En Cuba se conocieron
y luego se enamoraron.
Un hogar establecieron
juntos Leonor y Mariano.

En una casa modesta,
un día de gran regocijo,
el sol se alumbró de fiesta;
nació José, el primer hijo.

199

Poco a poco la familia
fue aumentando de tamaño
y nacieron siete niñas
con el paso de los años.

Pepe, como le llamaban,
era la luz de sus ojos.
Lo adoraban, lo mimaban,
complacían sus antojos.

Su padre, rígido, austero,
lo educó con gran empeño,
que la moral es primero
le enseñó desde pequeño.

El valor de la lealtad,
la justicia, la honradez,
y el de la sinceridad
supo desde su niñez.

Como eran pobres y muchos,
desde muy temprana edad,
José, pequeño y flacucho,
tuvo que ir a trabajar.

Y aunque pensaba su padre
que estudiar no era importante,
alentado por su madre
el carbón se hizo diamante.

Fue a la escuela y para él
aprender era alegría.
Le entusiasmaba leer.
Lo conquistó la poesía.

Pensaba que el libro es
el mejor de los amigos,
dos alas, brazos y pies,
una verdad, un abrigo.

Junto a la puerta del patio
se sentaba cada día,
consultaba el diccionario
y en su pizarra escribía.

Iluminaba su cara
la luz de la celosía.
Su letra era bella y clara,
perfecta su ortografía.

A su madre dedicó
sus poemas infantiles.
Su cariño le expresó
con palabras muy gentiles.

Su papá no comprendía
que leyera a toda hora;
su **afición** a la poesía,
su mirada soñadora.

El teatro le encantaba.
Como no tenía dinero,
de las obras disfrutaba
con permiso del portero.

Entraba con el barbero
y oculto tras el telón
o arriba en el gallinero,
gozaba de la función.

Era un niño inteligente,
despierto y observador.
Marcaba un sueño su frente
y un pensamiento su voz.

Un día para don Mariano
surgió una oportunidad.
Le ofrecieron un trabajo
lejos de la capital.

El niño de don Mariano
al campo se fue a vivir,
y allí el paisaje cubano
pronto empezó a descubrir.

Las verdes tierras, las lomas,
el álamo y el bambú,
y el vuelo de las palomas
en el claro cielo azul.

Yerbas, helechos y palmas,
mariposas, aves, flores,
fueron llenando su alma
de palabras y colores.

Tenía un caballo hermoso
que atendía con esmero,
con sus cuidos cariñosos
lo hizo su compañero.

AHORA COMPRUEBA

Volver a leer ¿Por qué "la luz se hizo oscura" para José? Vuelve a leer para encontrar la respuesta.

Montándolo le enseñaba
a tener un lindo paso.
Lo bañaba, lo peinaba
soñando que era Pegaso.

También tenía un gallo fino
de larga cola encarnada,
claro canto matutino
y una cresta colorada.

Era un gallo muy valioso,
nacido para pelear,
pero José, tan juicioso,
prefería oírlo cantar.

Vivió muchas aventuras
y también muchos pesares,
porque la luz se hizo oscura
alejado de su madre.

205

Añoraba su ternura,
sus caricias, sus abrazos,
su risa melosa y pura,
su mirada, su regazo.

Doña Leonor le escribía
cartas dulces y frecuentes
que hacían gratos sus días,
que eran un beso en su frente.

Allí, en el sur de Matanzas,
conoció a los campesinos
y vio la desesperanza
del esclavo y su destino.

"La injusticia contra un hombre"
pensaba el niño sensible,
"ofende a todos los hombres".
Fue su verdad infalible.

Luego en la escuela encontró
un maestro excepcional,
que lo inspiró y le enseñó
a perseguir su ideal.

Mendive era un patriota
y delicado poeta;
manantial que gota a gota
lo ayudó a alcanzar sus metas.

En él vio José un ejemplo,
un modelo a imitar.
El aula se hizo su templo,
su verdad quiso abrazar.

207

La revolución francesa
estimuló un ideal.
Era como una promesa
hacia el progreso social.

El deseo de independencia,
las ansias de libertad,
fueron entonces la esencia
de su vida y su verdad.

Era **tímido** y callado.
No tenía muchos amigos.
Pasaba horas refugiado
detrás de uno u otro libro.

LIBERTAD

IGUALDAD

FRATERNIDAD

AHORA COMPRUEBA

Volver a leer ¿Por qué la revolución francesa inspiró a José? Vuelve a leer para encontrar la respuesta.

Se entretenía traduciendo
del inglés al español
imitando a su maestro
que tanto le enseñó.

Solo quince años tenía
cuando comenzó la guerra.
Los cubanos perseguían
la libertad de su tierra.

Siendo un niño, hombre se hacía
y, aunque no podía pelear,
con la pluma defendía
su causa, su ideal.

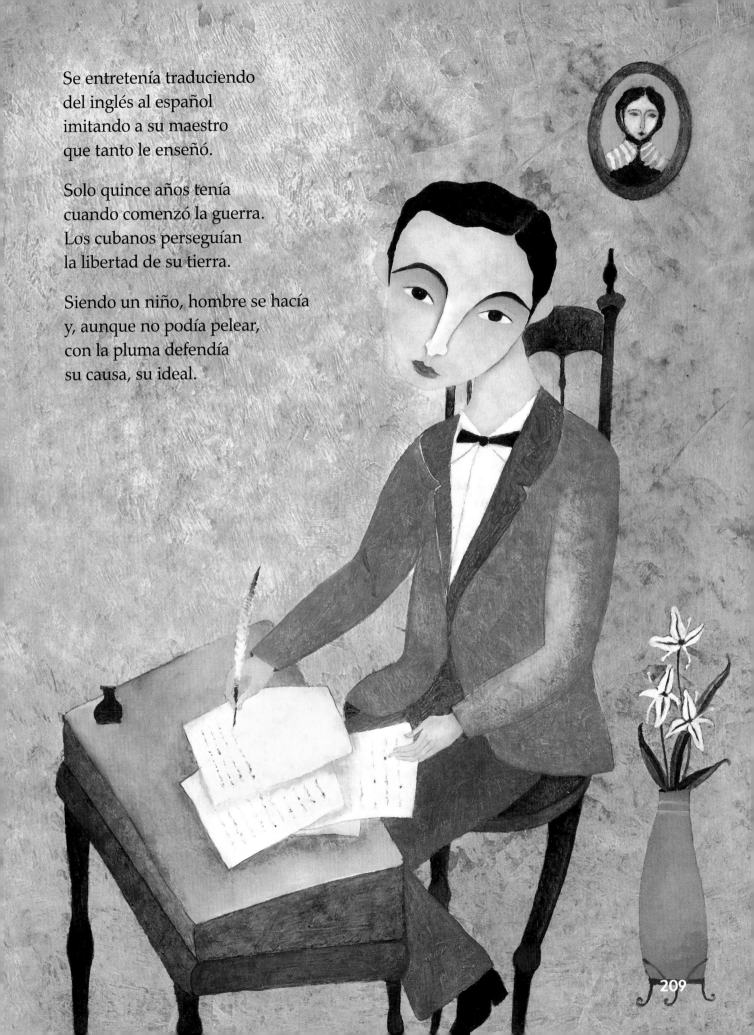

Dieciséis años tenía:
publicó el primer poema;
un canto, una profecía.
El amor patrio era el tema.

Por querer la libertad,
por su ideal, su pasión,
fue condenado a pasar
seis años en la prisión.

Allí pusieron a prueba
sus principios, su valor,
y en esa dura tarea
José salió vencedor.

La vida del presidiario
le causó heridas y penas:
hambre y castigos a diario
siempre atado a unas cadenas.

Pero luego de seis meses
de trabajo y **crueldad**
el número ciento trece
recobró la libertad.

Lo mandaron al exilio.
En Madrid siguió estudiando.
Cambió sólo el domicilio,
José continuó luchando.

Con sus esfuerzos **logró**
el título de abogado,
y escribiendo defendió
sus sueños más anhelados.

Quería una América libre;
Cuba para los cubanos.
Que la unión fuera posible
en nuestros pueblos hermanos.

Una vida más dichosa
quería para los niños.
Les escribió en verso y prosa
con gran ternura y cariño.

Una América mejor
siempre quiso para ti.
Fue un patriota, un escritor.
Se llamó José Martí.

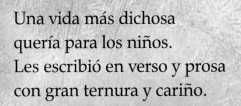

AHORA COMPRUEBA

Resumir ¿De qué forma
contribuyó José Martí a la
independencia de su país?

213

Descubre cómo aportaron la autora y la ilustradora su grano de arena

Georgina Lázaro creció en San Juan de Puerto Rico en medio de una familia numerosa. A pesar de esto, a veces se sentía sola, pues todos sus hermanos eran varones. Tal vez por este motivo se inventó un mundo imaginario en el que la literatura era su mejor compañera. Su papá le decía "la princesa de los mares" porque todo el tiempo hablaba de mundos fantásticos y personajes maravillosos.

Su interés por el público infantil nació de su experiencia como madre de familia. Compartir con sus hijos las noches de lectura y de escritura le despertó las ganas de acercarse al mundo de los niños. Y qué mejor que dedicándoles sus escritos.

María Sánchez es una artista cubana de formación autodidacta. Sus ilustraciones cautivan por su colorido y su capacidad para expresar la esencia de la cultura cubana. En sus obras imprime su talento, tejiendo en el alma la quietud y el sosiego por las cosas bellas. Se graduó de Literatura Hispanoamericana en la Universidad de La Habana. Pinta de manera profesional desde 1982. En *José* se ve el trabajo de una artista y sus ilustraciones logran generar un sentimiento entre nostálgico y soñador que coincide con el ánimo de José Martí.

Propósito de la autora

¿Por qué piensas que la autora escribió la biografía de Martí en versos que riman?

214

Respuesta al texto

Resumir

Usa detalles importantes de *José* para resumir la selección. La información del organizador gráfico de punto de vista del autor puede servirte de ayuda.

Detalles

$\downarrow$

Punto de vista del autor

Escribir

Repasa los sucesos de la vida del personaje y las conexiones entre ellos. ¿Cómo relaciona la autora la infancia de José Martí con los logros que alcanzó en la adultez?

En la infancia, José…
Sus logros consisten en…
La relación entre estas dos etapas de la vida de José es…

Hacer conexiones

Comenta de qué forma aportó José Martí su grano de arena a la sociedad latinoamericana. PREGUNTA ESENCIAL

Describe a otra persona que haya tenido una influencia significativa en la vida de los demás. EL TEXTO Y EL MUNDO

LIBERTAD
IGUALDAD
FRATERNIDAD

Compara los textos

Lee cómo los sucesos de la época de los derechos civiles cambiaron la vida de una niña.

Cómo se mantiene la libertad en familia:

Crecer durante el Movimiento por los Derechos Civiles

Nora Davis Day

La familia Davis en una manifestación por la paz en la Ciudad de Nueva York. De izquierda a derecha: mamá, papá, La Verne, yo y Guy. ¡Guy hizo nuestras pancartas!

"¿Qué queremos? ¡JUSTICIA! ¿Cuándo la queremos? ¡Ya!".

Mientras sostenía la mano de mi padre, nos unimos a la fila de personas que cantaban y caminaban hacia adelante y hacia atrás en un piquete frente al hospital Lawrence. Era 1965 y los trabajadores del hospital necesitaban más dinero y mejores condiciones laborales. Así que allí estábamos para protestar.

Cuando miré hacia arriba y vi soldados en el techo, apreté la mano de papá un poco más fuerte. Él me dijo que los soldados estaban allí para protegernos, que éramos ciudadanos estadounidenses y teníamos el derecho de reunirnos y protestar. Levanté mi pancarta lo más alto que pude. No tenía miedo, pues tenía a mi papá y a la Constitución estadounidense que me protegían.

HE'S THEIR MAN! — Little Nora Davis and Guy Marshall Davis, son and daughter of Mr. and Mrs. Ossie Davis, pay tribute to former Federal Judge J. Waties Waring, at a testimonial luncheon given in his honor by the Tau Omega Chapter of the AKA Sorority at the Hotel Roosevelt last Sunday. Judge Waring was cited for his historic court decisions, the way for school desegregation and up the vote to Negroes in the South. Mrs. Davis is actress Ruby Dee, who is co-starring with her husband, Ossie, in the Broadway "Raisin in the Sun."

En cuarto grado conocí al juez J. Waties Waring. Sus decisiones permitieron ponerle fin a la segregación escolar y lograr el registro de votantes en el Sur.

No podía esperar a regresar a casa para contarles a mi hermano y mi hermana, Guy y La Verne, sobre mi día en la manifestación. La hora de la cena siempre fue especial en nuestra casa. Nos sentábamos alrededor de la mesa llenando nuestras bocas con comida y nuestras mentes con ideas. Mamá y papá nos animaban a hablar acerca de todo lo que quisiéramos. Algunas veces, hablábamos sobre nuestra familia, sobre la niñez de papá en la segregada ciudad de Waycross, en Georgia, y sobre el amor de mamá por Harlem, el lugar donde creció en la Ciudad de Nueva York. Otras veces, sobre democracia, libertad, justicia y derechos civiles.

(1) Courtesy of New York Amsterdam News; (b) Siede Preis/ Photographer's Choice RF/Getty Images

Algunos días, mamá y papá no estaban en casa a la hora de la cena. Eran actores, Ossie Davis y Ruby Dee, pero debido a que eran negros, no tenían las mismas oportunidades ni derechos que los demás ciudadanos. Por eso decidieron utilizar sus vidas como actores para aportar su grano de arena. Querían conseguir que Estados Unidos de América fuera un lugar donde la **injusticia** no fuera bienvenida y al que Guy, La Verne y yo siempre sintiéramos que pertenecíamos.

Y así fue como mi vida ordinaria de tareas de la casa y escolares y rayuelas pronto se volvió extraordinaria. Todos los días había nuevas ideas sobre las cuales hablar durante la cena. Aprendimos nuevas palabras como *no violencia, participación* y ***boicotear***. Siempre que podían, mamá y papá nos llevaban a programas, protestas y piquetes.

Hacía dos años, en 1963, nos habíamos mudado a nuestra casa nueva y habíamos comprado nuestro primer televisor, justo en uno de los años más importantes de la historia de EE. UU. No podíamos ver televisión durante los días de escuela, salvo que algo realmente importante ocurriera, como la Marcha sobre Washington. Allí, Martin Luther King Jr. dio su famoso discurso *Tengo un sueño;* me habría gustado estar allí con mamá y papá. Me preguntaba qué podíamos hacer los niños para marcar la diferencia.

Cuando cuatro niñas negras murieron en la explosión de una bomba en una iglesia en Alabama, nos dimos cuenta de que la lucha por el cambio sería dura, larga y peligrosa. Mamá y papá nos animaron a pensar en cómo protestar contra las bombas. Algunos decían que boicoteáramos la Navidad. Era nuestra primera Navidad en la casa nueva y el espíritu de dar era importante.

Mi papá en la Marcha sobre Washington por el trabajo y la libertad en 1963. Mamá y él fueron maestros de ceremonia.

Así que, en vez de boicotear la Navidad, nuestra familia decidió boicotear las compras navideñas. En lugar de comprar regalos, donamos el dinero a los grupos de derechos civiles. Guy, La Verne y yo nos dimos regalos hechos con nuestras propias manos. Y cuando llegó el momento de colgar la cadena de festividades de papel hecha en casa, escribí los nombres de las niñas en los últimos cuatro eslabones. A nuestra pequeña manera, aprendimos el verdadero significado de dar.

A la hora de la cena, elevamos una plegaria especial por las niñas y por nuestro país, y en ese momento supe que la Navidad en la casa Davis nunca sería igual.

Mi hermana, mi hermano y yo en la Casa Blanca en 1995. Mamá y papá obtuvieron la Medalla Nacional de las Artes.

1950
Nora Davis nace en la Ciudad de Nueva York.

1959
Nora y Guy conocen al juez J. Waties Waring, un campeón de los derechos civiles.

1962
La familia marcha por la paz en la Ciudad de Nueva York.

1963
Estalla una bomba en la iglesia bautista de la calle 16 en Birmingham, Alabama.

1965
Trabajadores de un hospital hacen una manifestación en Bronxville, Nueva York, durante 55 días.

1972
Nora vota por primera vez en las elecciones presidenciales.

1985
Nora boicotea las empresas estadounidenses que hacen negocios en la Sudáfrica segregada.

2001
Nora habla a los estudiantes de la escuela local sobre justicia social.

 Haz conexiones

¿De qué manera los sucesos de la época de los derechos civiles influyeron en la vida de Nora Davis Day? **PREGUNTA ESENCIAL**

Compara la experiencia de Nora Davis Day con las de otros que aportaron su grano de arena. Contrasta el modo en que cada selección presenta la información. **EL TEXTO Y OTROS TEXTOS**

Una nueva variedad de MAÍZ

Pregunta esencial

¿En qué medida los avances científicos pueden ser útiles o perjudiciales?

Lee dos perspectivas diferentes sobre el maíz Bt.

¡Conéctate!

Un perforador de maíz europeo se alimenta de una mazorca de maíz. Algunos granjeros se están cambiando al maíz Bt para evitar que plagas como estas dañen sus cosechas.

Los avances científicos han cambiado el modo en que los granjeros cultivan maíz. Y han hecho que los consumidores piensen en lo que comen.

Has oído hablar sobre el maíz Bt? Es posible que lo hayas comido. El maíz Bt se cultiva en todo el mundo. Se usa en tortillas y harina de maíz. Con maíz se hace un endulzante **frecuente** en alimentos y bebidas. Este es el sirope de maíz.

El maíz Bt es un alimento genéticamente modificado. Los científicos cambian el código genético del maíz. Los genes establecen qué **peculiaridades heredará** la planta. El maíz Bt contiene un gen que mata insectos. Este es tomado de una bacteria llamada *Bacillus thuringiensis*

o Bt. Estos cambios hacen que el maíz produzca veneno que mata a los insectos que lo dañan. Uno es el gusano de la raíz. Otro es la oruga conocida como perforador de maíz europeo. Con el maíz Bt, los granjeros usan pesticidas en sus campos.

Usos del maíz

Al pensar en el maíz, te pueden venir a la mente los granos de maíz frescos de la mazorca. Sin embargo, ¿cuánto consumen los humanos en realidad? El siguiente gráfico circular muestra los usos del maíz en Estados Unidos según el Departamento de Agricultura de los Estados Unidos.

Alimento para animales domésticos: 47 %

Exportación: 13 %

Consumo humano: 10 %

Uso industrial: 30 %

AHORA COMPRUEBA

Volver a leer ¿Por qué es atractivo el maíz Bt para los granjeros?

221

¿Dónde se cultivan los alimentos GM?

Aunque Estados Unidos es el mayor productor de alimentos genéticamente modificados, se están cultivando cosechas mejoradas en todo el mundo.

Un científico examina el daño de la raíz producido por plagas en una planta de maíz normal (izquierda) y en una de Bt (derecha).

CLAVE

Hoy se cultivan alimentos genéticamente modificados

No se cultivan alimentos genéticamente modificados

El maíz Bt es mejor
La perspectiva de un granjero

Comencé a cultivar maíz Bt en 1996. Antes no sabía si tendría lo suficiente de una cosecha para vender. Ahora me siento seguro cada temporada de cultivo.

El uso del maíz Bt ha disminuido el uso de pesticidas. Esto es bueno para el medioambiente. El maíz Bt ahorra tiempo y dinero. No tengo que usar pesticidas costosos. No me preocupo por estar expuesto a sustancias tóxicas.

Muchas personas tienen **preocupaciones** por el veneno del maíz Bt. Este solo mata los gusanos de la raíz y los perforadores de maíz. Otros insectos pueden sobrevivir donde no se usa pesticida.

El maíz Bt ha incrementado la producción de las granjas de todo el mundo. Esto es bueno para los países pobres donde el maíz es un alimento básico. El aumento de alimentos en las naciones que sufren de hambre es bueno. Los beneficios del maíz Bt aumentan. Cada vez más granjeros lo siembran.

El maíz Bt puede ser malo

Un consumidor preocupado

El maíz Bt ha estado en el mercado desde el siglo XX. No ha habido mucha investigación con respecto a sus consecuencias. Los granjeros producen muchos cultivos genéticamente modificados (GM). Me hago preguntas sobre estos avances recientes en la **agricultura**. ¿Cuáles serán los efectos de los alimentos GM en el futuro? ¿El maíz Bt es seguro para ser cultivado? ¿Es seguro comer este maíz?

Los alimentos GM se han probado en ratones de laboratorio. Los resultados son alarmantes. Se indica que algunos ratones desarrollaron lesiones en sus estómagos por comerlos. Otros ratones han muerto pronto sin razón alguna. Estos resultados podrían presentarse en los seres humanos.

Tenemos que pensar si está bien vender alimentos GM sin etiquetar. Los consumidores deberían saber qué comen.

Los granjeros son responsables de que sus cultivos no dañen el medioambiente ni a los consumidores. Es necesario investigar más los efectos del maíz Bt. Conocerlos es una manera de proteger a generaciones futuras. El uso del maíz Bt ha disminuido la necesidad de pesticidas. Un estudio de 2016 encontró que el incremento en el uso de herbicidas contamina el aire y el agua. También puede dañar la biodiversidad. Adicionalmente, los gusanos de la raíz han desarrollado **resistencia** al maíz Bt desde 2014.

Un consumidor que está en desacuerdo con la venta del maíz Bt asiste a una protesta.

¿? Respuesta al texto

1. Resume la selección a partir de los detalles importantes. **RESUMIR**

2. ¿Cómo te ayuda la forma en que los autores presentan dos puntos de vista opuestos a comprender mejor los alimentos genéticamente modificados? **ESCRIBIR**

3. ¿Cómo pueden los avances científicos ser buenos o malos? **EL TEXTO Y EL MUNDO**

Compara los textos

Lee cómo puedes cultivar una calabaza gigante.

Nuevo récord mundial

La elegida de la parcela

Esta calabaza logró el récord mundial al pesar más de 1,810 libras. ¿Cuál es el secreto para cultivar una calabaza gigante? Según Chris Stevens, el hombre que batió el récord, "se necesita luz solar, lluvia, estiércol de vaca, abono de pescado y algas marinas". Sigue leyendo una receta que podrás recrear en casa.

Para cultivar una calabaza gigante se necesitan conocimientos y habilidades. Sigue estos seis sencillos pasos.

1. Investiga sobre las semillas.

Algunas semillas de calabaza que dan buenos resultados son la Prizewinner Hybrid, la Atlantic Giant, la Mammoth Gold y la Big Max. Estas se venden en internet por solo $1.

2. Tómate tu tiempo.

Las calabazas necesitan tiempo para crecer. Mayo es un buen mes para plantar las semillas en macetas. Deja que hagan sus **avances** en ese espacio seguro antes de trasplantarlas. Plántalas en tierra de buena calidad y fertilízalas bien.

3. Protege tus plantas de calabaza.

Cuidado con los insectos y otras pestes que podrían atacar las plantas. Para evitar que el viento las dañe, pon una cerca o una lona de plástico.

4. Ayuda a que tu calabaza crezca.

La **agricultura** no es automática, pero la polinización manual de las flores aumentará tus opciones de obtener una calabaza gigante. Usa un pincel pequeño para esparcir polen de la flor masculina a la flor femenina. Esta tiene una pequeña calabaza en la base de sus pétalos.

Para polinizar, las flores deben estar abiertas.

5. Elige tu mejor opción.

Las calabazas compiten entre sí para obtener los mejores nutrientes del emparrado. Con el fin de darle a tu calabaza una mayor oportunidad de crecer, elige la mejor y la más grande de cada emparrado y retira todas las demás.

Registra a diario el crecimiento de tu calabaza.

6. Continúa con los cuidados.

Riega y fertiliza tus calabazas con regularidad hasta que sea tiempo de la cosecha. ¡Es hora de pesarlas!

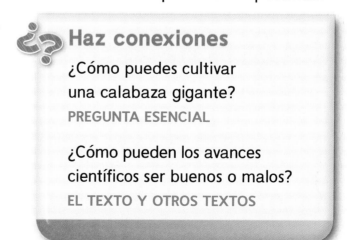

Haz conexiones

¿Cómo puedes cultivar una calabaza gigante?
PREGUNTA ESENCIAL

¿Cómo pueden los avances científicos ser buenos o malos?
EL TEXTO Y OTROS TEXTOS

(t) Courtesy of www.giantveggiegardener.com; (b) Louis Quail/Corbis Historical/Getty Images

Una zarigüeya en mi mochila

Erika Marcela Zepeda Montañez
Ilustraciones de Juan Gedovius

Desde hace no mucho tiempo, una zarigüeya vive en mi mochila. Come poco: se contenta con algo de tortilla dura y un sorbo de leche caliente.

 Pregunta esencial

¿Qué puedes hacer para que tus amigos se sientan bienvenidos?

Lee acerca de cómo una niña hace que una zarigüeya se sienta como en casa.

 ¡Conéctate!

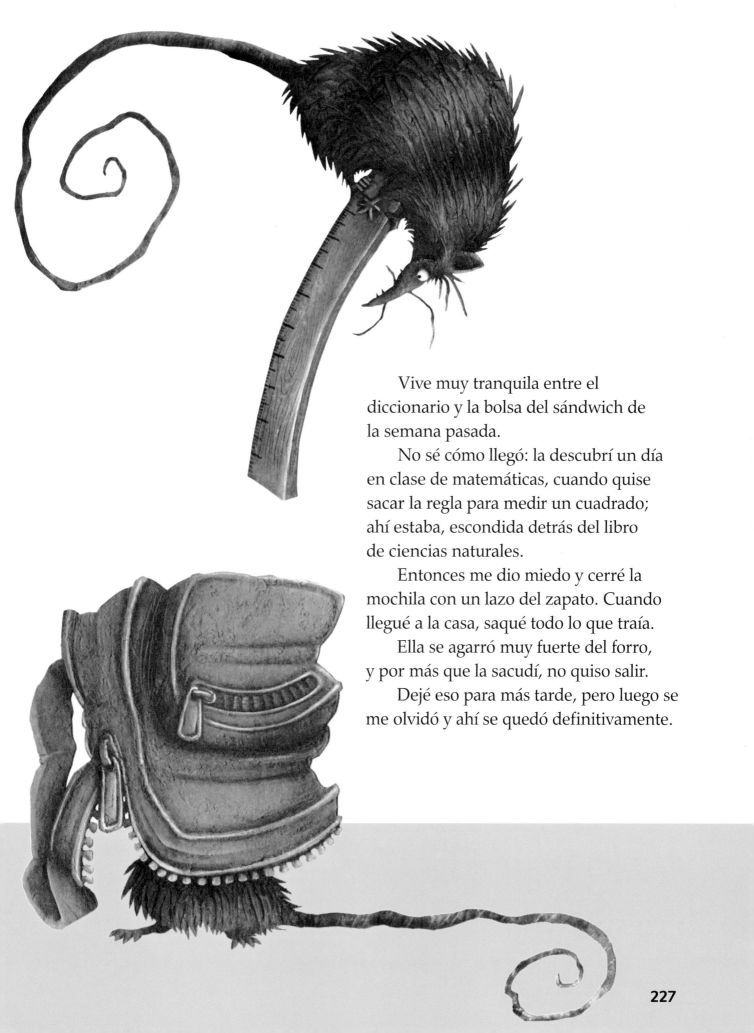

Vive muy tranquila entre el diccionario y la bolsa del sándwich de la semana pasada.

No sé cómo llegó: la descubrí un día en clase de matemáticas, cuando quise sacar la regla para medir un cuadrado; ahí estaba, escondida detrás del libro de ciencias naturales.

Entonces me dio miedo y cerré la mochila con un lazo del zapato. Cuando llegué a la casa, saqué todo lo que traía.

Ella se agarró muy fuerte del forro, y por más que la sacudí, no quiso salir.

Dejé eso para más tarde, pero luego se me olvidó y ahí se quedó definitivamente.

Al principio no nos entendíamos muy bien: ella mordía mis lápices y yo olvidaba darle su tortilla dura.

Así estuvimos las dos: ella ofendida por mis olvidos y yo indignada por los mordiscos.

En venganza, un día se comió toda mi tarea de matemáticas.

Cuando llegué al escritorio de mi maestra le dije:

—La zarigüeya se comió mi tarea.

—¡Niña, solamente los perros se comen las tareas, estás castigada! —me contestó.

Pero ¿cómo iba yo a adivinar que a la zarigüeya le gustaban las fracciones?

Con el tiempo **me encariñé** con ella, le arreglé la segunda sección de la mochila y se comprometió a cuidar mis cosas en el recreo.

Por las noches, la dejo salir en mi cuarto.

Saca la punta de la nariz y se alarga hasta que su cola de anillos sale también.

Duerme bajo mi cama y me despierta por la mañana, ella sola entra a la mochila y chilla cuando no llego a tiempo a la escuela.

Si alguno de ustedes tuviera una zarigüeya en su poder, ahí en el fondo de su mochila, bajo la plastilina y los palitos de madera, y con ojos grandes de chapulín, ¿qué nombre le pondrían?

AHORA COMPRUEBA

Visualizar ¿Qué detalles te ayudan a visualizar la zarigüeya?

—¡Teresita! —dijo mi hermana.

"Pero qué nombre tan **ridículo** para una zarigüeya", pensé.

—¡Asesina! —dijo mi hermano.

"Pero, cuando mucho, muerde los lápices y le da miedo la oscuridad", consideré.

—¡Rata inmunda! —dijo mi vecino.

¡Basta ya!, mejor yo pienso en el nombre de mi zarigüeya y no le pregunto a nadie.

Entonces pensé y pensé, había muchos nombres posibles: Rufina, Pánfila, Lorenza, Kin-Kun-Kan o Marcelina, pero ninguno me convencía del todo.

Por eso decidí preguntarle cómo se quería llamar. Al fin y al cabo, ella cargaría con el nombre durante toda su vida de zarigüeya.

Cuando fui a preguntarle, roía un poco de pastel que mi mamá preparó para mi cumpleaños.

Llegué muy seria, me senté frente a ella y le dije:

—Señora zarigüeya, pensando en su futuro y en su **bienestar,** he decidido ponerle un nombre para distinguirla de todas las zarigüeyas de otras mochilas del mundo. ¿Qué nombre le gustaría a usted?

Pero ella ni me miró, siguió comiendo y comiendo las migajas del pastel, las fresas y el betún duro.

Por su mala educación decidí ponerle el nombre más feo del mundo.

—¡Te llamarás Ramona! —le grité.

Pero al parecer le gustó y ya no resultó un castigo.

Después de mucho planearlo, Ramona organizó una gran fiesta para **inaugurar** su casa: la mochila.

La limpiamos y salieron libros viejos, cuadernos **mohosos,** cucharas oxidadas, sacapuntas rotos, paraguas, floreros, un perro, una zarigüeya desconocida que se había colado, un cohete espacial, un pedazo de luna y una guitarra sin cuerdas.

Después la lavadora, con mucho jabón, se encargó de dejarla bien limpia.

Cuando estuvo reluciente, Ramona se instaló junto al cierre principal, para recibir a los invitados que llegarían en cualquier momento.

Todos fueron a su fiesta: la familia de las zarigüeyas inquilinas de la bolsa de mandado que está en la cocina, la zarigüeya del sótano, las ratas de la cañería y el castor de la pila de agua.

Toda la noche cantaron en mi mochila:

Una rata vieja que era planchadora...
—¡Silencio! —les gritaba desde mi cama.

... por planchar su falda se planchó la cola.

Le quedó un rabito...

Entonces les lancé un zapato.
Pero no pasó nada, hasta que mi
mamá entró al cuarto con una
escoba y golpeó la mochila.

En ese momento se acabó la fiesta.
Salieron todos los invitados: las ratas haciendo **barullo**
y robando lo que quedó de las tortillas duras de postre,
otra zarigüeya mordisqueando las cortinas, y el
castor mojado secándose
con el ventilador.

Al final salió Ramona, algo
golpeada, pero sin abandonar
la idea de hacer otra fiesta para
el próximo año.

AHORA COMPRUEBA

Visualizar ¿Qué le parece a la
mamá de la protagonista la fiesta
de la zarigüeya? ¿Qué palabras te
ayudan a visualizar su reacción?

Esto de tener zarigüeyas escondidas en la mochila no deja nada bueno: me he metido en muchos problemas.

Se corrió por toda la escuela el chisme de que Ramona vivía en mi mochila; en cuanto Mariana se dio cuenta le dijo a Carmen, ella les contó a todos los del salón, y ellos les contaron hasta a los alumnos del turno de la tarde.

—¡Queremos ver a tu zarigüeya! —dijeron los de primero.

—¿Qué es lo que come? —preguntaron los de tercero.

—Trae acá esa zarigüeya —dijeron los de sexto.

Pero no alcanzaron a quitarme la mochila porque yo ya corría a casa.

Al día siguiente no se hablaba de otra cosa.

Nadie le hizo caso a la maestra Lupita cuando nos explicó los ciclos de la luna.

Nadie le hizo caso al maestro de educación física cuando nos mandó a hacer lagartijas.

Nadie le hizo caso a la *teacher* cuando nos enseñó los colores en inglés, y en el recreo nadie comió nada.

Todos me hacían preguntas sobre la llegada de Ramona a mi mochila, el tipo de comida o las caricaturas que le gustaban.

Algunos atrevidos le dieron panecitos, la acariciaban y hasta le llegaron a jalar la cola.

Y es que ninguno había visto una zarigüeya jamás en su vida, y no imaginaban cómo una podría llegar a vivir en su mochila.

Así se creó la moda del atrapazarigüeyas. Era un aparato de madera y metal que muchos ponían al pie de sus mochilas. Adentro metían un pedazo de queso, para atraer a las zarigüeyas de por ahí.

Pero ninguna fue atrapada, y es que los muy tontos creen que las zarigüeyas se dejan engañar tan fácil como los ratones.

Un día Ramona asomó la cabeza: le dio por querer conocer otras mochilas.

Se le metió la idea de que la mía no era la mejor, que Fulano sí le dejaría morder un poquito sus plumas, que Mengano le daría un trozo de jamón y que Zutanita le dejaría roer todo el diccionario.

Le dejé husmear en otras mochilas sin protestar.

"Ya regresará con la cola enroscada a buscar un rincón detrás del juego de geometría", pensé.

Y así fue, porque es cierto que en las mochilas de otros niños la trataron muy bien, pero con el tiempo les fastidió y la corrieron sin más consideración, así que acabó rodando por todo el salón de clases.

Para mi mala suerte, acabó dentro de uno de los cajones del escritorio de la maestra.

Ahí estaba la muy zonza, sin sospechar siquiera el regaño que nos esperaba.

Al descubrirla, la maestra Lucía dio un grito que se oyó en tres manzanas a la redonda.

—¡Una rata! —gritaba trepada en la silla más alta que encontró.

"'¿Una rata?', ¡por favor!, ¿que no pone atención a las clases de ciencias naturales? ¿Es que no sabe diferenciar una rata de una zarigüeya?", pensé.

Pero da lo mismo qué haya gritado, porque
Don Pancho, el intendente de la escuela, corrió,
armado de una buena escoba y dispuesto a todo...
incluso a matar a la supuesta rata.

Ramona ni se inmutó con los gritos de
la maestra Lucía. Muy tranquila bajó del cajón,
husmeó un poco y entró derechito a mi mochila,
sin más escalas ni distracciones.

Y ahí me dejó a mí, con los problemas:
la maestra gritando, el intendente buscando y
golpeando cualquier bulto gris que se encontrara,
a mis compañeros muertos de la risa y a toda
la escuela mirando por la ventana.

—¡Ha sido un error!, ninguna rata anda por ahí —exclamaba, pero nadie me hacía caso.

Finalmente todos se calmaron al ver que no había rata que perseguir y la maestra, por el susto, terminó demasiado cansada para seguir gritándonos.

Es un hecho definitivo: Ramona se queda a vivir para siempre en mi mochila. ¿Dónde la tratarían mejor que ahí?

AHORA COMPRUEBA

Hacer predicciones Haz una predicción acerca de si crees que la zarigüeya se va a mudar a otra mochila. Básate en detalles del cuento para respaldar tu predicción.

La autora y el ilustrador nos dejan entrar a sus mochilas

Erika Marcela Zepeda Montañez nació en Jalisco (México) en 1982. Estudió Letras Hispánicas en la Universidad de Guadalajara. Es autora de varios cuentos infantiles y, además, es integrante de un grupo de teatro mexicano llamado "La Ventana", en el que en varias ocasiones ha adaptado obras literarias a ese género.

"El niño es capaz de descubrir las trampas y acertijos que incluyes en la narración...", dice. Seguramente por pensar así recibió el premio de cuento infantil Juan de la Cabada por su cuento *Historias galliniles o la extraordinaria historia de siete gallos que se treparon a un árbol* cuando todavía era estudiante universitaria, en el año 2004.

Desde niño **Juan Gedovius** supo que su mundo debía girar en torno al papel y el lápiz. De esta manera ha venido compartiendo sus descubrimientos fantásticos con niños y adultos que todavía tienen corazón de niños.

Le apasionan los dragones y es un defensor a capa y espada de todo lo que existe en el mundo de la fantasía y que solemos olvidar cuando nos convertimos en adultos. Para él, los niños son los mejores compañeros de su viaje a través del océano de la imaginación.

Nació en Ciudad de México en el año 1974. Dentro de sus ilustraciones más destacadas se encuentran el cuento *También dragones* de Robert Munch y *Trucas*, que fue escrito e ilustrado por él mismo.

Propósito de la autora

Mediante el personaje de la zarigüeya, la autora desarrolla un cuento. ¿Qué mensaje piensas que quiso transmitir?

Respuesta al texto

Resumir

Resume los sucesos más importantes del cuento *Una zarigüeya en mi mochila*. La información del organizador gráfico de punto de vista puede servirte de ayuda.

Detalles

↓

Punto de vista

Escribir

Repasa el orden de los sucesos que explican cómo cambia la zarigüeya a lo largo del relato. ¿Cómo articula la autora la evolución del personaje y el desarrollo de la trama?

La zarigüeya cambia a lo largo del relato…
La trama consiste en…
Ambos elementos se articulan…

Hacer conexiones

Comenta en qué forma logró la narradora que la zarigüeya se sintiera bienvenida en su mochila. **PREGUNTA ESENCIAL**

¿Por qué es importante que los recién llegados se sientan bienvenidos en una comunidad?
EL TEXTO Y EL MUNDO

Género • Alegoría

Compara los textos
Lee lo que ocurre cuando unos músicos comparten sus gustos y se vuelven amigos.

Música en conjunto

Una alegoría es un relato en el que, por medio de personajes o sucesos, se defienden ideas o creencias para enseñar una lección de vida. Lee "Música en conjunto" y descubre cómo el trabajo en equipo puede generar lazos de amistad.

Una mañana de verano, un rey estaba sentado al lado de una ventana en su castillo. Afuera cantaba un coro de aves. Aunque cada una de ellas tenía su propia tonada, la mezcla de los armoniosos sonidos deleitaba a su majestad.

El rey se aficionó a escuchar los hermosos cantos de las aves y esperaba con ansia sus melodías. En otoño, las aves echaron a volar una a una. Donde alguna vez se escuchó su música, solo quedó un gran silencio.

La falta de cantos entristeció al rey. Al ver su expresión sombría, el sirviente más leal le dijo:

—Su majestad, tal vez en invierno un músico pueda tocar para usted mientras regresan las aves.

El rey accedió y le ordenó que buscara los músicos más talentosos del mundo. El sirviente preparó la bienvenida para los músicos: un auditorio, comida y un espacio para ensayar. En breve, un clavecinista llegó de Inglaterra. Un intérprete de sitar trajo su instrumento de cuerda desde la India. Un intérprete de zampoña peruano llegó con su colorida camisa tejida. En poco tiempo se reunieron músicos de varios lugares en el patio de la corte para hacer audiciones.

Una flautista francesa fue la primera en tocar y asombrar a la corte con sus tonadas en vibrato. El rey sonrió con cortesía, pero despachó a la flautista. Luego, el sirviente acompañó hasta el salón del trono a un percusionista proveniente de África. Sus manos revoloteaban sobre los tambores con rápidos movimientos semejantes a los de las alas de un ruiseñor. El rey despidió al músico con un movimiento de cabeza.

Enseguida entró un famoso violinista. Su *pizzicato* dejó atónito al público, excepto a su majestad. "Algo está mal", pensaba desilusionado el rey. El violinista se desmoralizó. Sabía que sería inútil **negociar** con un rey.

Christiane Beauregard

Los músicos que esperaban en el patio empezaron a perder la paciencia. El rey parecía ser demasiado quisquilloso.

Cuando oscureció, los músicos empezaron a conversar de sus gustos musicales y sus vidas. Este diálogo fue el comienzo de lo que sería una gran amistad. La flautista decidió practicar y tocó unas cuantas notas. El percusionista dio golpecitos a su tambor para acompañar el compás de su nueva amiga; luego, el guitarrista español rasgó las cuerdas y el intérprete de zampoña peruano se unió a la tonada armonizándola de manera conmovedora. Los otros músicos siguieron el ejemplo.

En el salón del trono, mientras tanto, el último músico estaba concluyendo la audición. El rey miraba fijamente el espacio y soñaba con las aves que habían cantado cerca a su ventana.

Cuando el rey se sentó, percibió el sonido de notas que amortiguaban las gruesas paredes del castillo.

Sonrió y exclamó:

—¡Por fin! ¡Eso era lo que estaba buscando! —Luego, miró a los miembros de la corte—. Permítanme compartir lo que **predije.** La combinación de muchos sonidos es lo verdaderamente hermoso.

Después de hablar les ordenó a sus sirvientes que invitaran a todos los músicos a entrar para que formaran una orquesta real. Y era claro que descansarían durante el verano, cuando las aves regresaran.

🎵❓Haz conexiones

¿Qué hizo el sirviente para que los músicos se sintieran bienvenidos? PREGUNTA ESENCIAL

Compara las diferentes maneras como se forja la amistad. EL TEXTO Y OTROS TEXTOS

Roberto Clemente,
un hombre de palabra

Pepe del Valle
ilustrado por
Jorge Vargas

Pregunta esencial

¿Cómo podemos transformar las palabras en acciones?

Lee acerca de cómo un niño hizo realidad sus sueños y ayudó a los demás con sus palabras y sus acciones.

¡Conéctate!

Cuando Monem se levantó una fresca mañana de noviembre, todavía el sol no había salido. Cuando terminó de vestirse, oyó el canto de un gallo. Se asomó a la ventana y vio los primeros destellos de luz asomarse por el horizonte. Esa mañana, Monem acompañaría a su papá a trabajar en el cañaveral por primera vez. Durante el desayuno, Melchor Clemente le explicó a su hijo cómo debía amarrarse una cuerda alrededor de los tobillos para que las culebras y los insectos del cañaveral no se le metieran por los pantalones. A Monem le gustó la idea porque se sentía más protegido, pero también porque el pantalón ahora se parecía un poco a los pantalones de los peloteros profesionales, ajustados dentro de las medias. En camino al cañaveral, a caballo y con el machete al cinto, Monem jamás se habría imaginado que su sueño de convertirse en un jugador de béisbol profesional se haría realidad. Tampoco podía imaginarse que sería la más famosa y brillante estrella del béisbol en la historia de Puerto Rico.

Monem era el apodo que le había dado Rosa, la hermana mayor de Roberto Clemente Walker. El menor de siete hijos, Roberto nació el 18 de agosto de 1934, en el barrio San Antón del municipio de Carolina. Desde pequeño, Monem se destacó como jugador de pelota. Cuando jugaba con sus hermanos y sus vecinos, usaban un palo de escoba como bate y latas vacías en lugar de pelotas. Roberto bateaba las latas por todo el campo y corría con más velocidad que todos. Aunque usaba un guante deshilachado, atrapaba todas las latas que bateaban en su dirección.

Roberto también era un niño responsable y trabajador.
Para poder ganar un poco de dinero, acompañaba a su padre
a cortar la caña o hacía pequeños trabajos para los vecinos.
Con mucho esfuerzo y paciencia, Monem logró ahorrar
suficiente dinero para comprarse una pelota de goma.
También logró comprarse una bicicleta usada. Una buena
recompensa por todo el trabajo que había hecho.

Durante las temporadas de béisbol, Monem tomaba
el autobús hacia San Juan, la capital, y se dirigía al Estadio
Sixto Escobar, donde tenían lugar los partidos de la Liga de
Béisbol Profesional de Puerto Rico. Como otros niños que no
tenían dinero para pagar el boleto de entrada, Monem trepaba
el árbol más alto que encontraba para ver los juegos desde
el otro lado de la verja.

Monford "Monte" Irvin jugó en las
Grandes Ligas entre 1949 y 1956.

Desde sus días de **adolescente,** Roberto admiraba a un jugador
en particular. Su nombre era Monte Irvin, un ágil jardinero que fue
elegido Jugador Más Valioso de la Liga de Béisbol Profesional de
Puerto Rico de la temporada de 1945-1946. Dos años más tarde,
Jackie Robinson se convirtió en el primer afroamericano en jugar
en un equipo profesional de las Grandes Ligas. Monte Irvin lo siguió
de cerca, debutando con los Gigantes de Nueva York en 1949.

Cuando Irvin regresaba durante las temporadas de invierno a jugar en Puerto Rico, Roberto no perdía la oportunidad de ir a verlo al terreno de pelota. Monem esperaba pacientemente la llegada de Irvin y lo seguía tímidamente hasta la entrada del Estadio Sixto Escobar. Con el tiempo, Irvin se percató de que su pequeño y tímido fanático no tenía dinero para entrar al estadio. Un día Irvin se acercó a Roberto y le dijo: "¿Por qué no me llevas el bulto al vestidor?". A partir de entonces, cada vez que podía llegar al parque, Monem esperaba con anhelo hasta que llegara su ídolo para cargarle el bulto. No lo hacía para no tener que pagar la entrada. Solo quería poder sentarse en las gradas a estudiar de cerca a su héroe. Muchos años después, Monte Irvin admitió haberle enseñado algunas cosas a Roberto durante sus visitas a Puerto Rico. Cuando en una ocasión le preguntaron sobre su relación con Roberto Clemente, dijo con cariño que su joven discípulo "aprendió a hacer mejor que yo todo lo que le enseñé".

Cuando Roberto comenzó a asistir a la Escuela Superior Julio Vizcarrondo, sus compañeros lo vieron jugar béisbol en los jardines de la escuela. Todos quedaron tan impresionados con su rapidez y su capacidad para tirar la pelota que lo animaron a unirse al equipo de campo y pista. En poco tiempo, Roberto se convirtió en el atleta más destacado del equipo, lanzando la jabalina a enormes distancias y ganando todas las carreras en las que participaba.

AHORA COMPRUEBA

Volver a leer ¿Qué impacto tuvieron las palabras de Monte Irvin en el joven Monem? Vuelve a leer para comprobar que comprendiste.

Con apenas catorce años de edad, Roberto fue invitado a jugar en el equipo de *softball* de una compañía de arroz. Por primera vez en su vida, vestiría un uniforme: una camiseta roja y blanca, los colores del logo de la compañía Sello Rojo. Esa experiencia fue su trampolín al mundo del béisbol organizado. En 1952, con apenas diecisiete años y recién graduado de secundaria, firmó un contrato que pagaba cuarenta dólares al mes con los Cangrejeros de Santurce, de la Liga de Béisbol Profesional de Puerto Rico.

Casi inmediatamente, Monem se convirtió en la sensación del béisbol puertorriqueño. Todos los periódicos y los programas de radio alababan las destrezas y el talento de este joven atleta. Como la televisión no había llegado a Puerto Rico, el Estadio Sixto Escobar se llenaba a capacidad con todos sus **seguidores** que querían verlo en persona. Los equipos de las Grandes Ligas de Estados Unidos no tardaron en enterarse de sus maravillosas habilidades.

Su primera experiencia profesional fue un poco desalentadora. El primer equipo profesional con que firmó un contrato fue con los Dodgers de Brooklyn, aunque nunca llegó a jugar con ellos. Monem fue enviado por el equipo a la ciudad de Montreal, en Canadá, para jugar en las ligas menores. En Montreal no se habla español y no todo el mundo habla inglés. La mayoría de la gente habla francés y Monem, por supuesto, no sabía nada de esta lengua. Cuentan que a la hora de pedir comida en los restaurantes simplemente señalaba los platos de las mesas vecinas.

Clemente también se desanimó con el equipo. Sentía que tenía pocos **aliados,** jugaba poco y detestaba pasar tanto tiempo sentado en el banco. Monem estuvo a punto de renunciar al béisbol y regresar a Puerto Rico, pero un amigo le aconsejó que no lo hiciera. "Ten paciencia, ya verás cómo las cosas van a mejorar", le dijo su amigo. En noviembre de 1954, los Piratas de Pittsburgh contrataron a Roberto Clemente, quien debutó en las Grandes Ligas al año siguiente y, como dicen por ahí, el resto es historia.

AHORA COMPRUEBA

Volver a leer ¿Por qué es importante recibir palabras de aliento en los momentos difíciles? Vuelve a leer para comprobar que comprendiste.

Roberto Clemente con el bate con el cual
empujó la carrera número 1,275.

El joven Monem se convirtió en uno de los mejores
jugadores de la historia del béisbol profesional. En dieciocho
años con los Piratas, Clemente fue elegido a participar en
el Juego de Estrellas en quince ocasiones. Ganó el título de
bateo de la Liga Nacional en cuatro ocasiones. En 1966 fue
nombrado Jugador Más Valioso de la Liga Nacional. Obtuvo
un total de 12 Guantes de Oro en reconocimiento a su
extraordinaria labor como jardinero derecho y ayudó a su
equipo a ganar dos campeonatos en las Series Mundiales de
1960 y 1971. En el último juego de su carrera, Clemente bateó
su hit número 3,000. Antes de él, esta marca solo la habían
alcanzado otros diez jugadores. Clemente también llegó
a empujar un total de 1,305 carreras.

Después de la temporada de 1963, de visita en Puerto Rico, a Monem le sucedió algo que cambiaría su vida por completo: conoció a Vera Cristina Zabala. Al año siguiente, en noviembre de 1964, Vera y Roberto se casaron en la Iglesia de San Fernando en Carolina, entre el regocijo de miles de fanáticos. Vera y Roberto tuvieron tres hijos varones. Aunque vivían en Pittsburgh la mayor parte del año, Clemente siempre insistió en regresar a Puerto Rico cuando se acercaba el momento de que su esposa diera a luz. Clemente quería que sus hijos nacieran en su **patria.**

Roberto Clemente organizaba entrenamientos de béisbol para ayudar a los niños a mejorar sus destrezas.

Roberto Clemente no es recordado hoy solamente por sus logros en el campo de pelota. El pequeño Monem que siempre luchó por salir adelante se convirtió en un hombre que sentía la necesidad de ayudar a aquellos menos afortunados que él. Su generosidad y su deseo de ayudar a los demás lo transformaron en un héroe, no solo de los seguidores del béisbol, sino de toda la **sociedad.**

Al finalizar la temporada de béisbol de 1972, Roberto y Vera acompañaron al equipo de Puerto Rico al campeonato mundial de béisbol aficionado que se celebraba en Nicaragua. La experiencia de su visita a este país lo conmovió. La gentileza y la humildad de los nicaragüenses se ganaron el corazón del superestrella y su esposa. Cuando unas semanas después un terrible terremoto sacudió a Nicaragua, Clemente fue uno de los primeros en ofrecerse como voluntario para hacer una recolecta de provisiones, comida y medicina para ayudar a las víctimas de la catástrofe. Como él era un hombre de palabra, comenzó de inmediato a recaudar suministros para aliviar a los afectados por el sismo.

En la noche del 31 de diciembre de 1972, Clemente abordó un viejo avión cargado de provisiones, rumbo a Nicaragua. Poco después de despegar, el piloto se comunicó con la torre de control para notificar que el avión tenía problemas mecánicos y que regresaría al aeropuerto de inmediato. Desafortunadamente nunca lo logró. Cayó al mar y se sumergió en sus profundas y turbulentas aguas en el medio de la noche.

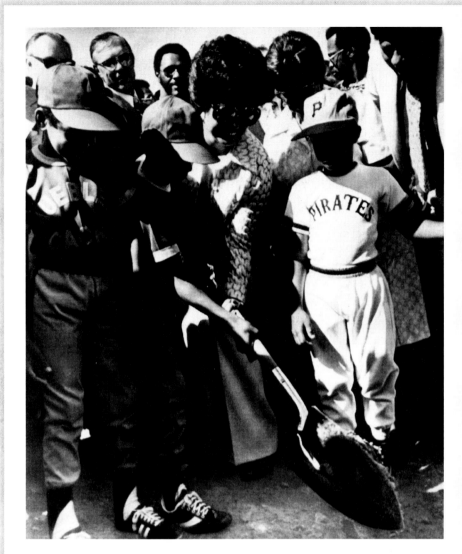

Vera y sus hijos inician la construcción de la Ciudad Deportiva Roberto Clemente en 1974.

La tragedia sacudió a todo el continente americano, pero sobre todo a su tierra natal. En su honor, hoy en día hay en diferentes partes de Estados Unidos y América Latina estadios, coliseos, calles, escuelas y avenidas que llevan su nombre. En Carolina, la ciudad donde nació, su esposa Vera y sus hijos Roberto Jr., Luis Roberto y Enrique Roberto, lograron hacer realidad uno de los sueños de Monem: construir un complejo deportivo para el beneficio de todos los niños que sueñan con jugar al béisbol. El complejo se llama Ciudad Deportiva Roberto Clemente.

Hoy su nombre también se encuentra en el Salón de la Fama del Béisbol en Cooperstown, Nueva York, y en la corta lista de personas que han recibido la Medalla Presidencial de la Libertad, la Medalla de Oro del Congreso y la Medalla Presidencial al Ciudadano. La figura de Roberto Clemente sigue viva en la memoria de todos aquellos que tuvieron la suerte y el honor de verlo jugar, y en los corazones de los que tuvieron el privilegio de haber entrado en contacto, de un modo u otro, con este ser humano inigualable.

AHORA COMPRUEBA

Hacer y responder preguntas
¿Por qué motivos es recordado
Roberto Clemente? Vuelve a leer
para encontrar la respuesta.

Ven a jugar pelota con el autor y el ilustrador

Pepe del Valle nació en San Juan (Puerto Rico) en 1964. El autor de *La oruga sandunguera, El lago adoquinado* y *Los amigos de Mario tienen picos extraños* ha vivido en Puerto Rico, Chicago y Nueva York. Actualmente vive en la ciudad de Madison, en el estado de Wisconsin, donde trabaja como consultor y editor de libros de texto tanto de nivel elemental como universitario. Pepe es un gran fanático del béisbol y desde niño admiró a Roberto Clemente.

Pepe del Valle

Jorge Vargas es natural de Ponce (Puerto Rico). Desde muy joven tuvo inclinación hacia la pintura y el dibujo. Vivió en la Ciudad de Nueva York durante los años 70 y 80, donde se destacó por sus diseños gráficos e ilustraciones en las carátulas de discos de FANIA RECORDS y revistas como *Temas* y *Nuestros*. Realizó ilustraciones para los periódicos *El Diario-La Prensa* de Nueva York, *El Mundo* y *El Vocero de Puerto Rico*.

Jorge Vargas

Propósito del autor

Para escribir biografías, los escritores se inspiran en personas reales. ¿Piensas que el autor escribió este texto para entretener, para persuadir o para informar?

Respuesta al texto

Resumir

Resume *Roberto Clemente, un hombre de palabra*. Incluye detalles clave de su vida. La información del organizador gráfico de punto de vista del autor puede servirte de ayuda.

Detalles

↓

Punto de vista del autor

Escribir

Piensa en los sucesos de la vida de Roberto y en la manera como se presentan en el texto. ¿De qué modo el tipo de sucesos incluidos en la biografía y su organización le permiten al autor mostrar el carácter inigualable del beisbolista?

El autor aporta información como…
Organiza esta información…
Con esto logra mostrar que Roberto era un ser inigualable, pues…

Hacer conexiones

¿Por qué organizó Clemente una recolecta de provisiones para los afectados por el terremoto en Nicaragua?
PREGUNTA ESENCIAL

Las palabras tienen el poder de hacer que la gente piense y actúe de una forma u otra. ¿Qué palabras te motivan a proponerte nuevas metas?
EL TEXTO Y EL MUNDO

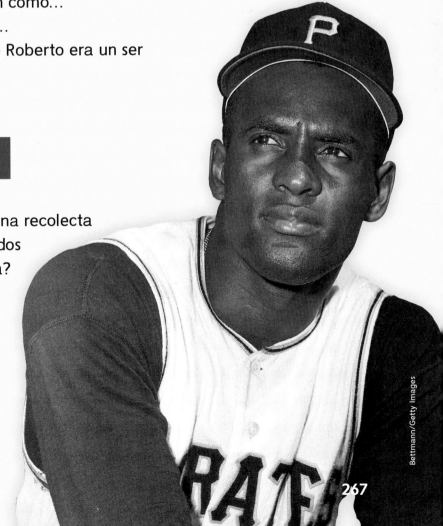

Un nuevo nacimiento de la libertad

La batalla de Gettysburg, Pennsylvania, en julio de 1863, fue un momento crucial en la Guerra Civil. Miles de soldados murieron. Después de la batalla, una **proclamación** creó allí un cementerio nacional. El presidente Lincoln fue al lugar el 19 de noviembre de 1863 para honrar a los soldados caídos. En su **discurso** alabó su coraje y pidió que los honraran trabajando por un "nuevo nacimiento de la libertad". Las reacciones al discurso fueron mixtas. Desde entonces es uno de los discursos más famosos en la historia

El discurso de Gettysburg

Hace ocho décadas y siete años, nuestros padres crearon en este continente una nueva nación concebida en libertad sobre la base de que todos los hombres son creados iguales.

Ahora estamos inmersos en una gran Guerra Civil, que pone a prueba si esta nación, o cualquier nación así concebida y consagrada, puede perdurar en el tiempo. Estamos reunidos en un gran campo de batalla de esa guerra. Hemos venido a consagrar una parte de ese campo como último lugar de descanso para aquellos que dieron sus vidas para que esta nación pudiera vivir. Es adecuado y apropiado que lo hagamos.

Pero, en un sentido más amplio, nosotros no podemos dedicar, no podemos santificar este suelo. Los hombres valientes, vivos y muertos, que lucharon aquí ya lo han hecho, mucho más allá de nuestra pobre capacidad de añadir o restarle algo. El mundo apenas notará o recordará lo que se diga aquí por mucho tiempo, pero nunca podrá olvidar lo que ellos hicieron. Por eso nos corresponde a nosotros, los vivos, consagrarnos aquí a la obra inconclusa que aquellos que aquí lucharon hicieron avanzar tan noblemente. Nos corresponde a nosotros consagrarnos aquí a la gran tarea que nos queda por delante; y que por los caídos a los que honramos tengamos una mayor devoción a la causa por la cual ellos dieron su última muestra de devoción total. Que aquí tomemos la solemne resolución de que los fallecidos no hayan dado su vida en vano. Que esta nación, en la gracia de Dios, nazca de nuevo en libertad. Que el gobierno del pueblo, por el pueblo y para el pueblo no desaparezca de la Tierra.

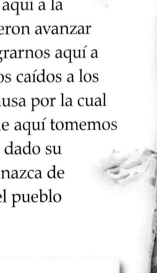

Haz conexiones

¿Qué fin tuvo "El discurso de Gettysburg" para las personas entristecidas por el precio de la guerra? PREGUNTA ESENCIAL

Describe a otros líderes cuyas palabras hayan tenido impacto en la historia de nuestra nación. EL TEXTO Y OTROS TEXTOS

MIRA CÓMO

Pregunta esencial

¿Por qué necesitamos un gobierno?

Lee sobre la historia de nuestro gobierno y el papel de los ciudadanos.

 ¡Conéctate!

SON LAS ELECCIONES

Susan E. Goodman ★ Ilustrado por Elwood H. Smith

★ UNA CORTA HISTORIA ★ DE LA DEMOCRACIA

Los inicios...

¿Cuándo fueron las primeras elecciones? No se sabe. Es posible que las personas votaran en tiempos prehistóricos.

FLINT, FLINT, ÉL ES NUESTRO HOMBRE. SI ÉL NO PUEDE PINTAR LAS CUEVAS, NADIE PUEDE.

ELIGE A GROG COMO GUARDIÁN DE LAS LLAMAS.

UN VOTO POR EL HOMO SAPIENS ES UN VOTO POR EL PROGRESO.

Las personas primitivas pudieron haber tenido elecciones; pero no podemos estar seguros, no tenían un lenguaje escrito, por lo tanto no pudieron dejarnos registros, y mucho menos afiches de campaña o adhesivos para el parachoques del auto.

271

Cuidado con los griegos que dan regalos

A los griegos antiguos se les acredita la invención de la democracia, probablemente porque tenían la mejor palabra para ella. La parte "demo" viene de *demos*, que significa "pueblo". "Cracia" viene de *kratein*, que significa "gobierno".

El gobierno del pueblo.

Su inicio en 510 a. C. sucedió cuando los ciudadanos de Atenas (Grecia) se reunieron en una Asamblea y votaron sobre temas importantes de la comunidad. La voz de cada uno era igual al decidir lo que sucedería. Esta fue la democracia más pura de todos los tiempos, en cierta medida. Solo los adultos hombres, nacidos en Atenas con padres atenienses, eran ciudadanos con todos los derechos legales. Uno de cada ocho atenienses podía votar sobre decisiones que afectaban sus vidas.

No hay lugar como Roma

Cerca de la misma época y un poco hacia el oeste, la ciudad de Roma comenzó a trabajar en su versión de democracia. Eso sucedía cuando sus ciudadanos o ejércitos no estaban muy ocupados conquistando a todos los que los rodeaban.

La democracia romana fue diferente de la griega, en la que los ciudadanos votaban sobre asuntos importantes. Los romanos votaban para escoger a las personas que tomarían las decisiones por ellos. Elegían senadores, que conservaban su trabajo toda la vida. Elegían cónsules, que controlaban el ejército y creaban leyes. ¡Pero el mayor **privilegio** de un ciudadano romano era ser el único del Imperio que podía usar una toga!

Luego, a los líderes romanos les comenzó a dar un poco de deseo de poder. Julio César se declaró a sí mismo dictador vitalicio. Augusto tomó el título de emperador. Después, se declaró dios.

Hasta ahora nuestros presidentes han mostrado más autocontrol.

Un lugar en la historia

Hablando de poder, tanto Julio César como Augusto nombraron meses con sus nombres (julio y agosto).

1,800 años después llega la democracia estadounidense

George Washington y el resto de nuestros Padres Fundadores tomaron prestados **trozos** y pedazos de las democracias del pasado para crear la nuestra. Nombraron a nuestro Senado igual que al Senado romano. Adoptaron una idea británica del siglo trece que decía que el gobierno debe respetar los derechos legales del ciudadano.

George y su equipo querían un gobierno donde las personas pudieran decidir cómo gobernar el país, pero no demasiado. Ellos no confiaban en todos sus compatriotas estadounidenses, especialmente aquellos que no tenían mucha educación. Entonces rechazaron el método griego en el que los ciudadanos votaban directamente por las leyes. En su lugar, las decisiones las tomarían las personas que "representaban" a los ciudadanos, como en la república romana.

AHORA COMPRUEBA

Hacer y responder preguntas
¿Por qué los Padres Fundadores rechazaron el método griego de elección? Lee de nuevo el texto para encontrar la respuesta.

Democracia romana

¿Qué dijo Ben?

Poco después de que terminara la Convención Constitucional, una mujer le preguntó a Benjamin Franklin qué tipo de gobierno habían creado los Padres Fundadores. La respuesta de Franklin fue: "Una república, señora, si ustedes la pueden conservar".

En otras palabras, nuestro tipo de gobierno necesita ciudadanos a los que les importe lo suficiente estar informados y participar, en otras palabras...*¡VOTA!*

En 1787, los Padres Fundadores se encerraron durante cuatro meses para escribir nuestra Constitución. No fue fácil llegar a esta descripción de nuestro nuevo gobierno. Todos tenían ideas diferentes y tuvieron que llegar a un **acuerdo**. Con frecuencia, la cara de George Washington mostraba su "estilo Valley Forge".

Este fue el consenso: crear un gobierno nacional con tres poderes. Nuestro Congreso (el poder legislativo) tiene dos partes o cámaras: el Senado y la Cámara de Representantes. El Congreso puede crear leyes para elevar los impuestos, mejorar la vida de los ciudadanos, y defender al país.

El presidente es la cabeza del poder ejecutivo. Él (y algún día, tal vez pronto, ella) hace cumplir las leyes y es la cabeza del ejército. También nombra a los jueces de la Corte Suprema, parte de nuestro poder judicial. La función de la corte es reforzar las leyes existentes y decidir si los otros dos poderes están obedeciendo la Constitución.

Todo el tiempo hay mejoras

¿La Constitución es un plan perfecto? No, pero las personas que la escribieron fueron suficientemente inteligentes para saberlo. La mejoraron inmediatamente al escribir la Carta de Derechos, las primeras diez **enmiendas** (adiciones) a la Constitución. Y la hemos seguido mejorando.

Las buenas noticias: Estados Unidos fue la primera democracia moderna con un gobierno elegido que protege la libertad y los derechos de sus ciudadanos.

Las malas noticias: Al comienzo, solo los hombres blancos que eran dueños de tierras podían votar.

Las buenas noticias: En 1856, los hombres blancos que no poseían tierras obtuvieron ese derecho.

Las malas noticias: El resto de personas fueron dejadas por fuera. Cambiar las creencias y los valores no es fácil; requiere mucho esfuerzo.

Las buenas noticias: Los afroamericanos y otros hombres que no eran blancos comenzaron a votar en 1870.

Las malas noticias: Las creencias y valores de las personas cambian muy lentamente. El derecho al voto de un afroamericano se negaba con frecuencia en el Sur y en partes del Norte hasta el movimiento por los derechos civiles entre 1960 y 1970.

Las buenas noticias: Las mujeres estadounidenses de todas las razas obtuvieron el voto en 1920.

Las malas noticias: Las mujeres de Nueva Zelanda, Australia, Finlandia, Noruega, Canadá, Estonia, Inglaterra, la Unión Soviética, Austria, Checoslovaquia, Alemania, Hungría, Armenia, Azerbaiyán, Polonia, Luxemburgo y Holanda pudieron votar antes que ellas. ¡Al menos Estados Unidos venció a Suiza, donde las mujeres no pudieron votar hasta 1971!

Las buenas noticias: Los indígenas americanos votaron desde 1924.

Las malas noticias: Parece una larga espera, ellos llegaron primero. Es más, algunos estados les prohibieron votar hasta la década de 1940.

Las buenas noticias: En 1971, la edad de votación se redujo a 18 años.

Las malas noticias: Tienes que esperar más antes de poder votar.

Las buenas noticias: Tienes otras maneras de hacer que se oiga tu opinión. ¡Sigue leyendo para descubrir cuáles son!

★ El Tío Sam te quiere ★
Rayos X para votar

Cuando las personas se involucran en sus comunidades, su conocimiento sobre política crece. Su interés y su **compromiso** también crecen. Esto es cierto tanto para niños como para adultos.

Ahora bien, tú no tienes edad suficiente para votar, ni siquiera estás cerca. Pero incluso así puedes tener voz en nuestra democracia.

Cuatro millones de niños emiten votos el día de las elecciones. Son parte de un programa en escuelas de veintiocho estados y en Washington, D. C., que se llama *Kids Voting USA*. Es cierto que sus votos no son contabilizados en el conteo oficial. Pero se anuncian en las escuelas y en las estaciones locales de televisión.

Este programa tiene otra ventaja. Los niños se emocionan tanto que entre 3 y 5 por ciento más de sus padres terminan votando también.

Ahí es donde tú contribuyes, aunque *Kids Voting USA* no esté en tu escuela. Puedes asegurarte de que tus padres estén registrados para votar. Y puedes asegurarte de que realmente lo hagan.

¿Cómo? Oh, vamos. ¿Cómo logras que tus padres hagan cualquier cosa? ¿Como llevarte a algún lugar? ¿Comprarte un juego nuevo? ¿Dejarte despierto hasta tarde?

¡Los fastidias!

Entonces fastídialos sobre la votación. Pega un calendario en la puerta de enfrente. Deja recordatorios en su correo de voz. También envíales correos electrónicos. Si dicen que están muy cansados el Gran Día, intenta sobornarlos (¡funciona cuando ellos quieren algo de ti!). ¡Ofréceles lavar los platos si van, pero solo si estás desesperado!

AHORA COMPRUEBA

Hacer y responder preguntas
¿De qué manera el programa *Kids Voting USA* motiva a las personas a votar? Lee de nuevo el texto para encontrar la respuesta.

¡Niños al rescate!

Fastidiar a tus padres es un buen primer paso. Algunos niños van más allá. Identifican problemas y trabajan en ellos. Un informe reciente mostró que el 55 por ciento son voluntarios. Esto es casi el doble que los adultos.

Los niños se están convirtiendo en líderes...

Hablando de fastidiar, un grupo de alumnos de segundo grado decidió que Massachusetts necesitaba un insecto oficial del estado. Cuando supieron que cualquier residente del estado podía darles ideas a los legisladores para leyes nuevas, pusieron manos a la obra. Quizá fueron los disfraces de catarina que usaron durante su visita al capitolio del estado. Pudo haber sido el discurso diciendo que las catarinas se podían encontrar en todo el estado. Por la razón que fuera, la asamblea legislativa **aprobó** su proyecto de ley y el gobernador firmó una ley que proclamaba a la catarina como el insecto del estado de Massachusetts.

Los alumnos de tercero y cuarto grado hicieron algo similar para Nueva Hampshire, que no tenía una fruta del estado. Lo más difícil del proceso fue convencer a los legisladores de que la calabaza ES una fruta.

A los siete años, Shadia Wood supo que el proyecto de ley del Superfondo limpiaría los peores lugares de desechos tóxicos de Nueva York. Durante siete años, Shadia y un grupo llamado *Kids Against Pollution* intentaron convencer a los encargados de hacer las leyes de aprobar ese proyecto de ley. Ella tenía un puesto de venta de limonadas en las escaleras del capitolio, donde vendía bebidas y torta de "residuos tóxicos".

Luego enviaba las ganancias al gobernador para ayudar a pagar el Superfondo. Con el tiempo, los reporteros de televisión y de periódicos se dieron cuenta de lo que ella estaba haciendo. El proyecto de ley del Superfondo se convirtió en ley en 2003. (No hay nada de malo en avergonzar a los adultos para que se comporten bien).

¿Te imaginas obtener $135 por no ir a la escuela y hacer un buen trabajo? Cuando el gobernador de Massachusetts firmó el proyecto de ley para permitir que los jóvenes de dieciséis y diecisiete años trabajaran en los puestos de votación, los estudiantes de Boston comenzaron a ayudar a los votantes con el equipo computarizado el día de las elecciones. Los niños saben más de computadoras que muchos de los adultos votantes y se involucran en la votación. Nuestro país los necesitará pronto. El trabajador del puesto de votación tiene en promedio setenta y dos años.

En Boise (Idaho), jóvenes de quince años y más están en comités que gobiernan la ciudad. Linesville y Pennsylvania han tenido alcaldes de 18 años. Pero en California, Ohio, Rhode Island, Vermont, Washington y Wisconsin, una persona de dieciocho años puede ser gobernador.

Enviar un mensaje

Si ves un problema en tu comunidad o tienes una idea de cómo mejorar las cosas, entra en acción. Muéstrale al líder del gobierno lo que piensas (¡la mejor parte, por favor!).

- Habla en una reunión del pueblo.

- Invita a tu alcalde o a otro funcionario a hablar en tu clase sobre un asunto importante. Prepárate para hacer buenas preguntas y dar tus opiniones.

- Organiza una visita de tu clase a él o a ella.

- Escribe una carta o correo electrónico que identifique un problema. Di de qué manera el problema te afecta a ti y a tu comunidad. Escribe sobre los cambios que te gustaría ver. Envía tu carta al funcionario adecuado de tu pueblo o al representante y al senador de tu estado, o al representante y senador del Congreso, o incluso al gobernador o al presidente.

- Escribe una carta y pídeles a las personas que están de acuerdo contigo que la firmen también. Asegúrate de escribir los nombres y las direcciones claramente.

- Haz una encuesta sobre el problema, escríbela y envíala al funcionario adecuado.

AHORA COMPRUEBA

Resumir ¿De qué manera pueden los niños hacer que su voz se oiga en sus comunidades?

Estimado Senador

MIRA CÓMO DESCRIBEN LA DEMOCRACIA

Susan E. Goodman amaba la lectura cuando era niña, pero esto no la convirtió en una buena escritora. Esto sucedió cuando obtuvo una D– en un trabajo de la escuela. La maestra de Goodman le permitió volver a escribirlo. Esto le enseñó a Goodman la importancia de repasar y revisar cualquier cosa que escribiera. ¡Y Susan Goodman ha escrito mucho, más de 700 artículos y varios libros!

Elwood Smith creció amando los personajes de los dibujos animados y los libros de tiras cómicas. Cuando era adulto y comenzó a dibujar ilustraciones cómicas, recordaba las tiras cómicas que le gustaban cuando niño e intentó dibujar siguiendo ese estilo. Smith también toca la guitarra en una banda de rock con otros artistas.

Propósito de la autora

¿Por qué explica la autora los tipos de gobierno que se usaron hace mucho tiempo antes de explicar cómo funciona la democracia en Estados Unidos?

Respuesta al texto

Resumir

Identifica los detalles clave y resume *Mira cómo son las elecciones*. La información del organizador gráfico de causa y efecto puede servirte de ayuda.

Causa → Efecto
→
→
→
→

Escribir

¿Cuál es el punto de vista de Susan E. Goodman sobre la democracia y nuestro derecho al voto? Utiliza estos marcos de oración para organizar la evidencia del texto.

Susan E. Goodman cuenta que los Padres Fundadores...
Ella explica que la democracia...
Esto me permite comprender que ella...

Hacer conexiones

 ¿De qué modo sería diferente nuestra vida si no tuviéramos un gobierno? PREGUNTA ESENCIAL

¿En qué se compara el Gobierno de Estados Unidos a otros tipos de gobierno de todo el mundo? ¿Por qué crees que tantas personas quieren formar parte de una democracia? EL TEXTO Y EL MUNDO

Género • Texto expositivo

Compara los textos

Lee sobre el plan de los Padres Fundadores para nuestro gobierno.

El nacimiento de la
DEMOCRACIA
estadounidense

Cada 4 de Julio se celebra el nacimiento de Estados Unidos. Los fuegos artificiales nos recuerdan que las trece colonias declararon su independencia de Gran Bretaña el 4 de Julio de 1776. Ese cumpleaños tuvo lugar en Filadelfia, Pennsylvania. Allí, el Segundo Congreso Continental aprobó la Declaración de Independencia. Este documento creó una nueva nación: Estados Unidos de América. La Declaración es casi como el registro de nacimiento original de nuestro país.

Nuestros Padres Fundadores

Cinco hombres, incluidos John Adams, Thomas Jefferson y Benjamin Franklin, escribieron la Declaración de Independencia. Jefferson escribió el primer borrador. Sus palabras resumen una creencia básica: "todos los hombres son creados iguales".

Los hombres que firmaron la Declaración son los Padres Fundadores de nuestro país. Esta firma puso las vidas de los fundadores en peligro, pues sus firmas los convertían en traidores de Gran Bretaña. También sabían que si las colonias ganaban la guerra, sus nombres entrarían en la historia.

Guiados por George Washington, los colonos lucharon por su libertad. Después de una guerra larga, los británicos se rindieron en 1781 y se firmó un tratado de paz en 1783. Pero nuestra nueva nación estaba todavía formándose. Los estadounidenses no sabían qué tanto poder debía tener un gobierno federal o central. Como acababan de obtener la libertad de un rey británico poderoso, no querían que su gobierno tuviera demasiado poder.

La Convención Constitucional

Hacia 1787, cada estado imprimía su propio dinero y hacía sus propias leyes comerciales. El Gobierno nacional era débil y tenía deudas de la guerra. En mayo de 1787, cada estado envió delegados, personas que representan a otros, a Filadelfia para participar en la Convención Constitucional. Los delegados debían crear un nuevo plan para nuestro gobierno. George Washington fue elegido presidente de la convención.

Un joven delegado, James Madison, propuso ideas. Después de muchos debates, llegó a un acuerdo con los otros delegados para que la Constitución de Estados Unidos fuera el plan para nuestro gobierno. Por esto, hoy en día, James Madison se conoce como el "Padre de la Constitución". Los delegados de estados grandes y pequeños debatieron acerca del poder de aprobar una **legislación** o leyes. Los estados con poblaciones grandes querían más votos en una asamblea legislativa. Los estados pequeños no creían que fuera justo. Para septiembre de 1787, los estados llegaron a un acuerdo sobre un sistema para controles y contrapesos conocido como los tres poderes del gobierno.

LOS TRES PODERES DEL GOBIERNO

El poder legislativo crea las leyes.

Incluye:
• Congreso
 – Cámara de Representantes
 – Senado

El poder ejecutivo lleva a cabo las leyes.

Incluye:
• Presidente
• Vicepresidente
• Miembros del gabinete

El poder judicial resuelve disputas sobre las leyes.

Incluye:
• Corte Suprema
• Tribunales federales inferiores

Los tres poderes

El poder legislativo, o Congreso, está constituido por el Senado y la Cámara de Representantes. El Congreso aprueba las leyes. A los estados pequeños les gustó el Senado porque cada estado, grande o pequeño, tiene dos senadores. En la Cámara, la población del estado determina el número de representantes.

El presidente es la cabeza del poder ejecutivo. El presidente puede firmar, vetar y hacer cumplir las leyes. El presidente también comanda el ejército de la nación.

El poder judicial es el tercer poder. La corte más alta se llama Corte Suprema. Los tribunales distritales, estatales y federales determinan si una ley cumple con la Constitución.

La Constitución se aprobó oficialmente en septiembre de 1787, pero no se convirtió en la ley de la nación inmediatamente. ¿Por qué? Tenía que ser ratificada, o aprobada, por nueve de los trece estados.

Algunos estados se resistieron. Sentían que la Constitución no les daba suficiente poder a las personas. Querían adicionar enmiendas, o cambios, que garantizaran derechos personales importantes como la libertad de expresión o de culto. James Madison se volvió a involucrar. Escribió la Carta de Derechos, las primeras diez enmiendas a la Constitución. Estas fueron añadidas a la Constitución en 1791. ¡Finalmente, nuestra nación tuvo un plan de gobierno que se había aprobado!

Todas las personas

Nuestra Constitución comienza con las palabras *Nosotros, el pueblo.* En 1791, sin embargo, la Constitución otorgaba ciertos derechos, como el de votar, solo a algunas personas. Eso ha cambiado a través del tiempo. Hoy en día, nuestra Constitución les da a todos los ciudadanos mayores de 18 años el derecho a votar. Los políticos revisan continuamente este documento fundador para asegurarse de que todas las personas sean tratadas como iguales en nuestra **democracia**.

Haz conexiones

¿Por qué los delegados de los estados se reunieron para escribir una Constitución en 1787? PREGUNTA ESENCIAL

¿Por qué es importante ser un participante activo en nuestra democracia? Usa detalles de las selecciones para explicar tu respuesta. EL TEXTO Y OTROS TEXTOS

Vincent Ricardel/The Image Bank/Getty Images.

287

¡Una nueva era

Vivian Mansour M
ilustraciones de Santiago

Pregunta esencial

¿Cómo afectan tu vida los inventos y la tecnología?

Lee cómo un invento afecta la vida de dos hermanos.

¡Conéctate!

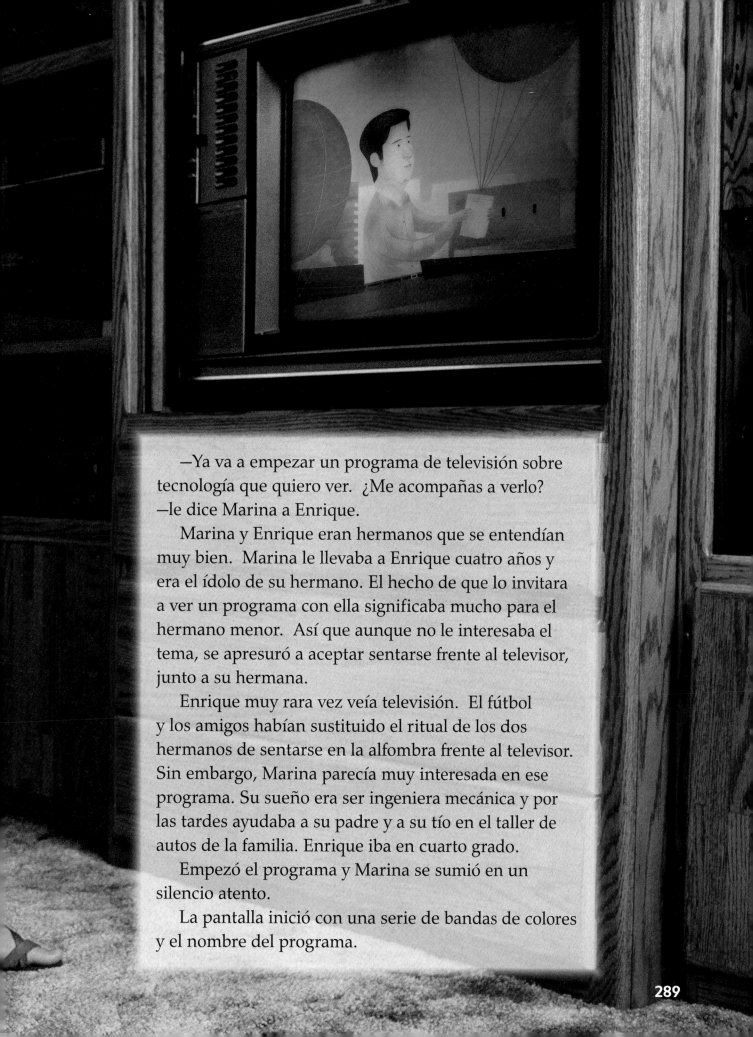

—Ya va a empezar un programa de televisión sobre tecnología que quiero ver. ¿Me acompañas a verlo? —le dice Marina a Enrique.

Marina y Enrique eran hermanos que se entendían muy bien. Marina le llevaba a Enrique cuatro años y era el ídolo de su hermano. El hecho de que lo invitara a ver un programa con ella significaba mucho para el hermano menor. Así que aunque no le interesaba el tema, se apresuró a aceptar sentarse frente al televisor, junto a su hermana.

Enrique muy rara vez veía televisión. El fútbol y los amigos habían sustituido el ritual de los dos hermanos de sentarse en la alfombra frente al televisor. Sin embargo, Marina parecía muy interesada en ese programa. Su sueño era ser ingeniera mecánica y por las tardes ayudaba a su padre y a su tío en el taller de autos de la familia. Enrique iba en cuarto grado.

Empezó el programa y Marina se sumió en un silencio atento.

La pantalla inició con una serie de bandas de colores y el nombre del programa.

"Pioneros de la tecnología".

El conductor anunció: "En el episodio de hoy: Guillermo González Camarena".

"Hoy 8 de febrero de 1983, se cumplen 20 años de la primera **transmisión** de televisión a color en nuestro país. Esta fue posible gracias al científico e inventor mexicano Guillermo González Camarena. Esta es su historia".

Y después de una serie de imágenes de esa primera transmisión, el conductor continuó:

"Guillermo nace el 17 de febrero de 1917 en la ciudad de Guadalajara. A la edad de siete años, igual que a muchos niños, sus padres le daban cada semana su "domingo", es decir, unas monedas para que se las gastara en lo que quisiera. El niño Guillermo no gastaba sus ahorros en dulces o juguetes, sino ¡en comprar pilas y focos!"

—Mira, Marina, ese señor Guillermo es como tú, que dice mi mamá que de pequeña siempre desarmabas tus juguetes —señaló Enrique.

—Así es —contestó Marina, que estaba muy interesada en el programa—. Me encanta ver cómo funcionan los **aparatos** por dentro: relojes, juguetes de cuerda, cochecitos...

El conductor del programa siguió con la explicación: "Cuando tuvo que elegir su profesión, quiso ser ingeniero mecánico electricista y por las tardes trabajaba en una estación de radio".

—¿Por qué quieres ver este programa? —preguntó Enrique.

—Ahorita te explico por qué lo quiero ver. Espérate a los anuncios —susurró Marina.

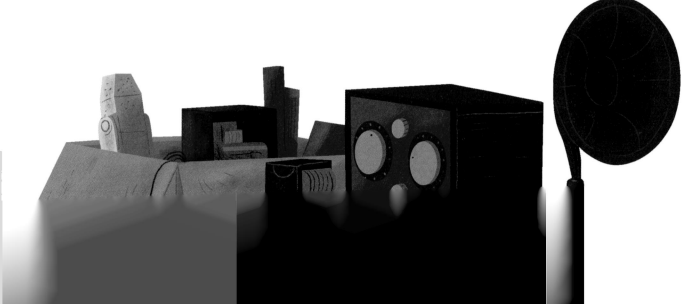

Enrique se revolvía en su asiento, inquieto y algo aburrido.

—Mira, Quique, Guillermo González Camarena es un paisano nuestro. Era mexicano. Gracias a él podemos estar sentados aquí viendo la televisión.

—¿Él **inventó** la televisión?

—No, él inventó el sistema que permite ver la televisión a colores. Seguramente ahorita en el programa lo van a explicar.

Y así sucedió.

"González Camarena tenía la solución en mente: crear un disco giratorio con tres colores para que a través de ese disco pasaran los electrones y se tiñeran de color...

Pero no existían las piezas que necesitaba, así que tuvo que sustituirlas y adaptarlas. Usó piezas de bicicleta, lupas y hasta ¡papeles de colores!"

—¡Qué buena idea! —se sorprendió Enrique.

—Sí, a eso le llamamos "ingenio mexicano". Es decir, **indagar** un camino poco común para solucionar un problema.

—¿A ti te ha pasado? —preguntó el chico.

—Por supuesto —se rio la hermana mayor—. Una vez le puse chile a unos cables eléctricos.

—¿Por qué?

—Porque en el taller de papá había una plaga de ratas que estaban comiéndose los cables de unos motores. Les puse chile y, como no les gustó el sabor, las ahuyenté —explicó, y ambos hermanos se rieron de la ocurrencia.

—¡Shhhh! Ya se acabaron los anuncios. Ya empezó otra vez...

"Continuamos con nuestro programa 'Pioneros de la Tecnología'. González Camarena ya tenía todo resuelto, pero necesitaba hacer una **demostración** de su descubrimiento. Cuando tuvo todo junto, armó su televisión, le puso el adaptador y así logró realizar su sueño: la pantalla le devolvió la imagen de un bebé en su carriola, pero esta vez se podían distinguir perfectamente el color rosa de la piel y las ropas azules".

AHORA COMPRUEBA

Confirmar predicciones
¿Por qué le entusiasma a Marina aprender sobre la vida de un inventor?

—¡Qué emoción! — se entusiasmó Marina— ¿Qué habrá sentido cuando vio que su teoría funcionaba?

—Es como cuando yo resolví antes que nadie el examen de matemáticas. ¡Tenía ganas de brincar! —exclamó Enrique. ¿Y tú, hermana? ¿Has tenido esos momentos increíbles?

Marina reflexionó un momento. Aún no los había tenido, pero tenía muchos sueños por cumplir. Sentía que había muchas dificultades en un proyecto que estaba construyendo y no sabía cómo resolverlas.

Volvió a poner atención en el programa...

"El 19 de agosto de 1940, a los 23 años de edad, le fue otorgada en México y en Estados Unidos, la primera **patente** de la televisión a colores, con número 40235".

—¿Patente? ¿Qué es eso? —preguntó Enrique.

—Quiere decir que uno se registra como dueño y creador de una idea y que nadie más puede usarla sin su autorización.

—Como el pastel de piña de mamá. Ella inventó esa receta y nadie puede usarla sin su permiso.

—Algo así —se rio Marina—, pero los inventos tecnológicos deben registrarse en un lugar especial porque de ellos dependen otros avances. Además, es importante que al creador de una buena idea se le reconozca en todo el mundo, ¿no crees?

—Claro que sí.

"A partir de su sistema, en otros países empezaron a surgir diferentes procedimientos más elaborados, pero todos basados en su idea original. Registrar sus inventos costaba mucho dinero. Tenía que pagar entre dos y tres mil pesos, así que el joven inventor dio paso a otro tipo de creatividad: escribió una canción que tuvo mucho éxito en la radio llamada *Río Colorado*. Y con las ganancias, logró pagar los altos costos de sus patentes".

Marina estaba asombrada. Ni el dinero ni la falta de recursos habían sido un obstáculo para Guillermo González Camarena. Él no se andaba quejando todo el día de todas las dificultades que tenía que afrontar.

"En 1946, a los 29 años, inauguró la primera estación de televisión experimental. Esta estación contaba tan sólo... ¡con dos aparatos! La población de todo el mundo estaba experimentando el asombro ante la llegada de la televisión".

—¿La televisión causó tanto asombro? —se sorprendió Enrique.

—Pues sí, Quique. Quizá para nosotros ya no sea tan extraordinario ver en una pantalla cosas que suceden del otro lado del mundo. Pero realmente era increíble. Las distancias se acortaron con todos estos inventos. Y no solo con el invento de la televisión. El radio, por ejemplo. ¡Escuchar voces adentro de una caja parecía cosa de magia! Además, esas voces provenían de gente que se encontraba a muchos kilómetros de distancia. Y para nosotros es de lo más común. ¿A ti qué te asombra de esta época?

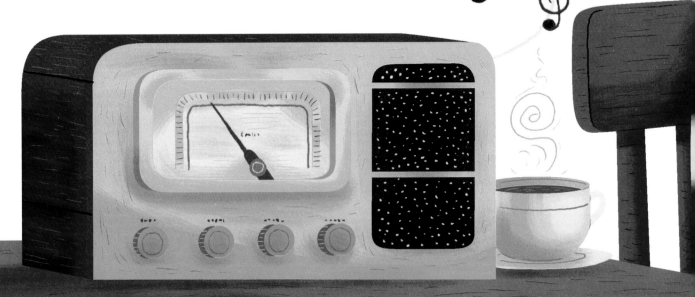

RÍO COLORADO

—Las naves espaciales —Quique no dudó su respuesta.

—Pues, ¿qué crees? Otra de las patentes de González Camarena es la que actualmente utiliza la NASA para sus transmisiones espaciales.

—¡Guauuu! Se ve que era un hombre muy especial y hasta espacial —el chico se rio de su juego de palabras.

—Sí, un genio. También le interesaba mucho la astronomía. Era un hombre con muchos intereses y aptitudes. Toda la tecnología que creó es asombrosa. Pero todo comenzó con un sueño que surgió de su cabeza e hizo todo lo posible por lograrlo. Y ya vimos que no todo fue fácil. Tuvo que hacer muchas indagaciones e investigaciones para poder lograr su objetivo.

—A mí también me gusta mucho hacer indagaciones —afirmó Enrique—, aunque a veces creen que soy muy preguntón.

—Creo que es bueno ser curioso.

—La maestra se desespera a veces conmigo porque no paro de hacer preguntas.

—Bueno, entonces trata de hacer solo una pregunta, pero que sea la mejor.

—¿Tú crees que Guillermo González se hacía preguntas?

—Todo el tiempo.

—¿Y su maestra no lo regañaba como a mí?

—Seguramente sí. Pero lo importante es que él no se quedó sin una respuesta. ¿Cuál crees que fue la pregunta más importante que se hizo?

—Mmmmm… Seguramente se preguntó: "¿por qué la televisión tiene que ser en blanco y negro si la vida la disfrutamos a todo color?"

—Muy bien. Esa seguramente fue una de sus tantas interrogantes.

—¿Y tú, hermana? ¿Tienes preguntas sin responder?

—¿Ves? Ya andas de preguntón —se rio Marina—. Me salvé de contestarte porque ya comenzó otra vez el programa.

"El 10 de mayo de 1952, se inauguró oficialmente la estación televisora XHGC, Canal 5, con equipo construido por Guillermo González Camarena.

Poco después, este canal estaría dedicado casi exclusivamente a los niños. El ingeniero insistía en que la televisión por las tardes debía estar enfocada al público infantil.

El gráfico de las barras de color siempre nos recordará su gran invento".

Marina quiso completar esta información:

—Por eso, Enrique, lo primero que aparece en las televisiones son esas barras de distintos colores que cubren toda la pantalla.

Hasta hace muy poco, debajo de cada una de las franjas, sobre el panel de control, estaba un botoncito que el espectador tenía que ajustar hasta lograr que el verde fuera verde y no gris, el rojo, rojo y no blanco. Estas barras marcaron el inicio de una nueva era.

—¡Qué bueno que González Camarena inventó la televisión a color! No podríamos ver el pasto verde de los campos de fútbol ni los colores de las caricaturas… La vida sin color sería muy aburrida —concluyó Enrique.

—Totalmente de acuerdo —aprobó Marina.

—¿Y tú, hermana, vas a crear alguna patente?

—Seguro que sí —se rio Marina—, algún día…

AHORA COMPRUEBA

Hacer y responder preguntas ¿Cómo logró Guillermo demostrar su descubrimiento? Volver a leer te puede ayudar.

Intérpretes de la vida de un inventor

Vivian Mansour Manzur

Nació en México, Distrito Federal, y es egresada de la Universidad Iberoamericana, de la carrera de Ciencias de la Comunicación. Fue publicista y ahora es escritora. Hay muchas cosas de las cuales se arrepiente: ha dormido demasiado, ha viajado muy poco, no ha escalado montañas y solo sabe hablar español. De lo que no se arrepentirá nunca es de leer todo lo que ha leído, porque con los libros es capaz de hacer todo lo que no ha hecho. Entre sus publicaciones hay más de una docena de libros infantiles: *Familias familiares, La vida útil de Pillo Polilla, ¡Fuiste tú!, El enmascarado de lata, La mala del cuento, Ladridos en el infinito* y *Lotería de piratas.*

Santiago Grasso

Nació en La Plata, Argentina, en 1969. Estudió Diseño Gráfico en la Escuela de Artes de la Universidad de La Plata; después se graduó de la Universidad de Cine en Buenos Aires, donde se especializó en Dirección. Ha estado dibujando desde niño. Cuando dibuja, le gusta crear situaciones de algo que está pasando o pasará con los personajes. Le gusta elegir el mejor lugar para espiarlos, como si tuviera una cámara: se imagina sonidos, palabras y movimientos.

Propósito de la autora

¿Por qué crees que Vivian Mansour escribió *Una nueva era*? Basa tu respuesta en los detalles del cuento.

Respuesta al texto

Resumir

Resume el orden de los sucesos en *Una nueva era.* Piensa en cómo la invención de la televisión a color afecta la vida de Marina y Enrique. La información del organizador gráfico de punto de vista te servirá de ayuda.

Detalles

↓

Punto de vista

Escribir

¿Cómo desarrolla la autora la relación entre Marina y Enrique a partir de la historia del inventor de la televisión a color?

> Para captar la atención del lector, la autora…
> Ella usa la historia del inventor para…
> Estos recursos son útiles porque…

Hacer conexiones

¿Qué significó la historia de Guillermo González Camarena para los dos hermanos? PREGUNTA ESENCIAL

¿Qué invento o tecnología ha tenido un gran impacto en nuestro mundo después de la invención de la televisión a color? EL TEXTO Y EL MUNDO

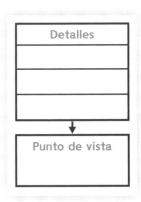
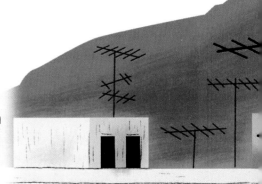
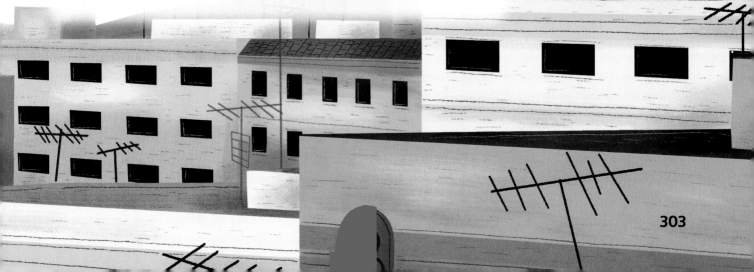

Compara los textos

Lee cómo las personas se están juntando para aprender sobre astronomía.

Fiesta de estrellas

Mira hacia el cielo nocturno. Es probable que no veas muchas estrellas si vives en un pueblo o ciudad. Las luces de la calle y los edificios hacen difícil ver objetos en el cielo. ¿Dónde puedes observar las maravillas del cielo nocturno?

Alrededor del mundo la gente va a fiestas de estrellas. La gente se reúne para observar estrellas, planetas y mucho más. Es una forma de conocer personas. También de aprender sobre el universo.

Hay fiestas de estrellas en muchos estados. El mapa muestra algunos de ellos.

El Observatorio McDonald ofrece muchas fiestas de estrellas.

Encuentra una fiesta de estrellas

En parques nacionales y observatorios de Estados Unidos se hacen fiestas de estrellas. Estos lugares son perfectos para las fiestas por la oscuridad que brindan. También hay clubes de astronomía que dan fiestas de estrellas. Necesitas un lugar con cielo oscuro en la noche. Además, un telescopio.

Los parques nacionales de nuestro país ofrecen fiestas de estrellas. Especialistas te guiarán a través del cielo. Ellos te mostrarán y explicarán diferentes objetos en el cielo. Algunos espectáculos son imposibles de ver donde tú vives. Como una noche sin luna en el cañón Bryce, en Utah. Es tan oscuro que La Vía Láctea cubre el cielo. Se ve como un arcoíris de plata. Puedes encontrar fiestas de estrellas cerca de ti. Busca en el sitio web del servicio de parques nacionales de Estados Unidos.

El Observatorio McDonald

Los observatorios tienen **tecnología** avanzada. Quienes estudian los astros la usan para sus investigaciones. El Observatorio McDonald está ubicado en Texas. Allí las fiestas de estrellas se realizan en un parque de telescopios. Este parque tiene estructuras en forma de domos. En los domos se ubican telescopios de variados tamaños. Uno de los domos tiene un telescopio de 24 pulgadas. Un robot lo puede operar. Esto desde un lugar remoto. ¡Eso sí es buena **ingeniería**!

Averigua la fase lunar. Será útil saberlo. Sobre todo si planeas ir a una fiesta de las estrellas. Si la luna ilumina el cielo, no podrás ver algunos cuerpos celestes. Pero tendrás buena vista de la luna.

Qué ver

Durante el año podrás ver algunos de los planetas en nuestro sistema solar. Muchos observadores de estrellas buscan a Júpiter. Es el planeta más grande. Ven sus lunas y sus anillos. Pero Saturno tiene anillos más grandes y brillantes. Búscalo en el cielo nocturno.

Fases de la Luna

A medida que la Luna orbita la Tierra, sigue un patrón regular. El patrón se repite cada 29 a 30 días. La gente en la Tierra ve distintas partes de la Luna a medida que esta orbita la Tierra. Los distintos patrones se llaman fases lunares. La fase inicial es la fase de luna nueva. En esta fase, la Luna está entre la Tierra y el Sol. No puedes ver la Luna en el cielo. Después de unos pocos días, una pequeña porción plateada de la Luna aparece. Cada noche la Luna se ve más grande. En una semana, la Luna se ve como un semicírculo. Una semana después una luna llena ilumina el cielo. El diagrama de la derecha muestra las distintas fases lunares.

Último cuarto
Cuarto menguante
Gibosa menguante
RAYOS DEL SOL
Luna nueva
Luna llena
Cuarto creciente
Gibosa creciente
Primer cuarto

La Luna no tiene una fuente de luz. Cuando la vemos en el cielo nocturno el Sol está brillando sobre ella. La luz del Sol se refleja en la superficie de la Luna.

También existen numerosas constelaciones. Una constelación es un grupo de estrellas que forman un patrón o imagen. Por ejemplo, Orión el Cazador. Los antiguos griegos pensaban que esta constelación se veía como un cazador con una espada en su cinturón.

En una fiesta de estrellas puedes pedir un deseo bajo una estrella fugaz o un meteoro. Los meteoros no son realmente estrellas. Son pedazos de rocas. Aparecen en el cielo como hermosas líneas de luz. Cuando hay muchas estrellas fugaces en el cielo, se les llama una lluvia de meteoritos.

Sin importar la época del año en que vayas a una fiesta de estrellas, no te decepcionará. Siempre hay algo fascinante que ver en el cielo nocturno.

Actividad del reloj lunar

1. Dibuja la cara de un reloj con los números del 1 al 12
2. Al lado de los números 12, 3, 6 y 9 dibuja círculos para representar la Luna
3. Marca el número 12 como luna nueva, el número 3 como el primer cuarto, el número 6 como luna llena y el número 9 como el último cuarto.
4. Sombrea los círculos para cada fase lunar.
5. Observa y registra las fechas para cada fase en el reloj.

Haz conexiones

¿Qué tecnología usan las personas para observar objetos en el cielo nocturno? **PREGUNTA ESENCIAL**

¿Iría Marina a una fiesta de estrellas? ¿Por qué?
EL TEXTO Y OTROS TEXTOS

Fragmentos de "Proverbios y cantares"

I

Nunca perseguí la gloria
ni dejar en la memoria
de los hombres mi canción;
yo amo los mundos sutiles,
ingrávidos y gentiles
como pompas de jabón.
Me gusta verlos pintarse
de sol y grana, volar
bajo el cielo azul, temblar
súbitamente y quebrarse.

Pregunta esencial

¿Cómo los poetas miran al éxito de diferentes formas?

Lee acerca de cómo describen dos poetas sus logros y metas.

¡Conéctate!

Adria Fruitos

XXIX

Caminante, son tus huellas
el camino, y nada más;
caminante, no hay camino:
se hace camino al andar.
Al andar se hace camino,
y al volver la vista atrás
se ve la senda que nunca
se ha de volver a pisar.
Caminante, no hay camino,
sino estelas en la mar.

Antonio Machado

La clave del éxito

El éxito no es meter
el gol que gane el partido,
sino haberse divertido
después de tanto correr.
El éxito es entender
que no siempre hay que ganar.
El éxito es encontrar
la alegría del momento,
disfrutar el sol y el viento
¡y divertirse al jugar!

Alexis Romay

Adria Fruitos

Respuesta al texto

Resumir

Usa detalles importantes de los fragmentos de "Proverbios y cantares" del poeta Antonio Machado para resumir lo que sucede en el poema. La información del organizador gráfico de tema puede servirte de ayuda.

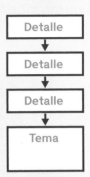

Escribir

Piensa en los mensajes del primer fragmento y de "Clave del éxito", y en las estrategias usadas para comunicarlos. ¿Cómo pueden contrastarse las imágenes alusivas al éxito de estos poemas?

> En el fragmento I se sigue la **estrategia de**…
> Alexis Romay emplea…
> Así, las imágenes se contrastan en que…

Hacer conexiones

¿Qué significa el éxito para cada uno de estos poetas?
PREGUNTA ESENCIAL

En los dos poemas los poetas enfocan la idea del éxito de diferentes maneras. ¿Qué otros logros, grandes o pequeños, pueden usar los poetas como ejemplos del éxito? EL TEXTO Y EL MUNDO

Género • Poesía

Compara los textos

Lee y compara cómo dos poetas describen momentos felices o de triunfo.

plan de trabajo

El lunes,
cortarles las uñas
a los duendes;

el martes,
llevar al dinosaurio
a su lección de música;

el miércoles,
escribir tres cuentos alegres
y uno muy triste;

jueves y viernes,
dejar en todas las playas,
los ríos
y las lagunas del mundo,
botellas con mensajes que digan:
"te quiero",
"regálame una sorpresa",
"¡vivan las lagartijas!";

el sábado,
ir de paseo
en alfombra mágica
con los muchachos del barrio;

y el domingo
echar alpiste,
mucho alpiste
a los sueños.

Antonio Orlando Rodríguez

Canción del niño y la mar

El niño se fue a la mar,
se fue a la mar a jugar,
el niño corre a una ola,
la ola lo va a mojar.

Corre el niño por la orilla
y la ola... corre más,
niño y ola, ola y niño
por la orilla de la mar.

La ola se hace espuma,
festón de fino cristal
y alcanza al niño que corre
dándole un beso de sal.

Ríe el niño... corre... vuela,
¡otra ola va a llegar!
Niño y ola... ola y niño
por la orilla de la mar.

Graciela Genta

 Haz conexiones

¿Qué momento triunfal o de jolgorio se describe en cada poema? PREGUNTA ESENCIAL

¿Cómo cada poeta creó una atmósfera propicia para culminar con un momento feliz o de triunfo? EL TEXTO Y OTROS TEXTOS

¿Por qué la LUNA cambia de forma?

Melissa Stewart

Pregunta esencial

¿Cómo explicas lo que ves en el cielo?

Lee acerca de las diferentes fases de la Luna.

¡Conéctate!

La misteriosa Luna

Desde que los seres humanos han vivido en la Tierra se han preguntado por las luces brillantes que llenan el cielo durante la noche. ¿Qué las causa? ¿A qué distancia se encuentran? ¿Por qué cambian de una noche a otra?

Durante miles de años, la Luna ha sido el objeto más misterioso de la noche. Es el más grande y más brillante del cielo nocturno, sin embargo, lo que más asombraba a la gente de la antigüedad era cómo la forma de la Luna cambiaba constantemente. En algunas ocasiones se ve como un círculo brillante completo y en otras, solo aparece una fina **franja.**

No pasó mucho tiempo para que los pueblos antiguos se dieran cuenta de que los cambios de la Luna, o sus **fases,** seguían un patrón regular. Estas fases se repiten cada veintinueve o treinta días. Si observas la Luna todas las noches cerca de un mes, verás todas sus fases.

Al comienzo de cada ciclo, las personas de la Tierra no pueden verla. Después de unos cuantos días, aparece una fina franja de luz en el cielo nocturno. Cada noche, se ve un poco más grande; después de una semana, parece la mitad de un círculo y, casi una semana después, brilla en la noche un disco completamente redondo.

Pero entonces la Luna empieza a encogerse. Cada noche se pone un poco más pequeña y después de una semana, parece la mitad de un círculo. Una semana después de eso, desaparece por completo. Pero unos pocos días después, una fina franja de luz regresa.

Este dibujo de hace seiscientos años muestra a dos astrónomos europeos estudiando la Luna y registrando sus observaciones en un cuaderno.

AHORA COMPRUEBA

Hacer y responder preguntas ¿Por qué la gente en la antigüedad se asombraba con la Luna? Lee de nuevo el texto para encontrar la respuesta.

Esta serie de fotos muestra cómo se ve la Luna cada noche de su ciclo. Puedes ver una media luna iluminada el día 7, una luna llena el día 14 y la otra media luna iluminada el día 21.

0   1   2   3   4

5   6   7   8   9

10   11   12   13   14

15   16   17   18   19

20   21   22   23   24

25   26   27   28   29

Nuestro lugar en el espacio

La Tierra es uno de los ocho planetas de nuestro sistema solar. Los otros planetas son: Mercurio, Venus, Marte, Júpiter, Saturno, Urano y Neptuno.

Todos los planetas orbitan o se mueven alrededor de una estrella llamada Sol. Un año es la cantidad de tiempo que tarda un planeta en dar una vuelta alrededor del Sol. La Tierra completa el viaje en aproximadamente 365 días; es decir, un año de la Tierra dura 365 días. Esta es la cantidad de tiempo entre tu último cumpleaños y el próximo.

Mercurio es el planeta más cercano al Sol y completa una órbita en apenas ochenta y ocho días, por tanto, un año en Mercurio es mucho más corto que uno en la Tierra. Neptuno es el planeta más lejano del Sol y se demora 165 años terrestres en dar una vuelta a su alrededor. ¡Eso es mucho tiempo para esperar tu siguiente cumpleaños!

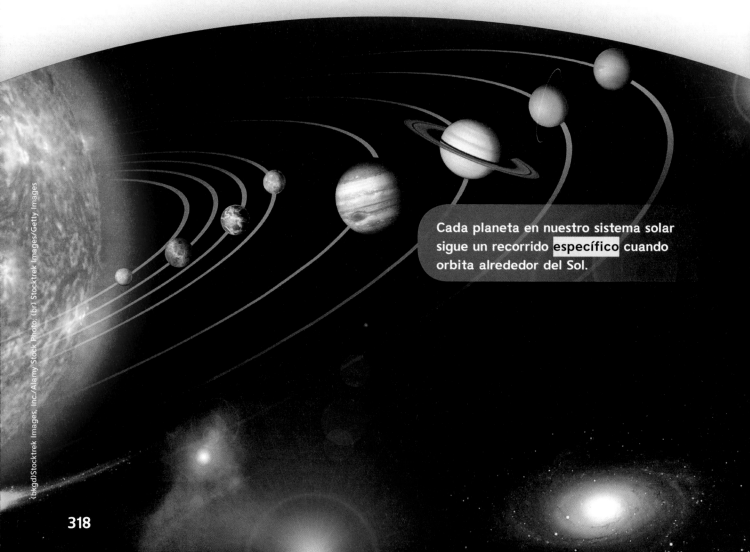

Cada planeta en nuestro sistema solar sigue un recorrido **específico** cuando orbita alrededor del Sol.

Los asteroides son objetos rocosos pequeños que orbitan alrededor del Sol.

Los planetas no son los únicos objetos que orbitan alrededor del Sol. Miles de trozos rocosos más pequeños, llamados asteroides y planetas enanos, también lo hacen. La mayoría de los asteroides siguen recorridos localizados entre Marte y Júpiter. Los planetas enanos, como Plutón, son más grandes que los asteroides y sus órbitas se encuentran más allá de Neptuno. Los cometas, que son pequeños objetos glaciales que orbitan alrededor del Sol, hacen recorridos largos y delgados siguiendo la forma de un pepino.

Los planetas, asteroides, planetas enanos y cometas no vuelan sin rumbo por el espacio debido a que la gravedad del Sol siempre jala estos objetos más pequeños. Su movimiento hacia adelante está en perfecto equilibrio con la fuerza que ejerce la gravedad del Sol.

La Luna en movimiento

El Sol no es el único objeto de nuestro sistema solar con fuerza gravitacional suficiente para atraer cuerpos más pequeños. Seis planetas: Tierra, Marte, Júpiter, Saturno, Urano y Neptuno, tienen objetos más pequeños orbitando a su alrededor. De igual forma sucede con unos pocos asteroides y planetas enanos. Estos objetos más pequeños son lunas.

Los científicos han identificado por lo menos sesenta lunas que giran alrededor de Júpiter. Probablemente Saturno tiene aun más, pero Marte tiene apenas dos lunas y la Tierra tiene solo una.

En esta imagen de la Tierra y la Luna puedes ver parte del lado lejano de la Luna, la mitad que nunca da hacia la Tierra.

La Luna de la Tierra está más cerca de esta que cualquier otro objeto en el espacio. Sin embargo, los astronautas del Apolo, viajando a velocidad de cohete, se demoraron casi cuatro días para llegar a la Luna a finales de la década de 1960 y principios de la de 1970. La Luna está aproximadamente a 238,860 millas (384,400 kilómetros) de la Tierra. Eso es casi cien veces más que la distancia entre Nueva York (Nueva York) y Los Ángeles (California).

La Luna tarda cerca de veintisiete días en completar una vuelta alrededor de la Tierra, lo que significa que gira alrededor de nuestro planeta unas doce veces por año.

A la vez que la Luna orbita la Tierra, también **rota**, o da vueltas como un trompo. Pero la Tierra también rota. Nuestro planeta tarda veinticuatro horas, o un día, para completar una rotación. La Luna gira mucho más despacio, pues rota solo una vez durante su órbita de veintisiete días.

A medida que la Tierra gira, el Sol ilumina diferentes partes del planeta. En los lugares donde el Sol da, es de día, por eso los días son brillantes y soleados. En cambio, es de noche en la parte donde la Tierra no recibe la luz del Sol y por esto, la noche es oscura.

La Luna tarda el mismo tiempo en rotar sobre sí misma que en girar alrededor de la Tierra, por eso desde la Tierra siempre se ve el mismo lado de la Luna. Los científicos llaman al lado que vemos el lado cercano. Cuando el Sol lo ilumina, vemos un círculo completo y brillante, pero cuando el Sol ilumina el lado lejano, no podemos ver la Luna.

Un total de seis naves espaciales Apolo llevaron personas a la Luna. Los astronautas regresaron con fotos, muestras de rocas y asombrosas historias acerca de lo que vieron cuando salieron a explorar en los vehículos lunares.

Esta imagen de rayos X del Sol muestra algunos de los fuertes gases que emite al espacio.

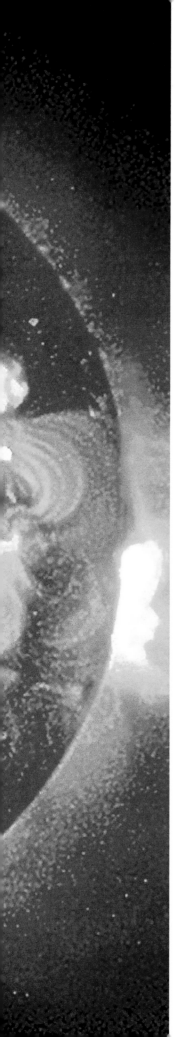

Hágase la luz

El Sol es una estrella, una bola gigante de gases en ebullición. La temperatura en su centro es de 27 millones de grados Fahrenheit (15 millones de grados Celsius) y los gases dentro de él están tan calientes que resplandece. El Sol no es la estrella más grande del universo, pero nos parece la más brillante en el cielo debido a que es la más cercana.

Durante algunos períodos del año, podemos ver Venus, Marte, Júpiter y Saturno como puntos quietos de luz brillantes alumbrando el cielo nocturno. Pero estos planetas no producen su propia luz. La luz que vemos cuando los observamos proviene del Sol. Cuando los rayos solares golpean un planeta, parte de la luz rebota en su superficie y viaja de vuelta al espacio. En el momento en que esa luz reflejada alcanza nuestros ojos, nos parece que el planeta resplandece. La Luna también refleja la luz del Sol.

Sabemos por los astronautas y los vehículos espaciales que visitan la Luna que está hecha de roca sólida y no hay ninguna fuente de luz allí. Solo podemos verla cuando el Sol brilla sobre ella y la luz reflejada en su superficie alcanza nuestros ojos. La Luna es mucho más pequeña que Venus, Marte, Júpiter y Saturno, pero nos parece más grande y brillante porque está mucho más cerca de la Tierra que esos planetas.

AHORA COMPRUEBA

Hacer y responder preguntas ¿Por qué podemos ver los planetas y las lunas si ellos no producen su propia luz? Lee de nuevo el texto para encontrar la respuesta.

La luz de la Luna proviene del Sol. La vemos distinta en diferentes días porque tanto la Luna como la Tierra están siempre en movimiento.

(bkgd) Antonio M. Rosario/Iconica/Getty Images

En la primera fase de la Luna, llamada luna nueva, la gigantesca bola de roca no se ve desde la Tierra. Esto se debe a que la Luna está entre el Sol y la Tierra. El Sol ilumina el lado lejano de la Luna pero no el cercano.

A medida que la Luna orbita nuestro planeta, el lado cercano está más y más iluminado por los rayos solares. Después de algunos días, se ve una franja en forma de C llamada cuarto **creciente**. Algunas personas creen que esta fase lunar tiene la forma de un cruasán.

Casi una semana después de ver la luna nueva, el Sol ilumina prácticamente la mitad del lado cercano de la Luna. Esta fase se conoce como cuarto creciente debido a que la Luna está en un cuarto, o 25 por ciento, del camino de su ciclo completo.

Unos días más tarde, la Luna habrá viajado lo suficientemente lejos en su órbita como para verse con jorobas en ambos lados. Esta fase se conoce como luna gibosa porque *giboso* en latín significa *jorobado*.

Más o menos dos semanas después de haber visto la luna nueva, el Sol brilla directamente sobre el lado cercano de la Luna y se ve la luna llena completa.

A medida que la Luna continúa su órbita alrededor de la Tierra, comienza a desaparecer. Después de unos días, verás otra luna gibosa en el cielo.

Tres semanas después de haber visto la luna nueva, el Sol ilumina solo la mitad del lado cercano. Esta fase se conoce como cuarto menguante porque la Luna está solo a un cuarto, o 25 por ciento, de completar su ciclo.

Pocos días después, desaparecerá el cuarto menguante, con excepción de una fina franja. La mayor parte de los rayos solares caen en ese momento sobre el lado lejano de la Luna.

En unos cuantos días más, la Luna desaparecerá por completo, cuando haya retornado a la posición original en su órbita. El lado lejano estará completamente iluminado por el Sol, pero el lado cercano estará en total oscuridad.

La Luna ha cumplido su ciclo a través de estas fases por años, y seguirá haciéndolo mientras existan nuestro planeta y su Luna misteriosa.

Esta sensacional luna llena apareció sobre las formaciones rocosas gigantes llamadas cuellos volcánicos en Monument Valley, localizado en Utah y Arizona.

Este cuarto menguante apareció casi tres semanas después de la luna nueva.

La autora que nos lleva a la Luna

Melissa Stewart cree en el poder de la naturaleza. Piensa que cada parte de ella tiene algo que contar, y ¡Melissa está escuchando!

Se enamoró de la naturaleza cuando de niña caminaba por los bosques con su padre. Hoy en día, escribe libros de ciencia acerca de lo que ama. Melissa disfruta escribiendo libros para niños porque ellos son muy curiosos. Algunos de sus mejores libros se han originado a partir de sus propias inquietudes.

Cuando Melissa no escribe, le gusta estar al aire libre. Además, da charlas de ciencias en escuelas y enseña escritura. Ella tiene un consejo para los niños de todo el mundo: "¡Salgan y exploren!".

Propósito de la autora

La autora incluyó fotografías con pies de foto en *¿Por qué la Luna cambia de forma? ¿Por qué?*

Respuesta al texto

Resumir

Usa detalles importantes de *¿Por qué la Luna cambia de forma?*, para resumir lo que aprendiste acerca de las fases de la Luna. La información del organizador gráfico de causa y efecto puede servirte de ayuda.

Causa → Efecto	
	→
	→
	→
	→

Escribir

Piensa en las características del texto y en la estrategia causa y efecto que emplea Melissa Stewart. ¿Cómo te permiten estas características y esta estrategia entender la forma como cambia la Luna?

> Melissa Stewart incluye características en el texto para...
> También emplea la estrategia causa y efecto para...
> Esto me permite entender la forma como cambia la Luna porque...

Hacer conexiones

¿Por qué tiene la Luna diferentes fases?
PREGUNTA ESENCIAL

¿Por qué la gente en todo el mundo se ha fascinado con lo que ve en el cielo? Explica tu respuesta. EL TEXTO Y EL MUNDO

Género • Mito

Compara los textos

Lee dos mitos que intentan explicar lo que ven las personas en el cielo.

CÓMO SURGIERON

Los dos siguientes mitos se originaron hace miles de años; en un tiempo en que la gente aún no disfrutaba de todos los beneficios de la ciencia moderna. No existían los astrónomos con telescopios para responder sus preguntas acerca del universo. En su lugar, la gente contaba relatos para explicar lo que veían en el cielo.

POR QUÉ EL SOL VIAJA A TRAVÉS DEL CIELO

Una recreación de un mito griego

Helios, el dios titán del sol, da luz a la tierra y habita en un palacio dorado al este del río Okeanos. Todas las mañanas, Helios cruza el cielo mientras sigue a su hermana Eos, la diosa del amanecer. Él conduce un carruaje brillante, arrastrado por cuatro nobles corceles, hacia arriba a través de las nubes. El carruaje sigue subiendo mientras que rayos de luz brillante brotan de la corona de Helios. Lentamente, los corceles trepan con un solo propósito. Horas más tarde, finalmente alcanzan el punto más alto del cielo.

Gerardo Suzan

330

Después de descansar brevemente, Helios comienza su largo y difícil viaje hacia abajo; hacia su palacio occidental. El sendero es empinado y peligroso. Tiene que dominar a sus corceles para que no caigan precipitadamente a tierra. Si su carruaje llega a bajar demasiado, puede quemar el suelo y a toda su gente.

Después de muchas horas, llega seguro a las puertas de su palacio occidental. Cuando la oscuridad pasa sobre la Tierra, comienza su viaje de regreso al este. En lugar de viajar cruzando el cielo, él y sus corceles navegan en el bote dorado de los dioses por el río Okeanos. Helios regresa a su palacio oriental para repetir su viaje por el cielo.

Helios continuará haciendo este viaje mientras haya días y noches. Su luz resplandeciente nos calienta todos los días mientras el sol atraviesa el cielo incansablemente.

POR QUÉ EXISTEN LOS TRUENOS Y LOS RELÁMPAGOS

Una recreación de un mito nórdico

Thor, el poderoso dios nórdico del trueno y el relámpago, es tan grande como poderoso. Con su larga cabellera, barba densa y suelta, y mal genio, con frecuencia intimida a los otros dioses. A pesar de su apariencia feroz es bastante popular; lo admiran por su habilidad para proteger del mal tanto a los dioses como a los humanos. Es el más fuerte de todos los dioses nórdicos.

Thor vive con otros dioses guerreros en Asgard, uno de los nueve mundos ubicados en el nivel más alto del universo nórdico. Odín, el padre de Thor, gobierna Asgard. Es un gran guerrero que con frecuencia se asocia con la búsqueda de la sabiduría. Sin embargo, su popularidad no se acerca a la de su hijo.

Tres tesoros ayudan a Thor a salir victorioso una y otra vez. Uno es un cinturón que aumenta su fuerza, otro es un par de guantes de hierro y el tercer tesoro es el más grande, un poderoso martillo de guerra. Este martillo le ayuda a proteger Asgard de sus enemigos. Cuando Thor lanza su martillo, este regresa mágicamente a él como un bumerán.

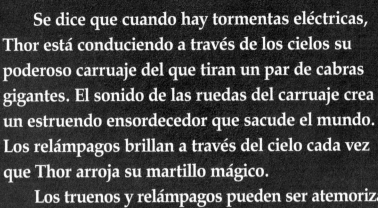

Se dice que cuando hay tormentas eléctricas, Thor está conduciendo a través de los cielos su poderoso carruaje del que tiran un par de cabras gigantes. El sonido de las ruedas del carruaje crea un estruendo ensordecedor que sacude el mundo. Los relámpagos brillan a través del cielo cada vez que Thor arroja su martillo mágico.

Los truenos y relámpagos pueden ser atemorizantes y extrañamente tranquilizadores a la vez. Nos recuerdan que Thor es un guerrero feroz y todopoderoso, pero siempre dispuesto a protegernos de cualquier daño.

¿? Haz conexiones

¿Cómo los mitos de Helios y Thor ayudan a explicar lo que la gente ve en el cielo? Compara y contrasta los mitos. PREGUNTA ESENCIAL

Contrasta cómo la gente de antes entendía su mundo y cómo la gente de la actualidad entiende el suyo. Explica con ejemplos de las selecciones. EL TEXTO Y OTROS TEXTOS

Gerardo Suzan

333

LARUE

Cartas de la Campaña

PARA ALCALDE

Mark Teague

Pregunta esencial

¿Por qué se postulan las personas para cargos públicos?

Lee por qué LaRue piensa que debería postularse para alcalde.

¡Conéctate!

334

La Gaceta de Nueva Bufonia

30 de septiembre

Moscoso anuncia su candidatura a la alcaldía

El ex director de la policía metropolitana, Hugo Moscoso, anunció ayer su candidatura a la alcaldía de Nueva Bufonia durante un acto que tuvo lugar en el parque Gruber. Moscoso, a quien se considera favorito para ocupar el puesto, se presentó a sí mismo como el candidato de "la ley y el orden". "¡La situación en Nueva Bufonia es una desgracia! —dijo, provocando un tímido aplauso—. Necesitamos parecernos más a Bahía Lechuga. Debemos decir "no más" a las tonterías, "no más" a las chapucerías y "no más" a la ridiculez". Su discurso fue interrumpido por varios perros que tumbaron un carrito de perros calientes. Gertrudis LaRue, de la Segunda Avenida, sufrió varias heridas como consecuencia del alboroto. Los perros no pudieron ser identificados.

Alboroto canino

Querida Sra. LaRue:

¡No sabe cómo me dolió oír que se había lastimado! ¿Quién hubiera imaginado que esos carritos de perros calientes fueran tan inestables? Yo mismo intentaba divisar bien a Moscoso cuando todo se vino abajo. Vaya uno a saber qué estaban haciendo esos otros perros... Debo confesar que dieron la impresión de estar del lado de la delincuencia. En cualquier caso, no me repongo de la noticia de que usted permanecerá tanto tiempo en el hospital.

Sin duda, estará preocupada por mi bienestar. ¡Yo también lo estoy! Pero la Sra. Hibbins ha dicho que me alimentará y yo intentaré resistir.

Reciba un saludo afectuoso,

Ike

Pronta Recuperación

2 de octubre

Querida Sra. LaRue:

Supe que había preguntado por mí. Muchas gracias. Y sí, será una época difícil, abandonado aquí mientras que usted se recupera en su cómoda cama de hospital. Pero no se preocupe. Me he hecho amigo de los perros que conocí el otro día en el parque. Hemos decidido crear un club social dedicado a servir a la comunidad. Espero que el tiempo que pase con Fifí, Buck y Chui me ayude a sobrellevar la pena que me causa su ausencia. ¡También hay que pensar en todas las buenas acciones que haremos!

Virtuosamente suyo,
Ike

AHORA COMPRUEBA

Hacer predicciones Ike afirma que su club social servirá a la comunidad. ¿Predices que el club realmente hará buenas acciones?

La Gaceta de Nueva Bufonia

6 de octubre

¡Jauría de perros salvajes!

El juego es interrumpido

Una jauría de perros volvió a tomar ayer las calles de Nueva Bufonia. Uno de ellos interrumpió una jugada de doble-play durante el juego de los Conejos de Nueva Bufonia en el estadio Morley, atrapó la pelota y salió corriendo. Este fue el último episodio de una serie de incidentes que comenzó el martes, cuando un grupo de estas criaturas revoltosas saboteó la primera Jornada de Pesca en el Lago Verde. Según nuestras fuentes, los perros se colaron y se comieron todo el pescado. Al día siguiente, una jauría de perros se metió en uno de los camiones del Sr. Tin Ton Tan, llevándose dos galones de helado de choconuez. Ninguno de los perros ha sido apresado, aunque el vendedor de helados Eugenio Feliú ha descrito al líder como un "sujeto blanco y negro y algo despeinado".

Querida Sra. LaRue:

7 de octubre

Le ruego que no se preocupe por mí. No voy a morirme de hambre ni de soledad, espero.

Sí, claro que leí los artículos de prensa acerca de los "problemas caninos". Me parecieron francamente ridículos. ¿Desde cuándo se consideran la alegría y la jovialidad problemas? ¿Qué daño se ha hecho? Es posible, sin embargo, que estas crónicas alarmistas lleven a ciertos individuos de poco intelecto a creer que los perros somos una amenaza.

Espero que se sienta mejor.
Ike

AHORA COMPRUEBA

Confirmar predicciones ¿En qué se diferencian las cartas que Ike envía a la señora LaRue de los informes de prensa? Confirma tu predicción sobre si el club social de Ike iba a hacer buenas acciones para la comunidad.

340

La Gaceta de Nueva Bufonia

8 de octubre

Moscoso pide mano dura con los perros

El candidato a la alcaldía Hugo Moscoso calificó a los perros de ser una "amenaza para la comunidad" y anunció un plan para controlar a las bestias. "No podemos seguir **tolerando** este tipo de comportamiento", dijo, aludiendo a los incidentes recientes. El señor Moscoso propone no solo una ley de correas y un toque de queda, sino una veda absoluta a la presencia de animales en lugares públicos. "A esta ciudad se la están llevando los perros —dijo Moscoso— y yo **pretendo** detenerlos".

En otras noticias, se ha sabido que un perro se introdujo en la carnicería Branmeier de la Segunda Avenida y se llevó medio kilo de salchichas.

341

Querida Sra. LaRue:

Me urge decir que los desvaríos del señor Moscoso me abruman. ¡Supongamos que llegara a ganar la elección al cargo más importante de la ciudad! La idea es escalofriante. ¡Debo encontrar la manera de impedir que ocurra esta catástrofe!

Su perro preocupado,
Ike

La Gaceta de Nueva Bufonia

Cartas al editor:

Como antiguo residente, debo denunciar la ola de histeria antiperruna que azota nuestra ciudad. ¿Acaso olvidamos tan fácilmente la lealtad incondicional del Mejor Amigo del Hombre? ¿Quién **acompaña** a nuestros bomberos y policías durante sus peligrosas rondas? ¿Quién rescata al pobre viajero **cansado** que se ha perdido en las alturas? ¿Quién sirve al ciego (y al sordo también, seguramente)? ¡Los perros, señoras y señores!

Firmado,

Un ciudadano consternado

343

11 de octubre

Querida Sra. LaRue:

¡No sabe cuánto envidio la tranquilidad de su cama de hospital! Aquí en la jungla de cemento las cosas se han puesto muy peligrosas, ¡al menos para los perros! El temible Moscoso continúa con sus monsergas difamatorias. Ayer llamó a los perros una "turba de rufianes". Hay que detenerlo. Por ello, he decidido "meterme en el tinglado". Esta tarde anunciaré mi candidatura y no me cabe la menor duda de que tendré una acogida abrumadora.

Su próximo alcalde,
Ike

345

12 de octubre

Querida Sra. LaRue:

¡El primer día de mi campaña fue un gran éxito! Mis compadres del club social se ofrecieron a ayudarme y en todas partes cientos de personas vitorearon mi mensaje de solidaridad para con los perros. Todos haremos lo posible por mantener la civilidad, por supuesto, aunque no puedo hablar por mi contrincante, quien además de irresponsable e inescrupuloso, raya en la demencia.

Honestamente suyo,
Ike

Querida Sra. LaRue: 13 de octubre

En mis presentaciones he señalado que si a los perros se les prohíbe merodear por lugares como el parque Gruber, los gatos harán su agosto. ¡Vaya perspectiva! La campaña está que arde y me parece que tenemos a Moscoso contra la pared.

Políticamente suyo,
Ike

P. D.: Ojalá no le moleste que haya establecido la sede de la campaña en el apartamento.

La Gaceta de Nueva Bufonia

14 de octubre

¡Un candidato misterioso reta a Moscoso!

Un candidato misterioso ha salido a la luz y disputará las elecciones a la alcaldía con Hugo Moscoso. Los seguidores de Ike LaRue dicen que es "amigo de los perros". Sus **opositores** señalan que es eso mismo, un perro. Sea como fuere, el peludo LaRue ha comenzado una fiera campaña contra Moscoso, quien ha prometido deshacerse de los perros de Nueva Bufonia. Y el mensaje de LaRue ha comenzado a calar. "No estábamos preparados para esto —dice Walt Smiley, el jefe de campaña de Moscoso, aludiendo a los perros—. Parece que mucha gente quiere a estos diablillos".

"No me preocupa —añade Moscoso—. Mañana tendremos nuestra gran marcha en el parque Gruber y pondremos a estos admiradores de perros en su lugar".

15 de octubre

Querida Sra. LaRue:

Mis seguidores y yo hemos decidido enfrentar a Moscoso en la marcha de hoy. Saldremos en grandes números y aunque nos comportaremos de manera digna, estoy seguro de que la jornada será muy interesante.

Espero que se sienta mejor,
Ike
P. D.: Nada me alejará de esta causa tan importante.

349

¡LaRue rescata a Moscoso!

Perro héroe

Hugo Moscoso fue llevado ayer al Hospital General después de desmayarse durante la gran marcha que tuvo lugar en el parque Gruber. Parece ser que se mareó mientras intentaba gritarles a unos manifestantes. Su contrincante, Ike LaRue, fue uno de los que acudió a ayudarlo. "Cuando el candidato se desmayó, lo pusimos en el primer vehículo que encontramos, el camión del Sr. Tin Ton Tan —dijo el director de campaña, Walt Smiley—. Por alguna razón, el perro ya estaba dentro del camión e hizo lo que pudo para ayudar".

"LaRue me salvó —dijo Moscoso—. De camino al hospital, no hizo más que darme cucharadas de helado de choconuez. Cuando llegamos, ya me sentía mucho mejor". El rescate le ha dado un giro inusual a la campaña. "Ahora tengo una opinión muy diferente de los perros —añadió Moscoso—. Es más, sería un honor que Ike aceptara ser mi asistente, y así los intereses de los perros tendrían representación en mi administración". LaRue se fue dentro del camión del Sr. Tin Ton Tan y fue imposible consultar su opinión.

AHORA COMPRUEBA

Resumir ¿Cómo rescata Ike a Hugo Moscoso?

Querida Sra. LaRue: 16 de octubre

Al final, descubrí que Hugo Moscoso no es tan mala persona. Es más, ¡es muy buena gente! De cualquier manera, la política no es lo mío. Prefiero hacer amigos que discutir constantemente. Y como lo único que pretendo es hacer de esta ciudad una gran ciudad PARA TODOS, he decidido dar por terminada mi candidatura y aceptar la propuesta que me hizo Moscoso de servir como asistente del alcalde.

Me alegra mucho saber que usted se encuentra bien y que podrá asistir a nuestra ceremonia inaugural.

Su perro fiel,
Ike

La Gaceta de Nueva Bufonia

3 de noviembre

¡Moscoso asume el cargo!
LaRue se une al alcalde

El nuevo alcalde, Hugo Moscoso, asumió su cargo ayer en el parque Gruber y prometió que la suya sería la administración más amiga de los perros que haya habido. A su lado estaba el asistente del alcalde, Ike LaRue, cuya colaboración, según muchos, fue crucial para la victoria. "Este es un gran día para todos los habitantes de Nueva Bufonia", alcanzó a decir Moscoso antes de que fuera interrumpido por varios perros que tumbaron un carrito de perros calientes que se encontraba en una esquina del parque. Moscoso dijo que investigaría el asunto.

—Es verdaderamente preocupante —dijo—. ¿Quién se iba a imaginar que esos carritos eran tan inestables?

VIDA DE PERRO

353

Mark Teague para alcalde

Mark Teague es autor e ilustrador de muchos libros infantiles. Por lo general, escribe cuentos sobre actividades que algunos niños tratan de evitar, como cortarse el pelo, hacer las tareas y arreglar el cuarto. Mark le pone su singular sentido del humor a los cuentos. Muchas de las ideas de sus libros provienen de cosas que hizo cuando era niño. El personaje de Ike LaRue fue inspirado por los dos perros que él y su hermano tenían. Mark utiliza esta inspiración de la infancia para crear nuevas historias en Nueva York. A su hija le encanta observarlo pintar las ilustraciones para sus libros.

Propósito del autor

¿Por qué utiliza Mark Teague ilustraciones a color y en blanco y negro en *LaRue para alcalde*?

(t) Scholastic Inc.

354

Respuesta al texto

Resumir

Resume *LaRue para alcalde*. Incluye los detalles más importantes del cuento. La información del organizador gráfico de punto de vista puede servirte de ayuda.

Detalles

↓

Punto de vista

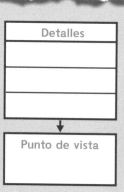

Escribir

¿Cómo emplea el autor las cartas y los artículos de periódico para desarrollar los personajes de Ike y Moscoso? Utiliza estos marcos de oración para organizar tu respuesta.

El autor emplea las cartas para...
También emplea artículos de periódico para...
Así, el autor desarrolla estos personajes mediante...

Hacer conexiones

¿Por qué se postula Ike para alcalde? PREGUNTA ESENCIAL

Aunque Ike y Moscoso tienen diferentes cualidades, a los habitantes de Nueva Bufonia les gusta por igual como candidatos. ¿Qué cualidades son las más importantes para alguien que se postula para un cargo público? EL TEXTO Y EL MUNDO

Género • Texto expositivo

Compara los textos
Lee sobre los deberes y logros de
los funcionarios locales y estatales.

Un gobierno más local

Para comprender el gobierno estatal y local

¿En qué piensas cuando te imaginas el gobierno de Estados Unidos? ¿En la Casa Blanca o tal vez en el presidente? Estas imágenes son precisas, pero incompletas. También hay muchos gobernantes estadounidenses a nivel estatal y local, en los condados, ciudades y vecindarios donde vivimos.

Los gobiernos nacionales, estatales y locales comparten la misma estructura básica. Los poderes ejecutivo, legislativo y judicial conforman los tres poderes del gobierno. Cada uno tiene deberes y poderes específicos. Estos poderes difieren en los gobiernos nacionales y estatales.

Solo algunos poderes nacionales frente a poderes estatales

Los gobernantes nacionales pueden...

- Emitir moneda
- Declarar la guerra
- Hacer cumplir la Constitución de Estados Unidos

Los gobernantes estatales pueden...

- Emitir licencias
- Proveer servicios públicos de salud y seguridad
- Enmendar constituciones estatales

La rama ejecutiva

El presidente es la cabeza del poder ejecutivo nacional. A su vez, un **gobernador** encabeza cada poder ejecutivo estatal y toma decisiones sobre su estado. Cada estado tiene su propia estructura y un grupo de funcionarios bajo el mando del gobernador.

Alcalde Mick Cornett

A nivel local, el alcalde de una ciudad podría liderar el poder ejecutivo. Mick Cornett, de Oklahoma, es un ejemplo de un alcalde exitoso. A diario, alcaldes como él supervisan los departamentos de policía, las escuelas y el transporte. También trabajan con otros funcionarios para tratar de mejorar su ciudad. El alcalde Cornett lanzó una **campaña** contra la obesidad. Construyó aceras, caminos para bicicletas y vías peatonales. Y además un parque de 70 acres para promover el ejercicio y las caminatas. Gracias a sus esfuerzos, los habitantes de Oklahoma rebajaron más de 600,000 libras.

El poder legislativo

Las asambleas legislativas estatales también cuentan con poderosos líderes: los senadores y representantes. Estos miembros tratan de mejorar su estado al aprobar nuevas leyes. El senador Anthony C. Hill trabajó mucho por el estado de Florida. Ayudó a crear y a aprobar nuevas leyes. Como legislador, Hill ayudó a aprobar leyes esenciales de los derechos civiles; mejoró la participación de los votantes afroamericanos. Además, ayudó a incrementar el salario mínimo y a reducir el tamaño de las clases de las escuelas.

Los legisladores locales pueden lograr resultados similares en sus condados, ciudades y pueblos. Pueden aprobar leyes relacionadas con parques, transporte público y departamentos de policía, etc.

Senador Anthony C. Hill

El poder judicial

El poder judicial se asegura de que se comprendan todas estas leyes y de que los otros dos poderes se adhieran a la Constitución de Estados Unidos. A nivel estatal este poder incluye una Corte Suprema y tribunales inferiores.

¿**SABÍAS** que además de la Constitución de Estados Unidos, cada estado tiene su propia constitución y un conjunto de leyes que deben acatar? El objetivo de una constitución estatal es dar una idea general de la estructura del gobierno estatal.

¡Muchas constituciones estatales son más extensas que la nacional! Esto se debe a que los gobernantes desean asegurarse de que su estado esté protegido. Por ejemplo, la constitución de Florida incluye leyes que pretenden proteger la tierra y los animales de los Everglades, un área de humedales naturales al sur del estado.

Las primeras constituciones estatales se crearon hace cientos de años. En la actualidad, los gobernantes estatales enmiendan, o cambian, las constituciones estatales para atender las preocupaciones actuales de los ciudadanos. Recientemente, los líderes de Carolina del Sur hicieron enmiendas a su constitución estatal para incluir la cacería y la pesca como un derecho constitucional de los ciudadanos.

A nivel local, existen tribunales de los condados, las ciudades y los poblados. Se pueden escoger los jueces por funcionarios públicos o por voto popular. Los jueces estatales y locales representan un rango amplio de procedencias.

Un ejemplo es la jueza Eva Guzmán, de la Corte Suprema de Texas, quien fue la primera hispana en ser elegida para ocupar un cargo estatal en Texas. Los jueces de la Corte Suprema estatal deciden si los jueces de los tribunales inferiores toman las decisiones correctas con base en la constitución estatal. Además, la jueza Guzmán ha encabezado programas de educación jurídica en Texas.

Jueza Eva Guzmán

Controles y contrapesos

Los tres poderes del gobierno ayudan a crear gobiernos nacionales, estatales y locales equilibrados. Nuestros antepasados crearon este sistema para asegurarse de que un poder no fuera más poderoso que los demás. Los funcionarios públicos responden por las leyes que votamos y acatamos. La próxima vez que pienses en quién conforma nuestro gobierno, ¡ten en cuenta a tus gobernantes locales!

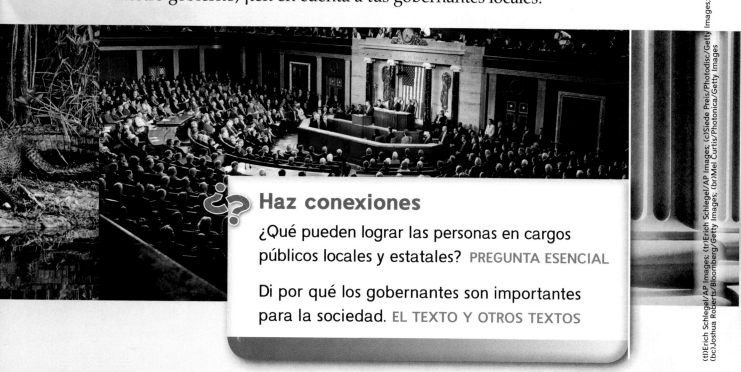

Haz conexiones

¿Qué pueden lograr las personas en cargos públicos locales y estatales? PREGUNTA ESENCIAL

Di por qué los gobernantes son importantes para la sociedad. EL TEXTO Y OTROS TEXTOS

Pregunta esencial

¿Qué puedes descubrir cuando miras algo de cerca?

Lee sobre las moléculas de agua y cómo cambian.

¡Conéctate!

UNA
GOTA

DE
AGUA

WALTER WICK

MOLÉCULAS EN MOVIMIENTO

Si se añade una gota de agua a un frasco de agua sin gas, y si no se revuelve esa agua, ¿adónde irá la nueva gota? ¿Se quedará cerca de la superficie o se hundirá hasta el fondo? Un sencillo experimento revela la respuesta.

Se agrega una gota de agua azul a un frasco de agua cristalina. La gota empieza a dividirse, algunas partes se hunden y se arremolinan en diferentes direcciones. Al final, la gota de color se divide en tantos fragmentos que se hace parte de todo el frasco de agua.

Las moléculas de un líquido se mueven todo el tiempo, empujándose y jalándose unas a otras, uniéndose a y separándose de las moléculas vecinas. Las moléculas de la gota azul se separan porque las otras moléculas de agua las empujan y las jalan por todo el frasco. La energía que mantiene a las moléculas en movimiento es el calor. Este puede venir del sol o de la habitación en la que se encuentra el frasco. Sin calor, el agua no permanecería líquida.

363

EL HIELO

Cuando el agua se enfría, pierde energía. Las moléculas se desaceleran y finalmente dejan de arremolinarse y empujarse. Cuando se congela, las moléculas se quedan bloqueadas y unidas hasta formar una estructura rígida. Una gota de agua azul ya no se mueve. El agua ha cambiado de estado líquido a sólido, ahora es hielo.

El hielo es un sólido, como el metal o la roca. Pero, a diferencia de estos, es sólido solo a temperaturas de 32 grados Fahrenheit (0 grados Celsius) o menos. A temperatura ambiente, el hielo se derrite y regresa a su estado líquido.

AHORA COMPRUEBA

Resumir Explica cómo se forma el hielo. Incluye detalles del texto.

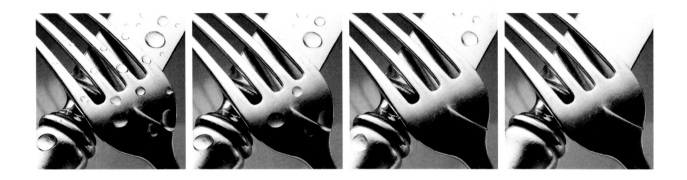

EL VAPOR DE AGUA

Por lo visto, el agua siempre desaparece de la ropa mojada sobre una cuerda, de los charcos en el suelo y de los platos sobre un escurridor de platos. Decimos que estos se han secado, pero ¿adónde se fue el agua?

Así como el agua puede ser un líquido o un sólido, también puede ser un gas. El agua de los platos mojados se *evapora*. Es decir, se convierte en un gas llamado *vapor de agua*. Molécula a molécula, el agua de las gotas en los platos mojados flota, se dispersa invisiblemente en el aire.

Hervir agua en una tetera acelera la evaporación. El calor de la estufa hace que el agua se convierta en vapor, que es un vapor de agua extremadamente caliente. Cuando este golpea el aire más frío, se forman pequeñas gotitas y vemos una nube saliendo del pico de la tetera. Casi de inmediato, las gotitas se evaporan y se vuelven de nuevo vapor invisible. Luego las moléculas de agua se mezclan con otras moléculas que constituyen el aire.

LA CONDENSACIÓN

El aire que nos rodea siempre contiene algo de vapor de agua. Las moléculas de agua se mueven con rapidez en el aire y golpean todo lo que esté en su camino; rebotan sobre las superficies más calientes, pero se pegan a las superficies frías. En estas fotografías, las moléculas de vapor de agua se adhieren a la parte más fría del vaso. Gradualmente, se forman gotitas en el vaso a medida que las moléculas se acumulan. El vapor de agua cambia de gas a líquido, es decir, se *condensa.*

AHORA COMPRUEBA

Resumir ¿Cómo se forma la condensación? Usa detalles del texto para resumir.

LA EVAPORACIÓN Y LA CONDENSACIÓN

En las fotografías de arriba, ¿por qué desaparecen las gotas de agua que están fuera del vaso mientras que las de adentro permanecen?

Fuera del vaso, el agua se evapora y se esparce por todo el cuarto en forma de vapor. Con el tiempo, las gotas desaparecen. Dentro del vaso, el agua también se evapora, pero el vapor queda atrapado. El aire dentro del vaso se vuelve *húmedo,* lo cual significa que el aire está lleno de vapor de agua y que este se condensa de nuevo en gotas de agua con la misma rapidez que las moléculas de agua se evaporan. Por lo tanto, las gotas permanecen.

Si quitas el vaso, el vapor se expandirá por todo el cuarto. La evaporación continúa pero la condensación es más lenta. Al final, las gotas que no están cubiertas desaparecerán.

CÓMO SE FORMAN LAS NUBES

Las nubes están hechas de gotas de agua diminutas, demasiado pequeñas como para verlas sin un microscopio. Si una gotita de nube se va a formar, primero se debe condensar el vapor de agua en una partícula de polvo. Con frecuencia estas partículas de polvo que el viento transporta son trocitos de polen, hollín, tierra o sal.

Este experimento muestra cómo se forman las gotitas de nube. La sal se pone en la tapa de un frasco sobre un plato con agua. Una cubierta de vidrio atrapa el vapor de agua. En minutos, el vapor se condensa sobre la sal y cubre cada grano con agua. Horas más tarde, la sal **se disuelve** en las gotas de agua.

Las nubes se forman cuando el agua se evapora de la superficie de la Tierra y se eleva hacia el aire más frío. Allí, el vapor se condensa en partículas aéreas frías. Cada vez más moléculas **se aferran** a las partículas hasta que se forman gotitas. Se necesita cerca de un millón de gotitas de nube para hacer una gota de lluvia. La lluvia no sabe a sal ni se ve **arenosa** porque, en general, las partículas que permiten la formación de las nubes son tan pequeñas que no son visibles en las gotas de lluvia.

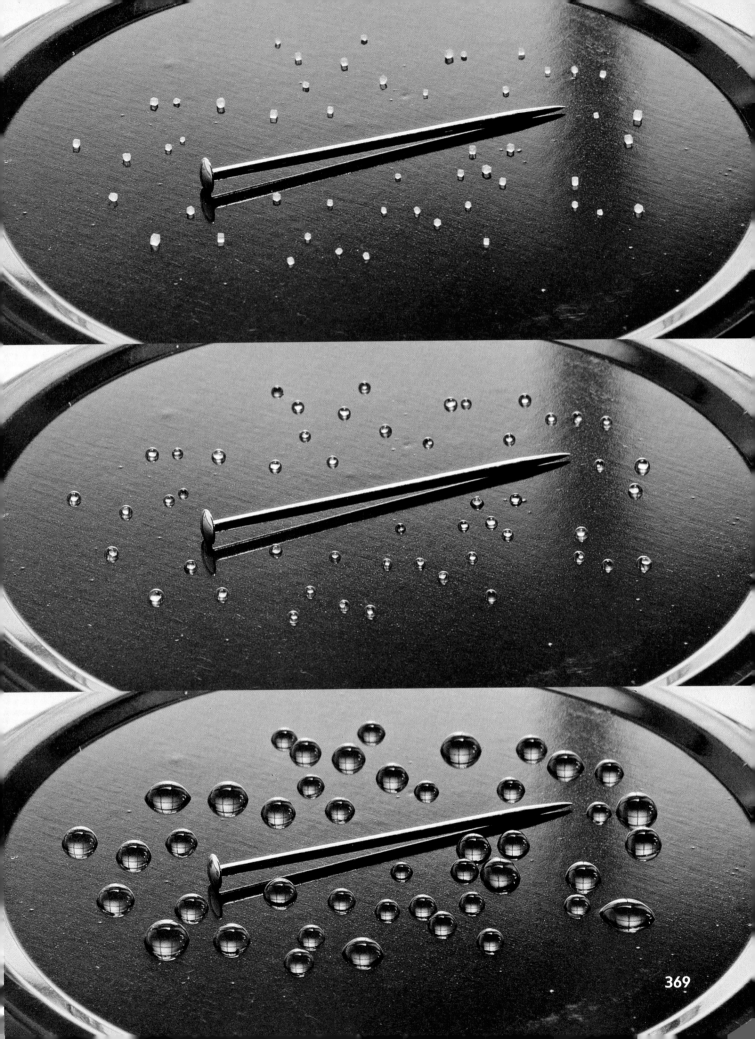

LOS COPOS DE NIEVE

Este copo de nieve se muestra 60 veces más grande que su tamaño real. Los ángulos entre los seis brazos principales se repiten una y otra vez en muchos de los **detalles** más pequeños de esta asombrosa estructura. ¿Cómo se forma en el cielo un objeto tan intrincado?

Las gotitas de nube se forman cuando el vapor de agua se condensa en partículas. Pero en el aire muy frío, las moléculas de agua que se aferran a las partículas forman cristales de hielo diminutos. A medida que más moléculas de agua provenientes del aire se congelan hasta convertirse en cristal, se unen en ángulos que permiten la formación de una estructura de seis lados. Si el cristal crece lo suficiente, caerá al suelo en forma de copo de nieve.

Con frecuencia, las nubes que producen nieve contienen cristales de hielo *y* gotitas líquidas. En el centro de este copo de nieve, hay una gotita de nube que se congeló y que permite que el copo se forme a su alrededor. Otras gotitas de nube que se congelaron hasta formar el copo de nieve cuando cayeron a través de la nube también están totalmente dispersas.

Algunas veces, la nieve se mezcla con bolitas de aguanieve, que son gotas de lluvia congeladas como las que se muestran abajo. Por el contrario, los copos de nieve son cristales de hielo que se forman cuando el vapor de agua cambia directamente de gas a sólido.

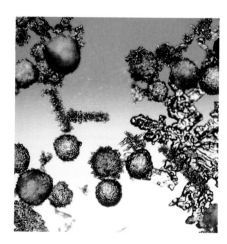

Aguanieve,
15 veces su
tamaño real

372

VARIEDAD INFINITA

Muchos cristales de hielo crecen con formas que son solo astillas, varas o terrones de hielo diminutos. En ellos, la estructura de seis lados que las subyace no siempre es visible. Pero cuando las condiciones del tiempo atmosférico son apropiadas, los cristales crecerán y formarán una asombrosa variedad de elaborados diseños con seis lados.

Todos los copos de nieve de estas dos páginas se fotografiaron el mismo día. Todos comparten los mismos ángulos, pero su diseño varía. Uno tiene seis brazos de diferente longitud, dando la apariencia de ser un copo de tres lados. Otro tiene solo cuatro brazos; al parecer, dos de sus brazos no crecieron. Es **característico** ver variaciones extrañas como estas. Debido a que diferentes condiciones de humedad, viento y temperatura afectaron el crecimiento de cada copo mientras caía, cada diseño guarda secretos de su viaje individual a la tierra.

Cuando un copo de nieve se derrite, su diseño intrincado se pierde para siempre en una gota de agua. Pero un copo se puede desvanecer de otra forma si cambia directamente de hielo a vapor. La siguiente secuencia muestra cómo desaparece gradualmente un copo de nieve.

Copos de nieve, tamaño real

LA ESCARCHA Y EL ROCÍO

Algunos días, cuando el aire está húmedo, una baja de temperatura repentina durante la noche causará que el vapor de agua se condense en las superficies frías. En la mañana, el paisaje estará cubierto de brillantes gotas de agua: el rocío. Si la temperatura cae por debajo del punto de congelación, el pariente de clima frío del rocío aparece: la escarcha.

En el vidrio de las ventanas, la escarcha forma pequeños rasguños e imperfecciones. Al igual que los copos de nieve, la escarcha es el resultado del vapor de agua que cambia de gas a sólido. Es por eso que la estructura angular de los cristales de hielo se hace evidente en los patrones con forma de helecho de la escarcha.

Cuando se forma el rocío, una corta caminata en el pasto mojará tus pies. En las telarañas, las gotas de rocío se ven como perlas relucientes. En la fotografía de la parte superior vemos cómo el agua refleja y distorsiona la luz; en cada gota de agua aparece un paisaje al revés.

AHORA COMPRUEBA

Hacer y responder preguntas ¿Cómo se forma la escarcha? Lee de nuevo el texto para encontrar la respuesta.

EL AGUA Y LA LUZ

Si miras con cuidado este rayo de luz, verás la forma misteriosa en la que la luz interactúa con el agua.

Parte de la luz se refleja, lo que significa que rebota contra la superficie del agua. Pero parte de ella la atraviesa. Cuando la luz entra en el agua, las moléculas la tuercen o la *refractan*. Los rayos torcidos de luz blanca se transforman en todos los colores del arcoíris.

¿Cómo es posible esto? La luz blanca está conformada por ondas de diferentes tamaños o *longitudes de onda*. La más corta, que vemos de color violeta, es la que más se dobla. La roja, la longitud de onda más larga, es la que menos se dobla. Todos los demás colores están dentro de este rango.

El sol que brilla a través del agua rociada por una manguera de jardín forma un arcoíris. La manguera crea gotas de agua que curvan la luz y destellan colores brillantes cuando se les ve desde el ángulo correcto. Los arcoíris naturales funcionan exactamente igual. El sol debe estar detrás de ti y abajo en el cielo. El brillo del sol sobre miles de millones de gotas esféricas de lluvia que llenan el cielo produce el arcoíris.

EL CICLO DEL AGUA

El calor del sol y la gravedad de la Tierra mantienen el agua en movimiento constante. El agua se evapora de charcos, estanques, lagos y océanos, de las plantas y los árboles, e incluso de tu piel. El vapor de agua se mueve en el aire de forma invisible, pero siempre está listo para condensarse en una brizna de pasto fría o en la superficie de un estanque. Se forman grupos de nubes cuando el vapor se condensa en partículas diminutas de polvo en el aire. Solo entonces, el agua cae del cielo como lluvia, volviendo a llenar lagos, ríos y océanos. Aunque sea difícil de predecir e imposible de controlar, el agua continúa su ciclo alrededor de la Tierra.

Y el agua es muy valiosa. Sin ella, ningún ser vivo podría sobrevivir. Ninguna planta crecería, ni siquiera una brizna de pasto. Ningún animal recorrería la tierra, ni siquiera una araña. Pero en alguna parte del mundo, en este mismo instante, la nieve se amontona en la cima de una montaña y la lluvia cae en un valle. Y todo a nuestro alrededor nos recuerda el viaje interminable de una gota de agua.

Photo courtesy of NASA

El autor que valora el agua

Walter Wick es un autor y fotógrafo para niños. Es mejor conocido por la serie de libros *I Spy*, que creó con la autora Jean Marzollo.

Walter dice que trata de "hacer que la experiencia de mirar mis creaciones sea tan emocionante para otros como lo es para mí". Como resultado, sus fotos usualmente son frescas y diferentes. Pasa mucho tiempo montando fotografías que tienen diferentes partes. Sus fotos tan detalladas sirven para iniciar a los niños en cosas complicadas, ¡como las moléculas de agua!

Las fotografías en los libros de ciencias de Walter explican temas en formas inesperadas e inusuales. Muchos lectores estarán de acuerdo en que en sus libros, las fotos son tan importantes como las palabras.

PROPÓSITO DEL AUTOR

¿De qué manera las fotos de alta tecnología de Walter Wick facilitan que entiendas conceptos difíciles?

Respuesta al texto

Resumir

Usa detalles importantes de *Una gota de agua* para resumir la selección. La información del organizador gráfico de secuencia puede servirte de ayuda.

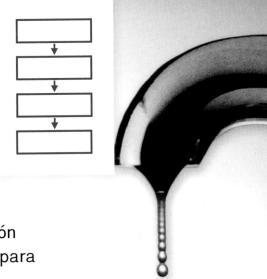

Escribir

¿Por qué comienza y termina el autor la selección con una gota de agua? Completa las oraciones para organizar las evidencias del texto.

El autor comienza la selección…

Leí que una gota de agua…

Al final de la selección, el autor menciona que…

Hacer conexiones

 ¿Cuáles son algunas de las diversas formas en las que las moléculas de agua cambian? PREGUNTA ESENCIAL

¿De qué manera mirar algo de cerca cambia la forma en que las personas piensan sobre el mundo? EL TEXTO Y EL MUNDO

Compara los textos

Lee sobre dos niñas que obtienen una nueva perspectiva mientras intentan salvar a sus compañeros de clase.

La increíble poción de encogimiento

Todo empezó como un sencillo proyecto de ciencias.

Hace apenas una semana Isabel, Mariela y Héctor trabajaban en una poción de encogimiento que asombraría a todos en la feria de ciencias. Mariela e Isabel habían perfeccionado la poción, pero había sido Héctor quien había creado el antídoto. Desde su descubrimiento, Héctor había perdido interés en ganar el premio de la feria de ciencias y se había interesado más en ver cómo este experimento aumentaría su popularidad. Su corta estatura lo hacía prácticamente invisible para todos en la escuela primaria Washington.

Pero ese ya no era el caso, ahora toda la clase levantaba la vista para mirarlo. Había llegado al laboratorio de ciencias con unos pastelillos "especiales" que le habían hecho fácil encoger a toda la clase, incluyendo a su maestra de ciencias, la señorita Sampson. Héctor sonreía con satisfacción mientras ponía a sus compañeros miniatura dentro del tanque de Rambo, la mascota de la clase.

Richard Johnson

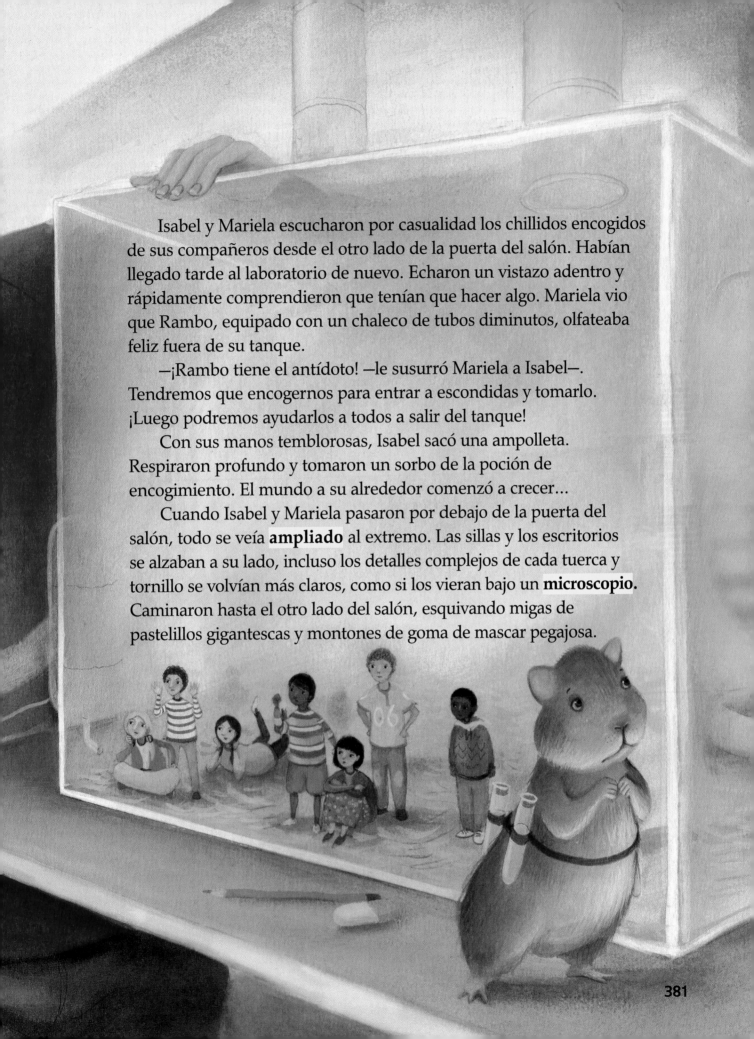

Isabel y Mariela escucharon por casualidad los chillidos encogidos de sus compañeros desde el otro lado de la puerta del salón. Habían llegado tarde al laboratorio de nuevo. Echaron un vistazo adentro y rápidamente comprendieron que tenían que hacer algo. Mariela vio que Rambo, equipado con un chaleco de tubos diminutos, olfateaba feliz fuera de su tanque.

—¡Rambo tiene el antídoto! —le susurró Mariela a Isabel—. Tendremos que encogernos para entrar a escondidas y tomarlo. ¡Luego podremos ayudarlos a todos a salir del tanque!

Con sus manos temblorosas, Isabel sacó una ampolleta. Respiraron profundo y tomaron un sorbo de la poción de encogimiento. El mundo a su alrededor comenzó a crecer...

Cuando Isabel y Mariela pasaron por debajo de la puerta del salón, todo se veía **ampliado** al extremo. Las sillas y los escritorios se alzaban a su lado, incluso los detalles complejos de cada tuerca y tornillo se volvían más claros, como si los vieran bajo un **microscopio.** Caminaron hasta el otro lado del salón, esquivando migas de pastelillos gigantescas y montones de goma de mascar pegajosa.

Lo siguiente era que tenían que trepar hasta la mesa sin que las vieran. Isabel se agarró de un cable enchufado a un tomacorriente y, una mano tras otra, se impulsaba hacia adelante por el cable que descendía, hasta que vio la parte de atrás del tanque. Luego, balanceándose como una gimnasta olímpica, se lanzó sobre la mesa. Dio unos pasos sobre la superficie **arenosa,** esquivando las amplias estrías de la madera que nunca había notado. Al sentirse más ligera que el aire, se dio cuenta de que la gravedad funcionaba de forma diferente con su nuevo tamaño.

A Mariela le pareció una tarea titánica alcanzar a Isabel arriba de la mesa.

—¿Cómo llegaste hasta allá? —susurró Mariela—. ¡Me caeré si trato de saltar!

Isabel sonrió.

—La gravedad no funciona de igual forma cuando eres pequeña. Si fallas, puedes subir caminando por un lado, ¡como una hormiga!

Balanceándose con las manos sudorosas, Mariela se lanzó con todas sus fuerzas. La falta de gravedad le hizo perder velocidad y sintió que empezaba a flotar suavemente y de a poco hacia abajo sin alcanzar la mesa. Sintió pánico y se lanzó hacia adelante usando sus piernas para **aferrarse** a la pata de madera.

—¡Lo lograste! —gritó la vocecita de Isabel. Su emoción duró poco, pues un hámster gigantesco las acorraló a ella y a Mariela. Y su problema aun mayor, Héctor, parecía darse cuenta de que algo estaba ocurriendo detrás del tanque.

—¡Rápido! ¡Agarra el antídoto! —dijo Mariela. Sacó de su bolsillo una bolsa de semillas de girasol y le ofreció unas a Rambo mientras Isabel desataba una de las ampolletas. Por poco la deja caer al escuchar unas gigantescas pisadas que se dirigían hacia ella, seguidas de la voz de su profesora.

—Niñas, llegaron tarde —dijo la señorita Sampson mientras agarraba la ampolleta. Isabel y Mariela respiraron aliviadas cuando bebió un sorbo y se preparó para poner a Héctor en su lugar.

Mariela le sonrió a Isabel.

—¿Creen que nuestro proyecto de ciencias será un gran éxito después de todo esto?

Los compañeros diminutos compartieron una carcajada enorme.

¿? Haz conexiones

¿Qué descubrieron Mariela e Isabel después de tomar la poción de encogimiento? PREGUNTA ESENCIAL

¿De qué manera mirar algo de cerca ayuda a las personas a entender el mundo que los rodea? EL TEXTO Y OTROS TEXTOS

el Árbol de las Preguntas

Guadalupe Alemán
ilustrado por Enrique Torralba

Autora: Guadalupe Alemán. Ilustraciones: Enrique Torralba. ©Sana Colita de Rana S.A. de C.V.

Pregunta esencial

¿De qué formas las personas muestran que les importan los demás?

Lee acerca de cómo Isabel aprende lo importante que es ella para sus padres.

 **¡Conéctate!**

Todo empezó una mañana cualquiera.

Bueno, ahora que lo pienso no era una mañana cualquiera porque era un tres de febrero: un día después de mi cumpleaños. Se supone que los cumpleaños son lo máximo, pero yo odio los míos. No entiendo por qué SIEMPRE me enfermo en cuanto llega el "gran día"; es como una ley.

Cuando cumplí siete años me llené de ronchas; cuando cumplí ocho me doblaba del dolor de panza; a los nueve ardía en calentura, y ahora le di la bienvenida a mis diez añotes con una tos de perro que mi papá intentó curar con su "remedio mágico" de vinagre encebollado. ¡Guácala!

Para colmo, el dos de febrero también enloquece a mi mamá, que se la pasa sonriendo con los ojos llenos de lágrimas y persiguiéndome por la casa para darme abrazos de oso. Se pone rarísima.

Ya para el tres de febrero todo vuelve a la normalidad: mi papá le gruñe a la primera plana del periódico, mi mamá hace corajes cuando me trepo al camión de la escuela con la boca llena de huevo estrellado y Yoda —ese es mi perro— se come feliz el resto de mi desayuno.

Ya para el tres, a todos se nos vuelve a olvidar que soy una hija **adoptiva**.

Pero ESTE tres de febrero del que te platico no fue muy bueno. Fue el lunes que regresé furiosa de la escuela, entré en mi cuarto y me encerré dando un portazo.

—¿Y ahora qué te pasa? —preguntó Mamá.

—¡Que quisiera ser un chícharo! —contesté, porque no se me antojó dar más explicaciones.

Ahora sí se me antoja. Dar las explicaciones, digo.

El caso es que esa mañana, en Ciencias Naturales, la maestra Tere nos platicó de un tal Mendel y de las leyes de la **herencia**. Parece ser que si tu papá es un chícharo amarillo y tu mamá es un chícharo amarillo, tú serás un chícharo amarillo; pero si tu abuelo era verde entonces tú puedes salir verde, o algo así. Mientras el asunto se quedó entre legumbres, no hubo problema, pero lo malo fue cuando la maestra Tere dijo:

—Para la próxima semana, quiero que traigan un árbol genealógico con fotos de su familia. ¡Vamos a ver qué fue lo que heredaron ustedes!

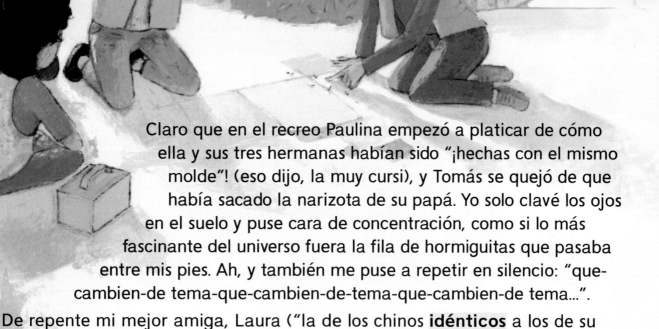

Claro que en el recreo Paulina empezó a platicar de cómo ella y sus tres hermanas habían sido "¡hechas con el mismo molde"! (eso dijo, la muy cursi), y Tomás se quejó de que había sacado la narizota de su papá. Yo solo clavé los ojos en el suelo y puse cara de concentración, como si lo más fascinante del universo fuera la fila de hormiguitas que pasaba entre mis pies. Ah, y también me puse a repetir en silencio: "que-cambien-de tema-que-cambien-de-tema-que-cambien-de tema...".

De repente mi mejor amiga, Laura ("la de los chinos **idénticos** a los de su mamá") me preguntó como si nada:

—¿Y tú qué vas a hacer, Isa?

En ese momento quise hacerme chiquita para desaparecer dentro del hormiguero, y eso que Laura no habló por molestarme. Todos en la escuela saben que mis papás me adoptaron... o casi todos, creo. Pero bueno, eso no quiere decir que me encante oír hablar del asunto todo el tiempo. Mi vida privada es privada, ¿no?

Lo bueno es que yo siempre supe que soy adoptada. Lo supe desde que era una bebé: ni siquiera me acuerdo de EL DÍA (cha-ca-cha-chaaán) en que mis papás me lo dijeron.

Es imposible acordarme porque la verdad es que no hubo UN día.

La **historia** de cómo llegué a mi familia siempre ha estado ahí, y de un millón de maneras distintas. Está, por ejemplo, en el álbum que hicieron mis papás cuando me conocieron. Todavía lo guardo en un cajón de mi buró para verlo de vez en cuando. Te voy a enseñar las mejores páginas. Aunque solo dos, ¿eh?, porque es mío y no creas que siempre se lo ando enseñando a toda la humanidad.

AHORA COMPRUEBA

Hacer predicciones Isabel está preocupada por la tarea que puso la maestra. ¿Qué crees que hará para cumplir con la tarea?

Antes de que llegaras, vivíamos solos Papá, Mamá y Yoda.

Mamá se llama Julia y es arquitecta. Le gusta diseñar casas y jardines como de cuento.

Papá se llama Roberto y es chef. Algún día inventará el mejor pastel del universo con un relleno sorpresa.

Yoda cree que es el jefe de la familia, pero está medio loco. ¡Le tiene miedo a la lluvia!

Nos la pasábamos bien.

ALGO NOS HACÍA FALTA.

¡Queríamos tener UN HIJO!

Te fuimos a buscar a
una ciudad...
y a otra...
y TÚ no estabas ahí.

Papá y Mamá

V vamos a buscarte

La señora que te tuvo en su panza
era muy joven para cuidarte, así que...
NOSOTROS TE ADOPTAMOS
Y TE CONVERTISTE EN NUESTRA
HIJITA.

AL FIN, DESPUÉS DE CUATRO AÑOS
DE BUSCARTE, EL 8 DE FEBRERO
DE 1999...

HOTEL

Nos llamaron por teléfono
una noche para avisarnos
que habías nacido y nos
pusimos muy nerviosos.
Papá sonreía y Mamá
temblaba de pura
felicidad.

¡BIENVENIDA
Isabel

Pues ahí tienes mi historia: sin secretos ni rollos.

O eso pensaba yo hasta que mi mejor amiga, Laura (ya te conté, "la de los chinos idénticos a los de su mamá"), volvió a meter la pata. Creo que le dio pena haberme preguntado cómo le iba a hacer yo con la tarea, y luego, más pena la cara de susto que pusieron los demás, porque salió con su bocota al "rescate" y dijo:

—¡Qué bien, el árbol genealógico de Isa tiene un supermisterio!

—¿Un QUÉ? —pregunté yo, la Despistada Número Uno.

—Pues un misterio. Estaría genial descubrir a quién te pareces tú.

Tomás y Paulina voltearon a verme de nuevo, pero esta vez con muchísima curiosidad. Me sentí como bicho raro.

En serio la quiero infinitamente, pero a veces Laura se pasa.

Seguro que la vida de los chícharos es más fácil que la mía.

El chisme se regó por la escuela más rápido que una epidemia de piojos, y ya para el martes hasta los de prepa estaban diciendo que yo quería buscar a mis "verdaderos" papás.

"¿Verdaderos?", pensé. "¿Y los que tengo ahora qué son?: ¿papás de mentiritas?, ¿robots?".

Pero no dije nada.

¡Oh, no me mires así!

No dije nada porque de repente me volví la más interesante del salón: yo y mi gran misterio.

El miércoles muy temprano en la mañana, María Martha le dijo a Paulina que a mí me habían abandonado de bebé, y que yo había tenido muuucha suerte de que mis papás adoptivos sí me quisieran.

Cuando yo me enteré —porque todo se sabe en Quinto A— me puse como *Hulk* con dolor de muelas.

Primero pensé en gritarle a María Martha cuatro palabrotas que no puedo repetir aquí. Luego preferí abrir un poquito su cerebro de cacahuate. Le dije casi con las mismas palabras lo que Mamá le explicó una vez a la sangrona de la vecina:

—Yo estuve en la panza de una señora que no pudo quedarse conmigo, pero nadie me "abandonó". Ella me cuidó nueve meses y luego hizo lo necesario para que yo llegara con mi familia. Ah, y para que lo sepas, mis papás MORÍAN DE GANAS de que yo llegara. Me esperaron durante años, así que si yo soy suertuda por tenerlos, ¡ellos son tan suertudos como yo!

María Martha se puso color tomate y no supo qué contestar. Estuvo increíble.

De todas formas, algo siguió doliéndome por dentro durante el resto del día.

Mis amigos tampoco ayudaron nadita. Alex, por ejemplo, decidió que mis "verdaderos padres" debieron de haber sido superhéroes o espías internacionales.

—Seguro tienen misiones peligrosísimas y no podían cargar a un bebé por el mundo —comentó antes de pegarle una tremenda mordidota a su sándwich de atún.

—A lo mejor son famosos —dijo Laura, que ve demasiada televisión.

—¡O millonarios! —gritó Tomás—. Si heredas un yate y una isla privada, nos vas a invitar, ¿verdad?

Sonreí sin ganas. Yo también he jugado a imaginar a mis "otros papás" —sobre todo cuando los míos me regañan—, pero ese día no estaba de humor.

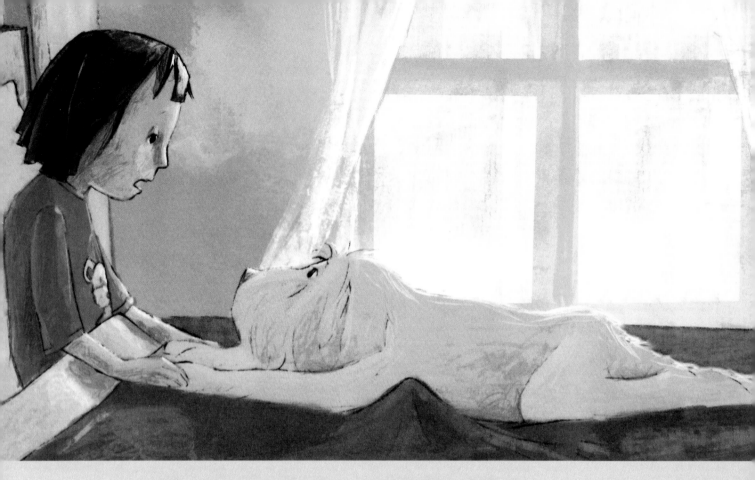

Esa tarde llegué a mi casa con ganas de dormir, solo de dormir. Mamá pensó que me estaba dando gripa y me subió un té con miel (que estaba delicioso). Yo no le conté nada.

Yoda se subió de un salto a la cama para poner su cabecita sobre mis piernas. Siempre se sube con las patas lodosas, siempre huele a rayos... y siempre sabe cuando estoy triste.

—¿Sabes qué, Yoda? Antes no me importaba que hubiera un misterio en mi árbol genealógico —le confesé—. Ni siquiera le había dado vueltas en la cabeza, pero ahora ¡de repente se siente horrible!

—Pues no hagas la tarea y ya —contestó Yoda.

Bueno, Yoda no habla. Pero imaginé que eso me habría contestado.

—La tarea me vale un pepino —dije, porque era verdad—. Solo odio tener que preguntarme de dónde rayos vengo yo.

—Puedes preguntarle a tus papás —sugirió Yoda (en mi imaginación).

—¡Cállate! —gruñí, metiendo la cabeza bajo la cobija—.

Solo eres un perro: no entiendes nada de nada.

En la noche volví a ver mi álbum y leí como cuatro mil veces esta parte:

La señora que te tuvo en su panza era muy joven para cuidarte, así que...

NOSOTROS TE ADOPTAMOS Y TE CONVERTISTE EN NUESTRA HIJITA.

¿Quién es esa señora?

Me acuerdo que les pregunté a mis papás cuando era chica. Ellos me dijeron que no la habían conocido.

Debe ser guapa, porque tú lo eres, me contestó Papá, y seguramente pensó en lo mejor para ti.

Me quedé muy tranquila, pero claro, tenía como cuatro años. Tampoco pregunté nada cuando mi chupón desapareció del mapa y se fue "volando al País de los Chupones", lo cual —pensándolo bien— es algo bastante tonto de creer.

¿Y si de veras hubiera un secreto en mi familia? ¿Y si mis papás, que casi nunca dicen mentiras (pero a veces sí), me hubieran estado escondiendo algo importante durante diez años?

No podía volver a preguntarles lo mismo. Si había más información en la casa de mi árbol genealógico, tenía que encontrarla yo sola.

Bueno, sola-sola, no. Ni siquiera yo soy tan valiente. Por eso el jueves invité a Laura a comer a la casa. Por eso y porque justo los jueves en la tarde mi mamá sale a dar su clase de dibujo en la universidad. Laura estaba emocionadísima de que tuviéramos una Misión Secreta. Tanto, que la muy payasa llegó vestida de negro y con una linterna en la mochila.

—Solo vamos a buscar papeles —le dije—, no vamos a asaltar un banco. Pero la verdad, mi corazón latía como el de un colibrí delincuente cuando abrí el primer cajón del clóset de mis papás. Había calcetines, chones y entre los chones... ¡un paquete de chicles de menta! (Ajá. Conque masticar chicle es asqueroso, ¿no?). Revolví el segundo cajón con un poco más de confianza. Mmm. Suéteres. Y debajo de los suéteres... más suéteres. Ya para el cajón número ocho había descubierto que mis papás compran aspirinas a lo bestia, que todavía guardan playeras de grupos de rock setenteros (órale, ¿quién es Freddy Mercury?) y que mi mamá tiene bufandas como si viviéramos en el Polo Norte. Ningún misterio interesante.

Hasta Laura se estaba desesperando.

—Mejor vamos a ver tele, ¿no? —dijo.

Y de pronto, al fondo del último cajón y debajo de las camisetas, vi el sobre.

Era un sobre amarillo cerrado con un hilo. Afuera decía:

Para Isabel, quien ya está lista.

Creo que estuve a punto de desmayarme.

—¡Lo encontramos! —gritó Laura—. Se ve importante, ¡ábrelo!

—No sé si se vale —empecé—. Es privado y...

—¡Oye! Tiene tu nombre. Es tuyo. Si quieres conocer tu verdadera historia, TIENES que abrirlo. No seas gallina.

Claro. Por eso había invitado yo a Laura.

Así que le hice caso.

Abrí el sobre temblando y esto fue lo que leí:

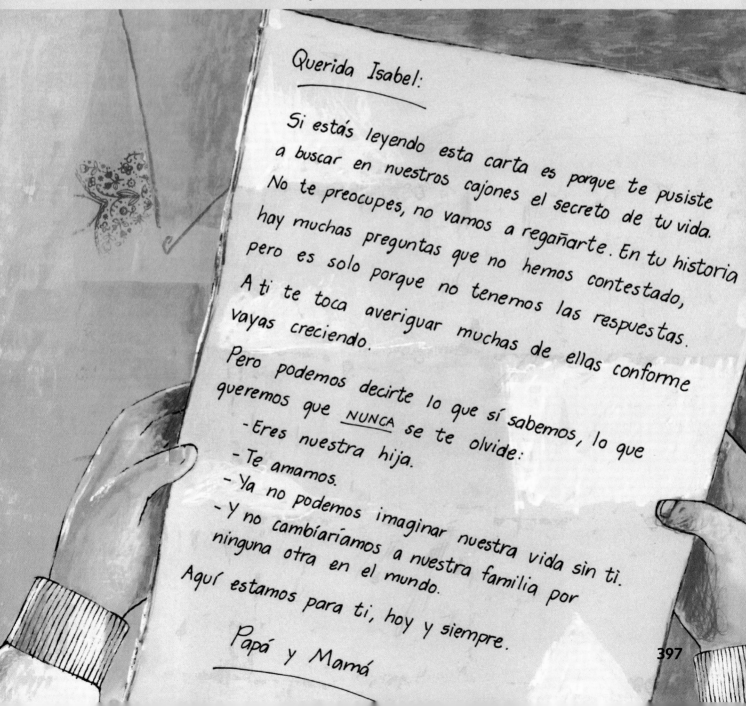

Querida Isabel:

Si estás leyendo esta carta es porque te pusiste a buscar en nuestros cajones el secreto de tu vida. No te preocupes, no vamos a regañarte. En tu historia hay muchas preguntas que no hemos contestado, pero es solo porque no tenemos las respuestas. A ti te toca averiguar muchas de ellas conforme vayas creciendo.

Pero podemos decirte lo que sí sabemos, lo que queremos que NUNCA se te olvide:
- Eres nuestra hija.
- Te amamos.
- Ya no podemos imaginar nuestra vida sin ti.
- Y no cambiaríamos a nuestra familia por ninguna otra en el mundo.

Aquí estamos para ti, hoy y siempre.

Papá y Mamá

No dormí en toda la noche. Me llevé la carta a mi cama y la leí hasta que me la aprendí de memoria. También estuve piense y piense. En parte me sentía aliviada de no haber encontrado el GRAN SECRETO, pero en parte... bueno, no sé. Es difícil de explicar. De todas formas, como a las cinco de la mañana (sé que eran las cinco porque oí el fup del periódico cayendo frente a la puerta) entendí algo acerca de mis "verdaderos" papás. Ahí les va:

Mi papá y mi mamá están bien locos, pero de que son verdaderos, son verdaderos. Se ganaron el título por un millón de razones como estas:

Son los únicos que saben que me dan miedo los búhos y que un triceratops fue mi amigo imaginario hasta los cinco años.

Me ponen como chancla cuando me porto mal y se esponjan como pavos reales cuando hago algo muy bien.

Entendieron perfecto cómo me sentí cuando perdí a mi muñeca favorita en un parque, ¡y supieron cómo consolarme!

Me cambiaron más de veinte veces por noche cuando era bebé y vomitaba hasta las tripas.

Corrieron cuarenta kilómetros detrás de mí el día en que le quitamos las rueditas a mi bici.

Mis papás me adoptaron hace diez años, pero hasta ese momento entendí que yo también los había adoptado a ellos.

AHORA COMPRUEBA

Comprobar predicciones ¿Cómo consiguió Isabel la información para hacer su tarea? Busca evidencias en el texto para confirmar o revisar tu predicción.

Al siguiente lunes yo llevé el árbol de MI FAMILIA,
de la única que conozco hasta ahora.

Cuando me tocó **exponerlo,** me paré al frente y dije:

Mis ojos no son azules como los de mi papá, pero
si chupamos un limón hacemos gestos idénticos.
Mi mamá y yo tenemos la misma risa. A las dos
nos gusta bailar y las dos coleccionamos caracoles.
Mi papá es bueno para cocinar y yo también. Nosotros
somos una familia adoptiva, así que no nos parecemos
por herencia sino por puro amor. ¿Y saben qué? Eso es
suficiente para mí.

Me aplaudieron muchísimo.

mi Familia
y yo

Claro que mi vida no es tan redonda como la de un chícharo.

A veces siento que soy un rompecabezas al que le faltan piezas (por cierto, ¿quién no?). Pero sé que el día en que yo necesite buscar esas piezas, puedo hacerlo. También sé que pase lo que pase, mi familia va a estar ahí para **apoyarme**.

AHORA COMPRUEBA

Volver a leer ¿Por qué cambia lo que piensa Isa de sus padres? Vuelve a leer para buscar detalles que apoyen tu respuesta.

FIN

Narradores de una adopción

Guadalupe Alemán nació en México D. F., en 1971. Le gusta escribir historias fantásticas con mensajes secretos y personajes misteriosos. Sus personajes, por lo general preadolescentes, suelen enfrentar diversos retos con astucia y humor. Ha publicado varias adaptaciones de mitos griegos para niños, así como algunas novelas juveniles tales como: *El mundo, Septiembre adentro* y *El nombre de las brujas.* Sin embargo, Guadalupe aprovecha cualquier oportunidad para huir de la letra impresa y sumergirse en la oscuridad de una sala de cine. Y le encanta comer, viajar y salir de campamento.

Enrique Torralba es un ilustrador y diseñador gráfico mexicano con veinte años de experiencia, reconocido con premios nacionales e internacionales. Su trabajo se ha publicado en revistas, libros, carteles, animaciones y diversos medios en México y el extranjero. Las hermosas ilustraciones, más que recrear el texto, proponen imágenes que comentan los conflictos y las emociones de sus personajes desde una perspectiva simbólica en la que hay cabida para la ternura y el humor.

Propósito de la autora

La autora utiliza elementos de la vida real en el cuento *El árbol de las preguntas.* ¿Cómo nos ayuda esto a entender su mensaje positivo?

Respuesta al texto

Resumir

Resume los sucesos más importantes de *El árbol de las preguntas.* La información del organizador gráfico de problema y solución puede servirte de ayuda.

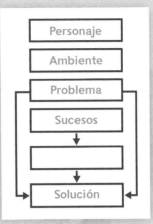

Personaje
Ambiente
Problema
Sucesos
Solución

Escribir

Piensa en cómo la autora se centra en el problema de Isabel a lo largo del relato. ¿Por qué *El árbol de las preguntas* es un buen título para este cuento? Usa estos comienzos de oración para organizar la evidencia.

La autora muestra que Isabel…

La autora lo hace…

Así, las ilustraciones apoyan el texto al…

Hacer conexiones

Comenta en qué forma los padres de Isabel le demuestran lo importante que es para ellos. PREGUNTA ESENCIAL

¿De qué otras formas las personas muestran que les importan los demás? ¿Qué tipo de cosas dicen y hacen para demostrarlo? EL TEXTO Y EL MUNDO

Compara los textos

Lee cómo una niña descubre quién es realmente.

De Miami vía Fujian

por David Kwee

Algunas veces, me pregunto quién soy realmente.

Cada vez que lo pienso me repito: oye, Mariel, eres una niña de quinto grado, bajita, de cabello negro y liso, y ojos almendrados. Vives en Miami y sabes con certeza de dónde viene tu familia.

Mis abuelos hablan sobre Cuba, ellos mencionan las playas y bandas de *smooth jazz*. Mi mamá me dijo que, tras haber **ahorrado** algún dinero, íbamos a visitar el lugar de donde vengo. De inmediato imaginé una aldea en Cuba.

"No, mi vida. Vamos a viajar a China para que veamos el lugar donde naciste". Su voz temblaba sutilmente de la **emoción**.

¡El vuelo a Hong Kong duró una eternidad, fueron veinte horas! La ciudad me deslumbró. Carros y motonetas se movían por todos lados. ¿Cómo podían tantas personas amontonarse en las aceras? Todo el mundo tenía el pelo negro y liso, y ojos almendrados como los míos.

Caminamos por los mercados en Kowloon. En el Mercado de Temple Street, mi padre me compró un collar de moneda de jade. Puse el collar nuevo junto al de dije que siempre me ponía, este último era muy especial porque mi abuela lo había puesto alrededor de mi cuello cuando mis padres me llevaron a casa por primera vez.

Comimos *dim sum* en un restaurante. Las carretas rodaban por todos lados, y un leve zumbido y aromas apetecibles llenaban el aire.

Al día siguiente tomamos otro vuelo, esta vez hacia Fuzhou. Después, viajamos en carro todo el día hasta la aldea. Mami recordó la primera vez que vienieron al orfanato a adoptarme y eso la hizo sonreír mientras lloraba.

Entonces, Papi me explicó: "Princesa, nos estábamos volviendo locos, literalmente, porque el papeleo era interminable. Teníamos solamente un pequeño retrato tuyo".

Condujimos entre las montañas hacia el orfanato. Pensé que podría reconocer el lugar —viví allí hasta los dos años—, pero nada me parecía familiar. La señorita Guo, la directora, se encontró con nosotros e hizo un alboroto sobre mí.

Glosario

Bai cai: col china, un tipo de repollo

Dim sum: bollos de masa hervida y otros platos pequeños que se sirven en carretas

Fujian: lugar en la costa sudoriental de la China continental

Kowloon: un área urbana densa en Hong Kong

La guardería tenía paredes blancas, y el suelo estaba cubierto de piezas de rompecabezas de espuma suave que parecían malvaviscos gigantes. Una línea de cunas estaba alineada contra un muro, donde una mujer mayor mecía a un bebé que lloraba. Cuando nos vio, habló emocionada.

La señorita Guo tradujo: "Xing Hua no puede creer lo grande que estás". La señorita Guo nos guió a un salón repleto de niños. La profesora escribía en el tablero en inglés. Después de la lección, los niños corrieron al patio para el recreo. Una niña de más o menos mi edad se quedó. Era más bajita que yo y tenía el pelo atado en colas de caballo.

Le pregunté: "¿Cómo te llamas?".

"Mei Jing".

"¿Eres la mayor aquí?".

"Sí. Tengo diez años".

Tenía un millón de preguntas, pero no quería molestarla. Titubeó y luego me preguntó: "¿Tu escuela es divertida? ¿Te gusta?".

"Por supuesto, ¿y a ti?".

"Sí. Pero quiero ir a una escuela en la ciudad, con niños mayores".

Me sentí mal por Mei Jing, estaba atrapada. Esperaba que encontrara padres.

Después del recreo los niños fueron al jardín, mientras tanto, Mei Jing me mostró cómo cosechar vegetales para el almuerzo. También, me enseñó cómo cocinarlos y cuáles eran sus nombres.

Luego la señorita Guo nos reunió a todos. Los niños estaban muy curiosos cuando nos presentó a mí y a mi familia, tanto en inglés como en chino.

"Esta es su hermana, Min Zhi, y sus padres. Vinieron de muy lejos para visitarlos. Espero que ella nos recuerde. Siempre será bienvenida de vuelta".

Entonces Mei Jing alzó la mano: "¿En Estados Unidos, eres feliz?".

"Sí, soy realmente feliz".

La siguiente mañana antes de irnos, la señorita Guo estaba esperando para despedirse. Todos nos abrazamos. Mientras subía al carro, Mei Jing corrió hacia nosotros. Me entregó un pedazo de papel. Garabateada en él en inglés estaba la receta del plato de vegetales.

"Cocina esto y recuérdame".

Casi lloro. No sabía suficiente chino y quería decirle muchas cosas, como que le deseaba lo mejor. En lugar de eso me quité el collar de dije y se lo abroché alrededor del cuello. Nos abrazamos rápidamente y luego me marché.

De vuelta en casa, mi abuela me llevó a un mercado chino. Le gustó el *bai cai* que cociné porque sabía muy bien con arroz salteado. Ahora estoy practicando chino también, con un niño de mi clase de idiomas en el centro cultural.

Después del viaje, me sentí diferente, de alguna forma. Ahora sé quién soy en realidad: una chica china de Florida vía Fujian.

Haz conexiones

¿Cómo cambia la visita de Mariel al orfanato su entendimiento de sí misma? PREGUNTA ESENCIAL

¿Cómo ayudan los actos de amabilidad inesperados a que las personas entiendan el mundo a su alrededor? EL TEXTO Y OTROS TEXTOS

REDESCUBRAMOS
nuestros comienzos hispánicos

James Quine/Alamy

Pregunta esencial

¿De qué manera aprender sobre el pasado sirve para entender el presente?

Lee acerca de la influencia hispánica en nuestra nación.

¡Conéctate!

San Agustín (Florida) es la ciudad fundada por europeos más antigua de Estados Unidos. Su historia comienza con el descubrimiento de Florida por parte del conquistador español Juan Ponce de León.

En 1493, Ponce de León comenzó su carrera como integrante de la segunda **expedición** de Cristóbal Colón. Fue gobernador en República Dominicana, Haití y Puerto Rico. Luego, partió por su cuenta en busca de la legendaria fuente de la juventud. Su expedición de 1513 entró a las tierras que ahora llamamos Florida. Él reclamó la península para España. La llamó La Florida en conmemoración de una fiesta española de las flores. La península era hogar de miles de pueblos nativos.

El baluarte de España

Establecer una colonia en La Florida era más fácil de decir que de hacer. Se emprendieron otras seis expediciones después de la de Ponce de León. Todos los intentos de colonización fracasaron. Las tribus nativas no querían españoles en su territorio. Los cultivos europeos no prosperaron. Los colonos dependieron de los suministros de España para sobrevivir. Los exploradores **documentaron** que el **permanente** calor, la humedad, las tormentas tropicales y los peligrosos animales les impidieron asentarse. Florida era considerada un riesgo. Y fue ignorada por años.

En 1564, Francia construyó el **fuerte** Caroline. A 35 millas al norte del lugar donde Ponce de León había desembarcado. El rey español desaprobó este hecho. Un año después envió al almirante Pedro Menéndez de Avilés a colonizar y gobernar Florida. Él y sus soldados destruyeron la colonia francesa. El 8 de septiembre de 1565 fundaron San Agustín.

Pedro Menéndez de Avilés fundó San Agustín.

San Agustín se convirtió en el principal puesto de avanzada septentrional del Imperio español. También fue el centro de las misiones españolas de la región. La colonia fue reubicada varias veces en los siguientes seis años. Era blanco de ataques enemigos. Los timucuas eran los nativos de esas tierras. No aceptaron la ley española. Defendieron sus hogares y resistieron la ocupación española. Menéndez ayudó a establecer tres fuertes antes de volver a España en 1567. Su sobrino regresó y gobernó Florida hasta 1589.

En poco tiempo, los ingleses se convirtieron en una amenaza para la Florida española. Fundaron Jamestown en 1607. Y continuaron colonizando la parte superior e inferior de la Costa Este. Los colonos españoles también debían sufrir el ataque constante de los piratas y barcos enemigos.

Al final, el dinero de España permitió que se construyera una gigantesca fortaleza de piedra. Esta fortaleza era el Castillo de San Marcos. Este monumento continúa siendo el de mayor importancia histórica de la ciudad de San Agustín.

Un fuerte temible

Así como Roma no se construyó en un día, el Castillo de San Marcos se edificó durante años, entre 1672 y 1695. Gran parte de la mano de obra utilizada para construir el fuerte consistía de indígenas esclavizados. Era el décimo fuerte que se había construido para proteger la ciudad de San Agustín. Los nueve fuertes anteriores se habían hecho con madera. El Castillo de San Marcos se construyó con la casi indestructible piedra caliza o coquina. Sus **tremendos** muros excedían los 33 pies de altura y medían 12 pies de ancho.

Aprender del pasado en el presente

San Agustín ha formado parte de Estados Unidos desde 1821. Este año Florida se convirtió en territorio estadounidense. Aún puedes apreciar vestigios de la **época** española en la ciudad. Muchas calles llevan nombres españoles y algunas edificaciones conservan el aspecto de los tiempos coloniales.

Parte de la ciudad es como **arqueología** viviente. Los visitantes pueden ir a San Agustín a descubrir **evidencias** de la vida en el pasado. Muchos sitios coloniales han sido restaurados y los museos de la ciudad documentan su historia. Quienes visitan el barrio colonial español aprenden cómo vivían los colonos españoles siglos atrás. Mucha de la información proviene de los hallazgos de los arqueólogos. Entre ellos botones, cuentas, platos y herramientas. Más de un millón de objetos se han desenterrado desde 1930.

AHORA COMPRUEBA

Resumir ¿De qué forma es San Agustín arqueología viviente?

¿Qué hay en un nombre?

¿Algunos de tus amigos saben español? ¡Tal vez sí, y quizás no lo sepan! Con el paso de los años, muchas palabras del español se han introducido en la lengua inglesa. En Estados Unidos, los nombres de muchos lugares provienen del idioma español, entre ellos, California, Nevada y Los Ángeles.

Otras palabras que llegan al país provenientes de los colonos españoles son burrito, cafetería, cañón, fiesta, mosquito, patio, plaza, rodeo y tango.

Respuesta al texto

1. Resume la selección a partir de los detalles importantes. **RESUMIR**

2. ¿Cómo utiliza el autor los elementos del texto para que comprendas la manera en que la historia ha influido en la cultura de Estados Unidos? **ESCRIBIR**

3. Escribe acerca de la influencia española en Estados Unidos. **EL TEXTO Y EL MUNDO**

LOS MISTERIOS DE LA
historia

La arqueología es el estudio de reliquias, artefactos y restos que nos ayuda a reconstruir el pasado. Lee para conocer dos misterios de la historia.

Desaparecidos sin dejar rastro

En 1587, un colono inglés de nombre John White y una pequeña tripulación zarparon hacia Inglaterra desde la diminuta isla de Roanoke, en la costa de Carolina del Norte, dejando atrás más de 100 personas. White regresó con provisiones a Roanoke tres años después. No encontró más que un **fuerte** abandonado. En un poste estaba escrito "Croatan". ¿Cómo desapareció la colonia entera sin dejar rastro? ¿Y qué significaba Croatan? El misterio sigue sin resolverse.

Sin embargo, hay muchas teorías. Algunos historiadores creen que tribus de indígenas americanos aniquilaron a los colonos. Otros piensan que simplemente abandonaron la colonia para vivir con las tribus vecinas.

Ira Block/National Geographic/Getty Images

412

El arqueólogo Jeffrey Brain (a la derecha) y su equipo de colegas y voluntarios excavaron durante diez años en busca de indicios relacionados con la colonia de Popham. El descubrimiento de una chimenea (a la izquierda) confirmó que el sitio de excavación había sido alguna vez una casa.

Es posible que las enfermedades, la sequía o el hambre también hayan diezmado el asentamiento. Los arqueólogos encontraron un anillo de oro, pipas, monedas, cuentas y aros de hueso en el asentamiento de Croatan. Aunque estos objetos evidencian que hubo un contacto temprano entre las tribus nativas y la primera colonia inglesa, no son suficientes para saber qué les pasó a los colonos.

El hallazgo de Popham

En 1607, una tripulación de 125 colonizadores ingleses salió en una **expedición** que arribó a la costa de Maine. Allí erigieron una pequeña colonia a la cual dieron el nombre de su patrocinador, Sir John Popham y su sobrino George. Pero la colonia de Popham, el primer intento de Inglaterra de establecer una colonia en Nueva Inglaterra, no sobrevivió. Un año después,

abordaron su barco y regresaron navegando a su hogar.

Durante siglos, nadie supo con exactitud dónde había estado la colonia. Entonces, en 1994, el arqueólogo Jeffrey Brain comenzó a excavar el área. Después de 10 años de excavación, Brain y su equipo descubrieron restos del depósito de la colonia, un fogón (o piso de una chimenea) y fragmentos de cerámica. Su trabajo ha ayudado a desenterrar indicios acerca de cómo era la vida durante la colonia.

 Haz conexiones

¿Qué reveló la arqueología acerca de estas dos primeras colonias? PREGUNTA ESENCIAL

¿Cómo desenterrar el pasado nos ayuda a entender el presente? EL TEXTO Y OTROS TEXTOS

Género • Biografía

Cómo Ben Franklin se robó el rayo

Rosalyn Schanzer

Pregunta esencial

¿Cómo pueden los inventos solucionar problemas?

Lee sobre un gran inventor que solucionó problemas.

¡Conéctate!

¡**E**s verdad!

¡El gran Benjamin Franklin en realidad le robó el rayo al cielo mismo!

Y luego se propuso domesticar la bestia. Y era de esperarse, pues él era un hombre que podía hacer casi cualquier cosa.

Y es que Ben Franklin podía nadar más rápido, dar mejores argumentos y escribir relatos más divertidos que prácticamente cualquier persona durante la colonia en Estados Unidos. Era músico, tipógrafo, caricaturista y

¡un trotamundos! Es más, era propietario de un periódico, era tendero, soldado y **político.** ¡Incluso ayudó a escribir la Declaración de Independencia *y* la Constitución de Estados Unidos!

Ben también inventaba siempre formas vanguardistas para ayudar a las personas. Fue quien inició la primera biblioteca que hacía préstamos en América. Su oficina de correos fue la primera en entregar la correspondencia directamente en la casa de la gente.

Además, escribió almanaques que daban consejos **divertidísimos** sobre la vida y decían cuándo se debían plantar los cultivos, si habría un eclipse y cuándo estaría alta o baja la marea.

¡Y ayudó a fundar un hospital!

¡Y una academia gratuita!

¡Y un cuerpo de bomberos!

En tiempos de la colonia, el fuego estallaba en cualquier momento. Y los rayos causaban algunos de los peores incendios. Siempre que se avecinaban tormentas eléctricas, hacían sonar las campanas de la iglesia a más no poder, pero en realidad eso no le servía de nada a nadie.

Por supuesto, después de que Ben se robó el rayo, los bomberos no tenían tantos incendios que apagar. "Bueno, ¿y por qué?", te escucho preguntarte. "¿Y, primero que todo, cómo se robó el rayo?". Pues bien, es una larga historia. Pero antes de llegar a la respuesta, aquí te va una pista: una de las cosas que más le gustaba a Benjamin Franklin era inventar objetos.

AHORA COMPRUEBA

Resumir Lee las páginas 417 y 418 para resumir los logros de Ben Franklin.

Por supuesto, Ben fue un inventor nato. Le encantaba nadar con rapidez, pero quería hacerlo incluso más rápido. Así que un día, cuando era apenas un muchacho de once años, consiguió madera e inventó unos remos para las manos y aletas para nadar para los pies. Logró ir más rápido, y lo hizo bien, pero la madera era bastante pesada y sus muñecas quedaron totalmente agotadas.

Por eso, su segundo invento fue una forma mejorada de ir más rápido. Se recostó sobre su espalda, se sujetó de la cuerda de una cometa y dejó que esta lo arrastrara a través de un estanque grande en menos de lo que canta un gallo. (Tal vez quieras recordar después que a Ben siempre le gustaron las cometas).

Ben siguió inventando mejores formas de hacer las cosas durante el resto de su vida.

Hablemos de los libros, por ejemplo. Ben leía tantos libros que algunos de ellos estaban en los estantes más altos cerca del techo. Entonces, inventó la silla para biblioteca. Si levantaba el asiento, aparecían unas escaleras que lo ayudaban a alcanzar cualquier libro de los estantes superiores. Y en caso de que subir las escaleras lo hiciera sentirse **mareado,** inventó un brazo de madera largo que también agarraba sus libros.

Además, inventó un odómetro que indicaba qué tanto había cabalgado para entregar el correo, y el primer reloj con una segunda manecilla e incluso ideó el horario de verano. Luego inventó los lentes bifocales para que las personas mayores pudieran ver tanto de lejos como de cerca sin cambiar de anteojos.

Todos, incluidos su hermano y su hermana, debían encontrar mejores formas de calentar sus casas durante el invierno, así que a Ben se le ocurrió crear una estufa estilo Franklin que podía calentar las habitaciones frías más rápidamente y usaba mucha menos leña que las estufas y las chimeneas anticuadas.

En toda Europa y Estados Unidos, a las personas les encantaba la armónica de cristal de Ben. Este instrumento hacía girar copas de vidrio húmedas para producir música que sonaba como si viniera del cielo mismo. Mozart y Beethoven escribieron música para este instrumento e incluso fue tocado en una boda real italiana.

Aunque las estufas más calientes y las armónicas de cristal fueron populares, no son tan reconocidas en ningún lugar como lo es **actualmente** el invento que Ben logró después de robar el rayo.

Otra pista acerca del invento más famoso de Ben es que ayudó a facilitar la vida de todas las personas. Sus ideas científicas también fueron útiles y con frecuencia estuvieron muy adelantadas a su tiempo. Por ejemplo, tenía muchas ideas con respecto a la salud. Decía que el ejercicio y el levantamiento de pesas ayudaban a mantener a las personas en forma, pero que tenían que entrenar lo suficiente como para sudar si querían lograr algún beneficio.

Escribió que respirar aire fresco y tomar mucha agua era bueno para ti. Fue el hombre que dijo: "una manzana al día del médico te libraría".

Y antes de que alguien hubiera escuchado acerca de la vitamina C, él escribió que las naranjas, las limas y las toronjas ayudan a tener encías y piel saludables. Pronto, los marineros se enteraron de la idea y comenzaron a comer tantas limas para evitar enfermarse de escorbuto en el mar que se les comenzó a llamar *limeys* en inglés.

¿Este hombre nunca descansaba? Incluso cuando salía, Ben seguía experimentando.

Por ejemplo, con frecuencia navegaba a Inglaterra y Francia para hacer negocios en nombre de Estados Unidos y mientras cruzaba el océano Atlántico, trazaba el mapa de la corriente del golfo tomándole la temperatura. Una vez que los marineros conocieron la ruta de este rápido "río" cálido en el frío océano, pudieron viajar entre América y Europa en menos tiempo que nunca.

Probablemente, también fue la primera persona en hacer pronósticos del tiempo atmosférico. Una vez persiguió a caballo un torbellino incontrolable por las colinas y bosques de Maryland, solo para descubrir cómo funcionaba.

Ben tenía un viejo truco científico que le gustaba mostrar siempre que tenía la oportunidad. Solía guardar un poco de aceite dentro de un bastón de bambú y cada vez que derramaba unas gotas sobre las olas furiosas en un estanque o en un lago, ¡el agua se calmaba y se veía como cristal!

Mientras tanto, en Europa, los llamados "electricistas" habían comenzado a hacer algunos trucos por su propia cuenta. Uno era levantar a un muchacho cerca del techo con un montón de cuerdas de seda, frotar sus pies con un "tubo eléctrico" de vidrio y así conseguir que salieran disparadas chispas de sus manos y su rostro.

Otro truco, que parecía una **travesura,** hacía que el rey de Francia se riera tanto que apenas si podía parar. El electricista de su corte enviaba una carga eléctrica a los 180 soldados de la guardia, quienes con una sacudida se ponían firmes más rápido que nunca en toda su vida.

Pero, aunque la gente estuviera haciendo muchos trucos con electricidad, nadie tenía idea de por qué o cómo funcionaba. Así que Benjamin Franklin decidió descubrirlo y le pidió a un amigo británico que le enviara un tubo eléctrico para poder hacer algunos **experimentos.**

En uno de ellos, construyó una "araña eléctrica" de corcho con patas de hilo que saltaba hacia adelante y hacia atrás entre un cable y un tubo eléctrico, tal como si estuviera viva.

En otra ocasión, les pidió a una dama y a un caballero que se pararan sobre cera. Ella sostenía un tubo eléctrico, y él un cable, y cuando trataban de besarse, quedaban impactados con las chispas que saltaban entre sus labios.

Ben incluso se las ingenió para iluminar el retrato de un rey en un marco de oro. Cualquiera que intentara quitarle la corona de papel dorado al rey ¡se llevaría una buena descarga!

Todos estos trucos le dieron a Ben la idea de robarle el rayo al cielo. Él creía que el rayo era, ni más ni menos, electricidad pura y se propuso demostrarlo.

Primero construyó una cometa de seda con un cable en la parte superior para atraer algún rayo. Luego le agregó una cuerda de cometa, amarró una llave en la parte inferior y anudó una cinta de seda debajo de la llave. Ben y su hijo William se cubrieron de la lluvia detrás de la puerta de un cobertizo en un lado de un prado. Para evitar electrocutarse, Ben se agarró de la cinta de seda seca y elevó su cometa directamente hacia una gran nube de lluvia.

Durante un rato que fue eterno, no sucedió nada.

Y justo cuando Ben y William estaban a punto de darse por vencidos, los pelos de la cuerda de la cometa mojada comenzaron a elevarse y a erguirse. Ben puso su nudillo cerca de la llave y *¡¡AYAYAY!!* ¡Saltó una chispa brillante de electricidad **verdadera**!

¡El rayo verdadero había recorrido toda la cuerda de la cometa hasta abajo! Ben acababa de robarle el fuego eléctrico a los cielos y había probado que estaba en lo cierto.

(Por supuesto, ahora sabemos que si la tormenta hubiera sido un poco más fuerte, el gran inventor habría sido historia).

425

¡Por fin! Esta es la parte de la historia en la que la
costumbre de Ben de inventar cosas le fue muy útil. Si
recuerdas, volviendo atrás, los rayos siempre incendiaban
los barcos, las casas y las torres de las iglesias. Ni siquiera
el mejor cuerpo de bomberos podía evitar que pueblos
enteros se volvieran cenizas. Así que Ben decidió hacer
su invento más famoso: ¡el pararrayos!

La idea consistía en atraer del cielo los rayos en forma segura, antes de que causaran algún daño. Ben le explicó a la gente cómo poner una barra de hierro puntiaguda en la parte más alta de un techo o en el mástil de los barcos y conectarla a un cable dirigido bajo tierra o al agua. Así, el rayo podía seguir un camino seguro sin incendiar nada.

AHORA COMPRUEBA

Resumir ¿Cómo se robó Ben Franklin el rayo del cielo? Resume la información de las páginas 426 y 427.

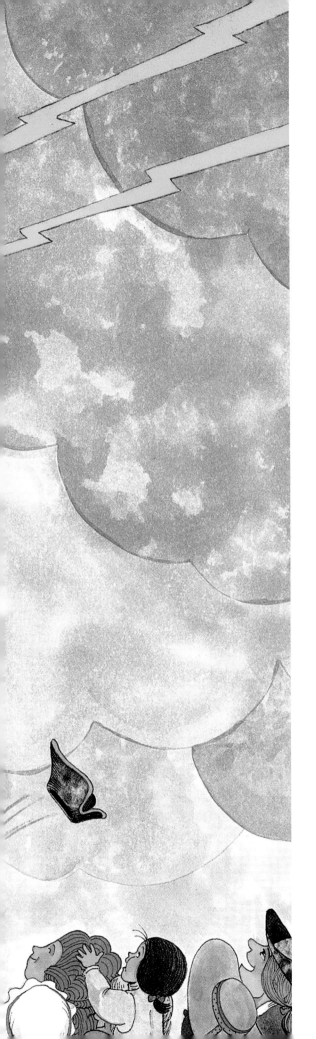

Este invento sencillo, pero brillante, funcionaba de maravilla. Salvó más vidas de las que se puedan contar e hizo de Ben Franklin un gran héroe.

Científicos de todo el mundo hacían fila para otorgarle medallas y reconocimientos. Pero durante su larga vida, llegó a ser mucho más que el amo del rayo. Pues, cuando Estados Unidos luchó contra Gran Bretaña por el derecho de convertirse en una nación libre, Ben convenció a Francia de venir y ayudarles a ganar la guerra, y cuando esta terminó, ayudó a convencer a Gran Bretaña de que firmara la paz. Había ayudado de tantas maneras que el pueblo de Francia lo honró con un hermoso medallón que decía: "Arrebató el rayo al cielo y el cetro a los tiranos".

Y es verdad.

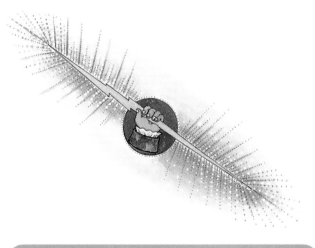

AHORA COMPRUEBA

Volver a leer ¿Por qué Ben Franklin fue premiado con tantas medallas y reconocimientos? Vuelve a leer para encontrar la respuesta.

LA AUTORA NOS ENSEÑA SOBRE LOS INVENTOS

ROSALYN SCHANZER

Al igual que Ben Franklin, **Rosalyn Schanzer** es una persona con muchos intereses. Además de ser artista, fotógrafa y escritora, Schanzer disfruta de la natación. Mientras crecía, le encantaba hacer dibujos. Estudió arte en la universidad y su primer trabajo fue ilustrando tarjetas de felicitación. Luego se dedicó a ilustrar revistas y libros para niños. Su interés en personas famosas y sucesos históricos la llevó a asumir el reto de ser escritora. Ahora sigue fiel a sus intereses al ilustrar los libros que escribe.

Propósito de la autora

El invento del pararrayos de Ben Franklin fue el tema principal de esta selección. ¿Por qué decidió la autora mencionar tantos de sus demás inventos?

Respuesta al texto

Resumir

Resume *Cómo Ben Franklin se robó el rayo*.
La información del organizador gráfico de
problema y solución puede servirte de ayuda.

Problema	Solución

Escribir

Piensa en cómo Rosalyn Schanzer habla de los logros de
Benjamin Franklin. ¿Cómo te permite esto entender que Ben
Franklin era bueno para resolver problemas? Utiliza estos
marcos de oración para organizar tu respuesta.

> Rosalyn Schanzer presenta a Ben Franklin
> por medio de…
>
> Luego describe cómo…
>
> Esto me permite entender que él era bueno
> para resolver problemas porque…

Hacer conexiones

¿Cómo el invento del pararrayos resolvió un
problema? PREGUNTA ESENCIAL

Piensa en algunos inventos modernos. Describe un
invento que resuelve un problema en nuestro mundo
actualmente. EL TEXTO Y EL MUNDO

Género • Cuento de hadas

Compara los textos

Lee acerca de cómo un invento ayudó a resolver el problema de los gnomos.

El sueño que salva la aldea de los gnomos

Yan Martínez

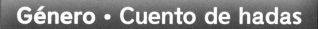

Miguel Robledo

Federico era un joven gnomo del bosque. Siempre se caracterizó por su inteligencia e ingenio. Desde pequeño reparaba cualquier aparato o mueble roto de la aldea. Uno de sus primeros inventos fue una máquina de riego para llevar agua al cultivo de frambuesas.

Los inventos de Federico han resuelto muchos problemas en la aldea. Así que un día, el rey gnomo lo mandó llamar para resolver una **verdadera** catástrofe.

—Desde hace algunas semanas —dijo el rey gnomo—, se han presentado varios problemas en el bosque debido a olvidos inexplicables. Por ejemplo, primero, Gonzalo, el gnomo encargado de ayudar a las lechuzas del bosque, pasó todo el día buscando el árbol en el que anidan estas aves, sin conseguirlo. Al día siguiente, su esposa no pudo encontrar la sartén en la que cocinan los huevos para el desayuno. Y después, de igual manera, todos los gnomos han empezado a olvidar pequeñas cosas que les impiden cumplir con sus actividades diarias. Como ves, Federico, esto es un gran problema que se está extendiendo a todas las aldeas del reino.

Federico salió muy preocupado del castillo del rey gnomo rumbo al bosque. En el camino, se puso a pensar en un **procedimiento** que le permitiera resolver el problema.

Cuando llegó a la aldea confirmó lo que le había contado el rey. Los gnomos olvidaban detalles sobre lo que debían hacer. Sabían, por ejemplo, que debían recoger algunos frutos del bosque. Sin embargo, no recordaban en dónde debían almacenarlos, a quién entregarlos y, ni siquiera, cómo recolectarlos.

Pasó todo el día observando a los gnomos ir y venir. A la mañana siguiente, libreta en mano, se fue a entrevistar a los gnomos para descubrir la causa. Le sorprendió la cantidad de detalles que pudo reunir. Al revisar sus apuntes, se dio cuenta de una cosa. A las preguntas relacionadas con sus hábitos de sueño, todos respondieron vagamente.

Decidió hacer esta pregunta a Alba, la gnomo doctora, quien hizo un gesto de disgusto.

—¿Qué te pasa, Alba? —dijo Federico sorprendido.

—Pues… —contestó Alba—, desde hace unas semanas no recuerdo mucho sobre mis hábitos de sueño. Lo poco que recuerdo es que dormir se ha convertido en un problema. No duermo como antes: descanso, pero no recuerdo lo que sueño. Es más, creo que no sueño. Al levantarme, siempre tengo un sentimiento de disgusto.

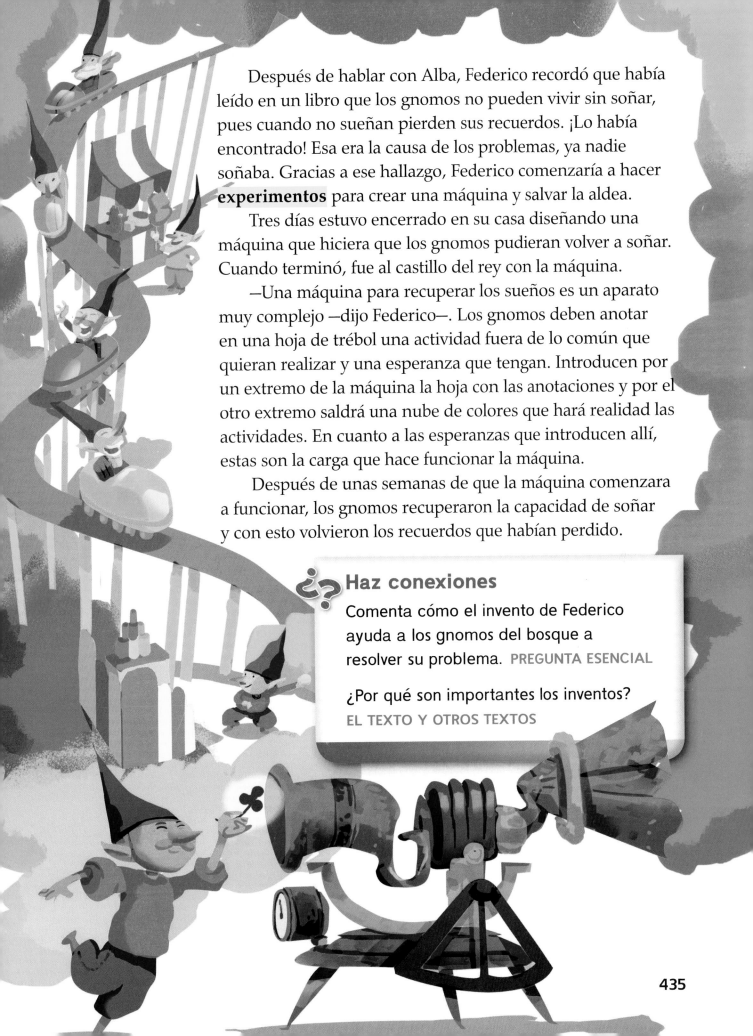

Después de hablar con Alba, Federico recordó que había leído en un libro que los gnomos no pueden vivir sin soñar, pues cuando no sueñan pierden sus recuerdos. ¡Lo había encontrado! Esa era la causa de los problemas, ya nadie soñaba. Gracias a ese hallazgo, Federico comenzaría a hacer **experimentos** para crear una máquina y salvar la aldea.

Tres días estuvo encerrado en su casa diseñando una máquina que hiciera que los gnomos pudieran volver a soñar. Cuando terminó, fue al castillo del rey con la máquina.

—Una máquina para recuperar los sueños es un aparato muy complejo —dijo Federico—. Los gnomos deben anotar en una hoja de trébol una actividad fuera de lo común que quieran realizar y una esperanza que tengan. Introducen por un extremo de la máquina la hoja con las anotaciones y por el otro extremo saldrá una nube de colores que hará realidad las actividades. En cuanto a las esperanzas que introducen allí, estas son la carga que hace funcionar la máquina.

Después de unas semanas de que la máquina comenzara a funcionar, los gnomos recuperaron la capacidad de soñar y con esto volvieron los recuerdos que habían perdido.

¿? Haz conexiones

Comenta cómo el invento de Federico ayuda a los gnomos del bosque a resolver su problema. PREGUNTA ESENCIAL

¿Por qué son importantes los inventos?
EL TEXTO Y OTROS TEXTOS

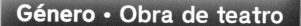
Colón agarra viaje a toda costa

Adela Basch
ilustrado por Lorena Álvarez

¿? Pregunta esencial

¿Cuáles son algunos de los motivos por los que la gente se muda a otro lugar?

Lee acerca de las imaginarias peripecias de Cristóbal Colón antes de comenzar su travesía al Nuevo Mundo.

¡Conéctate!

AMBIENTE

Palacio de los reyes de España,
hace mucho tiempo

PERSONAJES

Presentador
Presentadora
Colón
Hombre **necio**
Mujer necia

PRIMER ACTO
ESCENA 1

PRESENTADOR. Estimado público, hoy vamos a imaginar la historia de un singular personaje, de sus búsquedas y de sus viajes.
Para algunos, fue un hombre intrépido y valeroso...

PRESENTADORA. Para otros, fue solamente un ambicioso.

PRESENTADOR. Para algunos, fue un gran navegante.

PRESENTADORA. Para otros, fue sólo un farsante.

PRESENTADOR. Para algunos, quiso ir más allá de los límites del saber.

PRESENTADORA. Para otros, sólo buscaba honores y poder.

PRESENTADOR. Para algunos, fue un **visionario**.

PRESENTADORA. Para otros, trataba de hacerse millonario.

PRESENTADOR. Para algunos, fue brillante y generoso.

PRESENTADORA. Para otros, fue avaro y codicioso.

PRESENTADOR. Para algunos, fue un valiente.

PRESENTADORA. Para otros, fue un **demente**.

PRESENTADOR. Para algunos, fue un iluminado.

PRESENTADORA. Para otros, un chiflado.

PRESENTADOR. Para algunos, fue todo generosidad y grandeza.

PRESENTADORA (*está en Babia*). ¿Qué?

PRESENTADOR. Dije: ¡generosidad y grandeza! ¡Grandeza! ¡Gran-de-za!

PRESENTADORA. ¿Grande esa? ¿Grande esa? ¿Grande esa qué?

PRESENTADOR. ¡Grande esa idea que se le apareció en la cabeza! ¡Salir de viaje!

PRESENTADORA. ¿Y qué tiene salir de viaje? Hay millones de personas que salen de viaje todos los días...

PRESENTADOR. Sí, ahora, pero en ese momento era otra cosa... ¡Salir de viaje hacia lo desconocido! ¡Encontrar nuevos caminos! Para algunos, fue todo generosidad y grandeza.

PRESENTADORA. Para otros, sólo quería riquezas.

PRESENTADOR. Para algunos era... ¡Cristóbal Colón!

PRESENTADORA. Y para otros también era... ¡Cristóbal Colón!

PRESENTADOR. En el mundo hay muchas cosas que llevan el nombre de Colón.

PRESENTADORA. Teatros, ciudades, calles, avenidas. Pero nadie sabe bien cómo fue su vida.

PRESENTADOR. De Colón se sabe poco. Pero existe la certeza de que se le encendió una idea **persistente** en la cabeza.

PRESENTADORA. Siempre sintió gran **curiosidad** por saber qué había más allá.

PRESENTADOR. Ustedes preguntarán: ¿más allá de qué?

PRESENTADORA. Pues bien, más allá de todo. Quería saber si era posible que las cosas fueran de otro modo.

PRESENTADOR. Y tal vez, quién sabe, se haya sentido reclamado por un **poderoso** y fuerte llamado.
(Se escucha golpear a una puerta).

Lorena Álvarez

ESCENA 2

(Mientras todo esto pasa, Colón está sentado en su casa. Escucha golpear a la puerta. Si hubiera estado durmiendo, seguro que se despierta).

COLÓN. ¿Quién es?

PRESENTADOR. ¡Cartero!

(Colón abre la puerta y recibe una botella con un mensaje).

COLÓN. Mmm, tiene fecha de hoy. ¡Qué bien anda el correo! Si no lo veo, no lo creo.

(Colón está muy intrigado. Abre la botella y saca el mensaje, enfrascado. Lo lee en voz alta).

COLÓN. La vida sin riesgo ni aventura es aburridísima. ¿No te interesa conocer otras tierras, ideas nuevas, posibilidades diferentes? Busca más allá del mar.

El mundo es más grande de lo que piensas. Más allá del horizonte siempre hay algo más.

(Colón toma largavistas, telescopios, mapas, libros y se instala a mirar el mar... avilloso mar. Consulta todo lo que tiene a mano y se queda extasiado contemplando las olas).

AHORA COMPRUEBA

Visualizar ¿Qué palabras de la página 441 te ayudan a visualizar cómo es el sistema de correo?

COLÓN. Me pregunto qué hay más allá del mar, más allá de mi casa, mis ventanas, mi familia, mis amigos, mis ojos, mi boca, mis vecinos; me pregunto qué habrá más allá de todo lo conocido…

PRESENTADOR. Colón se preguntaba y se preguntaba. Pero la gente le contestaba: ¡nada!
(Mientras Colón contempla el mar entra un hombre necio).

COLÓN. ¿Qué hay más allá del mar? ¿Usted qué opina?

HOMBRE NECIO. No hay nada. El mundo se termina.

COLÓN. Más allá del mar tiene que haber algún camino.

HOMBRE NECIO. Más allá del mar no hay ni un pepino.

COLÓN. Más allá del mar puede haber otras ciudades, puertos, ríos.

HOMBRE NECIO. Más allá del mar hay un vacío.

COLÓN. Más allá del mar puede haber gente enamorada.

HOMBRE NECIO. No. Más allá del mar no hay nada.

COLÓN. Más allá del mar puede haber alguien, tal vez Juan, María, Vicente.

HOMBRE NECIO. Más allá del mar no hay nada y tampoco hay gente.

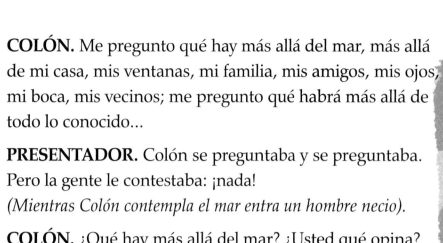

COLÓN. Puede haber leones, águilas, rosales.

HOMBRE NECIO. No. Más allá no hay vida, ni plantas, ni animales.

COLÓN. Más allá puede haber risas, luces y miradas.

HOMBRE NECIO. No. Más allá no hay nada.

COLÓN. Tiene que haber algo aparte de nosotros mismos.

HOMBRE NECIO. No. Solamente hay un abismo. Más allá todo termina, todo desaparece.

COLÓN. ¡Basta! Me parece que dice estupideces. Si usted nunca cruzó el mar, ¿cómo sabe que no hay nada más allá?

HOMBRE NECIO. Siempre oí decir que no hay nada y si siempre oí decir que no hay nada, quiere decir que no hay nada. ¿Usted nunca escuchó esto? En el cielo las estrellas, en el campo las espinas y después del mar el mundo se termina.

COLÓN. Usted me recuerda a mi tía Pirucha, repite cualquier cosa que escucha. ¡Trucha!

HOMBRE NECIO. Trucha.

COLÓN. Mejor, regrésese a su casucha.

HOMBRE NECIO. ¿Qué cucha?

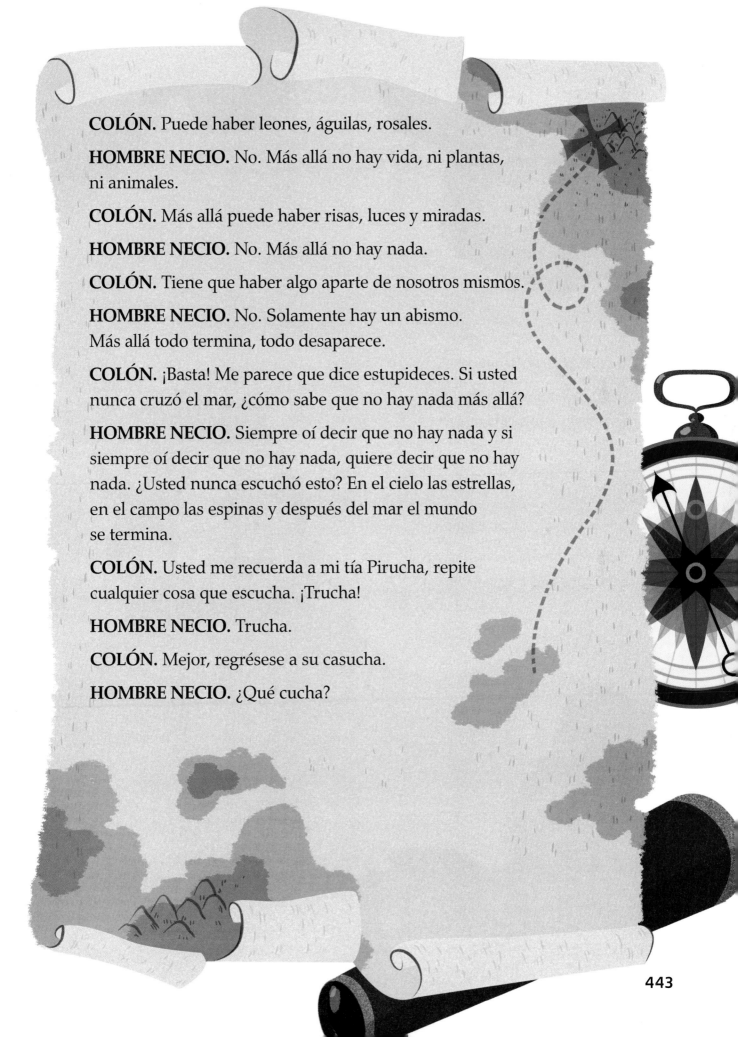

COLÓN.

La que escucha. Yo ya me cansé. Váyase a dar una ducha.
(El hombre necio se va. Colón se pone a cantar esta canción).

En el mundo hay mucho más
de lo que conocemos,
hay secretos por develar
en caminos nuevos.

En el mundo hay mucho más
que el suelo que pisamos,
más de lo que ven los ojos
y pueden tocar las manos.

En el mundo hay mucho más,
hay cosas que ni soñamos,
fronteras desconocidas
en horizontes lejanos.

En el mundo hay mucho más
que inútiles mapas viejos
que no saben de aventuras
y no conocen el riesgo.

ESCENA 3

(Colón sigue dedicado a mirar el mar y de vez en cuando se concentra en el telescopio, los mapas y los libros).

COLÓN. Me pregunto qué hay más allá del mar, más allá de mi barrio y de mi cielo, más allá de mi vista y de mi olfato, más allá de mi cabeza y mis zapatos.

PRESENTADORA. Colón se preguntaba y se preguntaba, pero la gente le contestaba... ¡bobadas!
(Precisamente en este instante entra en escena una mujer necia).

COLÓN. ¿Usted sabe qué hay más allá?

MUJER NECIA. ¿Más allá de qué?

COLÓN. Más allá del mar, más allá del horizonte...

MUJER NECIA *(le agarra un susto bárbaro).* Más allá del horizonte... ¡Ay! ¡ay! ¡ay!... Hay unos horribles rinocerontes. Son unos monstruos espantosos que echan fuego por la boca y destrozan lo que tocan. Se parecen a elefantes altos como gigantes. Y además, tienen cuerpo de caballo y la cabeza de zapallo.

COLÓN. ¿Está segura?

MUJER NECIA. Segurísima.

COLÓN. ¿Cómo dijo que son?

MUJER NECIA. Con cuerpo de dinosaurio y cabeza de manzana.

COLÓN. ¿Está segura?

MUJER NECIA. ¡Como que me llamo Juana!

COLÓN. ¿Cómo dijo que son?

MUJER NECIA. Con cuerpo de cocodrilo y cabeza de mariposa. ¡Seguro! Como que me llamo Rosa.

COLÓN. Disculpe, ¿cómo son esos horribles monstruos?

MUJER NECIA. Tienen cuerpo de canguro y diez cabezas sin forma.

COLÓN. ¿Seguro?

MUJER NECIA. ¡Seguro! Como que me llamo Norma.

Lorena Álvarez

446

COLÓN. Por favor, vuélvame a decir cómo son esos monstruos espantosos, terribles y horrorosos que viven más allá del mar.

MUJER NECIA. Sí, cómo no. Tienen cuerpo de perro y cabeza de zanahoria.

COLÓN. ¿De verdad?

MUJER NECIA. Sí, ¡como que me llamo Gloria!

COLÓN. Perdón, no le entendí bien, ¿cómo es que son?

MUJER NECIA. ¿Cuántas veces quiere que se lo diga? ¡Tienen cuerpo de jirafa y cabeza de gallina!

COLÓN. ¿Realmente?

MUJER NECIA. ¡Como que me llamo Tina!

COLÓN. Claro, claro, por supuesto, entonces, tienen cuerpo de...

MUJER NECIA. Tienen cuerpo de hipopótamo y cabeza de cepillo.

COLÓN. ¡A usted le falta un tornillo!

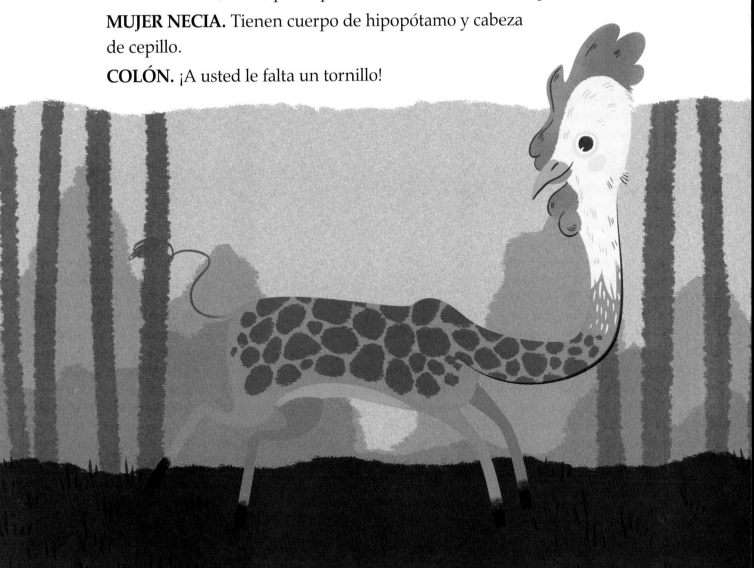

MUJER NECIA. ¿No me entendió? Tienen cuerpo de gorila y cabeza de tomate...

COLÓN (*recontra harto*). Sí, sí, ya entendí. Perfectamente. Bueno, doña, encantado de haberla conocido. Ah, disculpe, ¿cómo se llama usted?

MUJER NECIA. ¿Yo? ¿No le dije? Josefina.

(*Y ahí nomás, la mujer necia se da media vuelta y se va*).

COLÓN. Me recuerda a mi tía Mercedes, no está más loca porque no puede.
(*Colón vuelve a mirar el mar y consulta los libros, los mapas, el telescopio y el largavista. ¡Vamos, Colón, insista!*).

COLÓN. Me pregunto qué habrá más allá del mar, más allá del horizonte, más allá de todo lo que conozco, de mi techo y mi cocina, más allá de mi propia vida...

PRESENTADORA. Dice "¿qué hay más allá?". ¿Qué hay más allá? ¿Qué hay más allá? ¿Qué hay más allá? ¿Qué hay más allá?

PRESENTADOR. ¿Que hay masas ya? ¿Que hay masas ya? ¡Quiero ma-sas ya! ¡Quiero ma-sas ya! Masas o bizcochos: es igual.

¡Ma-sas ya! De crema, de chocolate, ¡masas ya!

PRESENTADORA. ¡Basta! Me recuerda a mi tío Tomás, una vez que empieza no termina más.

COLÓN. Me pregunto qué hay más allá de esta orilla, más allá de mi sol y de mi tierra, más allá de mi calle, de mi mesa, de mi silla. Me pregunto si habrá maravillas, ciudades sorprendentes, islas misteriosas, personas diferentes...
Me pregunto si habrá lagos, montañas, ríos, llanuras.
¡Y siento un irresistible deseo de aventura!

PRESENTADOR. Se sabe muy poco sobre Colón y sobre su vida.

PRESENTADORA. Pero es seguro que se hacía una pregunta muy atrevida.

AHORA COMPRUEBA

Visualizar ¿Qué palabras de la página 449 te ayudan a visualizar lo que imagina Colón?

449

COLÓN.

¿Qué habrá más allá del mar?
(*Y aquí los tres se ponen a cantar*
esta canción).

Me lo pregunto de noche,
me lo pregunto de día,
pero no encuentro respuesta
a esta pregunta mía.

Se lo pregunto al vecino,
se lo pregunto a mi tía,
lo pregunto en el mercado
y en la peluquería.

Se lo pregunto a Juan,
se lo pregunto a María,
pero todos me contestan
un montón de tonterías.

Lo pregunto con canciones,
lo pregunto con poesía,
pero todos me contestan
tonteras y habladurías.

Lorena Álvarez

PRESENTADOR. También se sabe con certeza que, cada tanto, Colón se sentía reclamado...

PRESENTADORA. ¡Por un poderoso y fuerte llamado!

(Se escucha golpear a una puerta y no sabemos si está cerrada o está abierta).

451

ESCENA 4

(Colón está en su casa, seguramente pensando en lo que le pasa. Golpean a la puerta, que dentro de un instante va a estar abierta).

COLÓN. ¿Quién es?

PRESENTADOR. ¡Cartero!
(Le entrega una botella con un mensaje. Colón lo lee, interesadísimo).

COLÓN. ¿Te vas a pasar la vida preguntando y preguntando? ¿Por qué no tratas de hacer algo? El mundo no termina a la vuelta de la esquina, pero eso solamente lo ve el que camina. ¡Vamos! Detrás del horizonte siempre hay algo más. Hay rutas desconocidas con mil posibilidades, hay montañas, ríos, selvas y ciudades.
(Colón interrumpe por un momento la lectura del mensaje. Tiene unas ganas bárbaras de salir de viaje. Pero no sabe bien qué hacer).

Lorena Álvarez

Sí, sí, pero ¿qué hago? Yo no tengo barcos, ni botes, ni veleros y, sobre todo, no tengo dinero. Soy un seco, arruinado y no voy a cruzar el mar a nado. ¿Qué hago, qué hago, qué hago?

(Sigue leyendo el mensaje. Tal vez encuentre alguna palabra que le dé coraje).

Si no tienes barcos, búscalos, invéntalos, constrúyelos, pídelos prestados. No te quedes con los brazos cruzados. Consíguelos de alguna manera. Seguramente hay gente a la que le interesan las ideas que tienes en la cabeza.

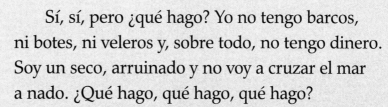

AHORA COMPRUEBA

Volver a leer ¿Cuáles son las palabras que motivan a Colón a cumplir su sueño de viajar? Vuelve a leer para encontrar la respuesta.

Los viajes de Adela y Lorena

Adela Basch adquirió su pasión por la lectura mientras crecía en Argentina. Su papá le leía todas las noches algunos de los libros que formaban parte de su biblioteca personal, mientras su mamá interpretaba en el piano alguna canción de Chopin o Schumann. Para Adela la literatura misma es un viaje, nos lleva a otros sitios, nos hace "dejar el lugar en que estamos para dirigirnos a otro". Gracias a la literatura, según Adela, tenemos experiencias que antes no habíamos vivido, llenas de muchas aventuras y oportunidades de aprendizaje.

Lorena Álvarez es una ilustradora y artista que nació en Bogotá (Colombia). Le gusta trabajar con color y experimentar con diversas técnicas y en diferentes escenarios, por eso también forma parte de "La Procesión Puppet Club" en su ciudad. Le gusta pintar, cuidar a su perro y leer cómics, además de trabajar en su casa rodeada de música y de sus familiares.

Propósito de la autora

¿Por qué escribió la autora estas peripecias imaginarias de Colón con la estructura de una obra de teatro?

Respuesta al texto

Resumir

Usa detalles importantes de la obra de teatro *Colón agarra viaje a toda costa* y describe el proceso por el que pasó Colón para tomar su decisión de viajar. Incluye información del organizador gráfico de causa y efecto.

Causa → Efecto
→
→
→
→

Escribir

Piensa en los sucesos que muestran cómo se enfrenta Colón a la pregunta de qué hay más allá del mar. ¿Cómo podemos inferir a partir de estos sucesos en qué consiste la faceta aventurera de Colón?

> Colón se enfrenta a la pregunta de qué hay más allá del mar en sucesos como…
>
> Así, podemos inferir que su faceta aventurera consiste en…

Hacer conexiones

Comenta cómo explica Colón su deseo de emprender un viaje para ver qué hay más allá del mar. PREGUNTA ESENCIAL

Los viajes a través del océano que emprendieron los europeos en los siglos XV y XVI eran muy difíciles en su época. ¿Cuáles fueron algunas de las razones por las que estas personas decidieron hacer esta travesía tan complicada y larga? EL TEXTO Y EL MUNDO

Compara los textos

Lee acerca de los motivos que tuvieron Fermín y Alicia para mudarse a Valle del Sol.

El valle del Sol

Marcela Romero Calderón

Fermín y Alicia habían prometido cavar tanto tiempo como fuera necesario para llegar al valle que quedaba dentro de la Tierra y que pensaban que albergaba otro Sol. Allá no iban a padecer el frío de su **territorio**. Sus **visionarios** antepasados habían buscado esa ruta al Sol, pero no la encontraron y debieron adaptarse al frío y a la oscuridad del subsuelo. Sus padres, sus abuelos y los abuelos de sus abuelos habían desistido de buscar el valle, pues les había parecido que era una tarea imposible.

Jacobo Serrano

456

Por otro lado, como eran tan diminutos, vivir sobre la tierra era muy arriesgado. Hasta las hormigas podían aplastarlos. Por esto solo les habían quedado dos opciones: vivir debajo de la tierra o buscar el Sol que las leyendas decían que estaba dentro de la Tierra. Finalmente habían decidido **asentarse** en el subsuelo.

Los problemas que los llevaron a buscar el camino hacia Valle del Sol comenzaron cuando descubrieron que había una tristeza general entre sus vecinos. Unos años antes, habían sido muy felices. Todos sonreían, jugaban, bailaban y cantaban. Sin embargo, los humanos habían hecho construcciones gigantescas tan artificiales que la tierra se fue volviendo gris, dura y seca. Y lo mismo comenzó a suceder con los corazones de los pequeñines.

Cuando Fermín y Alicia conversaron sobre el asunto, llegaron a la conclusión de que todo se debía a la falta de luz y a vivir en una tierra que ahora era infértil. A los amigos se les ocurrió que necesitaban cambiar esa constante oscuridad por luz y calor. Por tanto, prometieron encontrar la ruta a Valle del Sol y no descansarían hasta lograrlo. Querían volver a ver colores por todas partes y que todos volvieran a sonreír, jugar, cantar y bailar. Empezaron su tarea con la construcción de caminos nuevos. Después de semanas, encontraron la ruta que sus antepasados habían construido alguna vez.

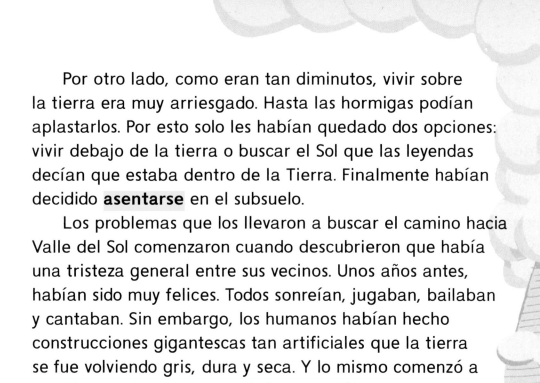

Después de tanto excavar, los demás decidieron ayudarlos. Un día, Alicia vio un rayo de sol que se colaba por debajo de unas piedras. Llamó a Fermín y le preguntó:

—¿Crees que llegamos? ¿La movemos juntos?

—Por supuesto que sí —le respondió Fermín muy emocionado.

Los dos apartaron una gran roca que esperaban fuera la que separaba el subsuelo de Valle del Sol, el valle que estaba dentro de la Tierra.

¡Por fin lo habían logrado! Era hermoso, tenía una rosa muy bonita en la entrada y un arroyo de agua cristalina en medio de unos árboles frondosos. Había animales que eran de su mismo tamaño. Y el sol cubría todo el lugar.

Jacobo Serrano

Después de Fermín y Alicia, entraron los otros pequeñines. No podían creer lo que sus ojos veían. El sol parecía estar a solo pasos de distancia. Era como si lo pudieran tocar. Y fue como si sus corazones comenzaran a alegrarse. Todos sonreían y se abrazaban. Reconocían los colores que tanto habían extrañado.

Así terminaron su mudanza al anhelado Valle del Sol. Dividieron el terreno, construyeron casas y comenzaron a disfrutar la vida allí. Finalmente la alegría estuvo completa cuando comenzaron a cultivar y de esa prolífera tierra comenzaron a crecer los frutos y los cultivos más deliciosos y variados que jamás hubieran probado.

¿? Haz conexiones

¿Por qué Fermín y Alicia quisieron mudarse a Valle del Sol? PREGUNTA ESENCIAL

Compara la mudanza de los pequeñines con las de otras personas que se hayan mudado. EL TEXTO Y OTROS TEXTOS

Pregunta esencial

¿Cómo han cambiado nuestros recursos energéticos a través de los años?

Lee cómo una comunidad usó recursos energéticos renovables.

¡Conéctate!

La isla de la energía

Cómo una comunidad aprovechó el viento y cambió su mundo

ALLAN DRUMMOND

¡Bienvenidos a la Isla de la Energía! El nombre real de nuestra isla es Samsø, pero nos gusta llamarla la "Isla de la Energía".

Hasta hace poco éramos gente corriente que vivía en una isla corriente en el centro de Dinamarca. En muchos aspectos, Samsø era, y sigue siendo, bastante parecida al lugar donde vives. Tenemos muchos campos y granjas, donde los granjeros crían vacas y ovejas, y cultivan productos como papas, guisantes, maíz y fresas. También hay un puerto donde llegan los ferris y barcos pesqueros.

Recientemente nuestro pequeño hogar se volvió muy famoso y ahora vienen científicos de todas partes del mundo solo para hablar con nosotros y aprender sobre lo que hemos hecho. ¿A qué se debe esto? Pues bien, es una historia interesante...

¡Vamos! ¡Sujeten sus sombreros!

Nuestra isla queda en el centro de Dinamarca... y en medio del mar. ¡Por eso siempre hace tanto viento aquí! ¡Ups!

En el verano nos divertimos en la playa, y en el invierno jugamos bajo techo. Tenemos pueblos y escuelas. Los niños juegan fútbol y los adultos van a la tienda de comestibles. Todo es bastante corriente aquí, excepto el viento.

La forma en que utilizábamos la energía también era bastante corriente: en las oscuras noches de invierno encendíamos muchísimas luces y subíamos la calefacción para mantenernos calientes. Usábamos agua caliente sin siquiera pensarlo. La gasolina llegaba en buques y camiones cisterna, y la usábamos para nuestros automóviles y sistemas de calefacción. Y la electricidad llegaba de la parte continental del país por cables submarinos.

Hace algunos años, la mayoría de nosotros no pensaba mucho de dónde provenía nuestra energía o cómo se generaba. Eso fue antes de que nuestra isla ganara un concurso muy inusual en el que el Ministerio de Medioambiente y Energía danés eligió a Samsø como el lugar ideal de Dinamarca para independizarse de la energía no renovable.

Seleccionaron a un maestro llamado Søren Hermansen para liderar el proyecto de independencia energética. Él también era una persona bastante corriente...

Energía renovable

La energía renovable proviene de recursos que nunca se agotarán o que pueden reemplazarse. El viento, por ejemplo, es un recurso renovable, porque siempre soplará. Los molinos de viento se inventaron para capturar su energía.

Los ríos fluyen durante todo el año, por lo tanto, son una fuente de energía renovable. Las personas han usado presas, molinos de agua y otros medios para aprovechar la energía hidráulica durante miles de años.

La luz del sol, que se puede convertir en energía solar, es otro ejemplo de un recurso renovable. Al igual que las plantas que se cosechan, se convierten en *biocombustibles* y que luego se vuelven a sembrar.

Los científicos incluso están buscando formas de producir energía ¡a partir de basura quemada y aguas residuales!

AHORA COMPRUEBA

Hacer y responder preguntas
¿Cuáles son algunos ejemplos de energía renovable?

No tan corriente, él tocaba el bajo en una banda. Pero su materia favorita era estudios ambientales; además, la independencia energética lo entusiasmaba mucho.

—Díganme, niños, ¿de qué maneras podríamos producir nuestra propia energía aquí en la isla?

¡Al montar en bicicleta en vez de conducir autos!

¡Al capturar calor del sol!

¡Al usar combustible de cultivos!

¡Al quemar paja y leña!

—¡Imagínense si realmente pudiéramos producir suficiente energía a partir del sol y de nuestros cultivos, y hasta de nuestras propias piernas, para darle energía a toda la isla! Entonces no necesitaríamos que los buques cisterna vinieran acá. Dejaríamos de preocuparnos por el agotamiento mundial de petróleo y no necesitaríamos que nos enviaran electricidad del continente. Los recursos renovables son mucho más limpios. ¡Y piensen en el dinero que ahorraríamos! Solo debemos pensar en grande.

—¿Pero usted cree que realmente podamos producir tanta energía nosotros mismos? —preguntó Naja—. ¿Solo a partir del sol, de nuestros cultivos y de nuestras piernas?

—Bueno —dijo Kathrine—, ustedes saben que si algo abunda en nuestra isla es ¡viento! Quizá deberíamos comenzar con la energía del viento.

—¡Qué idea tan maravillosa! —dijo el Sr. Hermansen—. ¿Quién me apoya?

—¡Sujeten sus sombreros! —dijimos todos.

El problema de la energía no renovable

El carbón, el petróleo y el gas natural son fuentes extraordinarias de energía. Han contribuido a crear el mundo moderno, lleno de autos, plástico y electricidad. Pero este progreso ha tenido un precio, el CO_2.

El dióxido de carbono, CO_2, es un gas que se produce en la combustión de **combustibles** fósiles para obtener energía. El CO_2 se produce de forma natural, de hecho, ¡tú produces un poco cada vez que respiras! Pero cuando producimos cantidades enormes de CO_2 se puede convertir en un problema grave para el planeta.

Cuando se liberan en la atmósfera terrestre gases como vapor de agua, metano, ozono y dióxido de carbono, estos retienen calor. El calor atrapado en la atmósfera es el *efecto invernadero*. Cuando la temperatura promedio del planeta aumenta por causa del efecto invernadero, esto se denomina *calentamiento global*. El calentamiento global es un tipo de *cambio climático*.

Todos los niños estábamos muy entusiasmados con todas las ideas nuevas. Pero los adultos... Bueno, les tomó algún tiempo hacerlo.

—¡Costará millones! —dijo Jørgen Tranberg—. ¡Todas estas vacas ya me mantienen suficientemente ocupado!

—¿Calor del sol? —dijo Peter Poulen—. ¿Para qué molestarnos? Mientras pueda mantener mi casa caliente y ver televisión, soy feliz. No necesito un cambio.

—¿Bicicletas? —dijo Mogens Mahler—. Por supuesto que no. ¡Me encanta mi camión!

—¿Por qué nosotros? —dijo Dorthe Knudsen—. Dejen que otra isla asuma el reto.

—¿Energía renovable? —dijo Jens Hansen—. Soy muy viejo para todo eso.

—Samsø es solo un lugar corriente —dijo Ole Jørgense—. ¿Qué diferencia haríamos en el mundo?

—¿Independencia energética? ¡Ni lo sueñen! —dijo Petra Petersen.

El calentamiento global

El calentamiento global puede tener **consecuencias** graves para todos los seres vivos. Los científicos predicen que en los años venideros los veranos serán más calientes, los inviernos más fríos y las tormentas más fuertes.

Muchos científicos también creen que el calentamiento global es el responsable del derretimiento gradual de las capas de hielo de los polos Norte y Sur, el cual altera el nivel del agua en el océano y afecta a los osos polares y los pingüinos, sin mencionar a las personas que habitan en las costas de todo el mundo.

Por este motivo, los científicos se esfuerzan tanto por usar cada vez menos energía no renovable. Una forma de hacerlo consiste en utilizar más energía renovable, que, por lo general, libera menos CO_2.

¡Pero los científicos no pueden hacerlo solos! Hoy en día todos deberíamos reflexionar acerca del problema de la energía no renovable, como lo hicieron los isleños de Samsø.

Pero Søren Hermansen no se iba a rendir. Convocó a muchísimas reuniones locales.

—¡Hay energía a todo nuestro alrededor! —les dijo a los isleños—. Solo debemos trabajar juntos y pensar en grande para usarla de la mejor manera.

Habló con todos... El equipo de fútbol, los granjeros del mercado, todos los profesores, la policía, los pescadores, el capitán del puerto, el vigía y el dentista.

Así siguieron por varios años. Las personas escuchaban e incluso muchas estaban de acuerdo con lo que Søren Hermansen decía, pero no pasaba nada. ¿Alguien estaba dispuesto a hacer un cambio?

Un día el electricista Brian Kjær llamó a Søren Hermansen para decirle: "Estoy pensando en pequeño. Me gustaría instalar una turbina eólica usada junto a mi casa".

Jørgen Tranberg pensó en grande: "Quiero una turbina eólica inmensa. Invertiré mi dinero y luego venderé la electricidad que produzca".

El Sr. Hermansen estaba emocionado. Habían comenzado dos proyectos de energía renovable: uno muy pequeño... y otro, ¡muy grande!

Mientras Brian Kjær les pidió a sus familiares y amigos que lo ayudaran a instalar su turbina eólica... ¡se tuvo que emplear un gran barco, algunos camiones gigantes y dos grúas enormes para construir la de Jørgen Tranberg! El proyecto en Samsø había comenzado, pero todavía utilizábamos mucha energía no renovable. Parecía que nunca lograríamos nuestro sueño. Hasta que una oscura noche de invierno...

La cellisca y la nieve azotaron la isla. ¡De pronto, toda la isla se quedó sin electricidad! Todo estaba a oscuras.

Todo, excepto la casa de Brian Kjær.

—¡Electricidad gratuita! —gritó el Sr. Kjær—. ¡Mi turbina funciona! Esta noche soy independiente energéticamente.

Ciertamente, las aspas de la nueva turbina del Sr. Kjær silbaban y zumbaban en el viento.

—¡Sujeten sus sombreros! —gritó Søren Hermansen.

AHORA COMPRUEBA

Hacer y responder preguntas ¿Por qué esta tormenta de nieve en Samsø es tan significativa para la comunidad?

470

Las noticias viajan rápido en una isla pequeña como Samsø.

Después de esa noche, todos se preguntaban cómo podrían producir su propia energía.

De repente, Søren Hermansen estaba más ocupado que nunca ayudando a la gente a comenzar nuevos proyectos energéticos. Toda la isla puso manos a la obra. Algunas personas tenían ideas grandes y, otras, ideas pequeñas, pero todas eran importantes para alcanzar nuestro objetivo.

La familia Holm **instaló** paneles solares en su granja. En la actualidad, sus ovejas pastan mientras los paneles absorben energía solar. Ingvar Jørgensen construyó una caldera de biomasa que quema paja en vez de petróleo, y ahora calienta su casa y también las de sus vecinos. De hecho, hay tanta biomasa en Samsø que pueblos enteros se calientan ahora quemando la leña y la paja de la isla. Erik Andersen produce combustible para tractores con su cultivo de canola. La esposa de Brian Kjær, Betina, anda en su carro eléctrico. Y su molino de viento le carga la batería.

Hoy incluso tenemos bicicletas eléctricas que se cargan con energía eólica. Cada uno de nosotros tiene una historia de independencia energética, razón por la cual personas del mundo entero quieren escuchar las últimas noticias de la "Isla de la Energía".

Veamos si Jørgen Tranberg nos llevará hasta arriba de esta escalera a la cima misma de su fabulosa turbina para observar cómo se ve Samsø hoy.

La energía eólica

Los molinos de viento se inventaron hace más de 1,000 años en el territorio que ahora es Irán. En ese entonces, los molinos de viento se usaban para moler maíz y bombear agua. Es una extraña coincidencia que Irán sea hoy uno de los lugares de donde se extraen del suelo enormes cantidades de petróleo, un combustible fósil, que se envían a todas partes del mundo.

Los molinos de viento se utilizan aún en el mundo actual y pueden hacer mucho más que moler maíz. De hecho, la turbina eólica, un tipo moderno de molino de viento, produce energía eléctrica.

Cuando el viento sopla a través del aspa de una turbina eólica, esta gira y, al hacerlo, consigue que el eje principal mueva un generador, el cual produce energía eléctrica. Cuanto más viento sople en el exterior, más rápido girarán las aspas y más energía se producirá.

Antes de construir una turbina, los científicos hacen mediciones para descubrir los lugares donde hace más viento. Hoy día hay turbinas en las colinas, en las azoteas de los edificios ¡y hasta en el océano! La electricidad que estas generan se puede usar para encender una sola casa o edificio, o se puede conectar a una red eléctrica para abastecer a toda una comunidad.

Como puedes ver, ¡es mucho lo que está sucediendo! Ahora tenemos montones de turbinas eólicas. Allá abajo se encuentra el nuevo centro de aprendizaje de Samsø, la Academia de Energía, donde niños y adultos de todo el mundo vienen a aprender sobre lo que hemos logrado y a conversar acerca de nuevas ideas para producir, compartir y ahorrar energía. Adivina quién es el director de la academia, se trata de un maestro extraordinario llamado Søren Hermansen.

La energía en el mundo

Cuanto más combustible fósil usa un país, más CO_2 produce. Estados Unidos genera aproximadamente seis mil millones de toneladas métricas de CO_2 por año. ¡Eso pesa más que ochocientos millones de elefantes!

A medida que países de todo el mundo se vuelven más desarrollados y consumen más energía, producen cada vez mayores cantidades de CO_2. Cada día el calentamiento global adquiere una perspectiva más aterradora.

Pero hay noticias buenas. En el mundo actual, podemos compartir ideas y trabajar juntos más fácilmente que en el pasado. Los científicos trabajan para crear formas nuevas e increíbles de usar los recursos renovables y ahorrar energía.

En algunos lugares hace viento, algunos lugares son soleados, algunos son cálidos y otros son fríos. Cada país o comunidad debe considerar los recursos especiales que tiene a su disposición para evitar depender de los recursos no renovables en el futuro.

La Academia de Energía de Samsø es un lugar donde personas de todas las edades pueden compartir ideas relacionadas con la energía y la manera de producirla y usarla.

En los últimos años las cosas ciertamente han cambiado en nuestra pequeña isla. Ya no necesitamos que los buques cisterna nos traigan petróleo y no necesitamos electricidad del continente. ¡De hecho, los días que hace mucho viento, tenemos tanta energía que enviamos nuestra electricidad a través del cable submarino para que otras personas de Dinamarca la utilicen! Puede que Samsø sea una isla pequeña, pero hemos marcado una diferencia en el mundo al reducir nuestras emisiones de carbono en un 140 por ciento en solo diez años. Y lo logramos trabajando juntos.

Cómo ahorrar energía

Algo que ayudará a aliviar nuestra necesidad de energía, tanto renovable como no renovable, consiste simplemente en hacer un esfuerzo por ahorrarla.

Despilfarramos enormes cantidades de energía para mantenernos calientes en el invierno y frescos en el verano. Las puertas, ventanas y paredes mal diseñadas hacen que nuestros sistemas de calefacción y refrigeración trabajen más de lo que deberían y produzcan demasiado CO_2. La fabricación de calentadores y refrigeradores más eficientes, junto con edificaciones diseñadas más eficientemente, nos ayudaría muchísimo a reducir los problemas del calentamiento global.

También podemos ahorrar combustible fabricando máquinas, autos y camiones nuevos que gasten menos energía. Tomar el autobús o el tren es otra buena manera de reducir el gasto energético. ¡Y montar en tu bicicleta es incluso mejor! Para ahorrar energía, debemos reflexionar acerca de la forma en que la usamos diariamente.

¡Y así fue como recibimos el nombre "Isla de la Energía"! ¿Y qué puedes hacer para marcar la diferencia en *tu* isla? ¿Qué dices? ¿No vives en una isla? Bueno, quizá *pienses* que no vives en una isla, pero realmente *sí* lo haces, como todos. Todos somos isleños de la isla más grande de todas, el planeta Tierra, así que de nosotros depende pensar en cómo salvarla.

Hay energía renovable a todo nuestro alrededor, solo debemos trabajar juntos para usarla de la mejor manera. ¡Sujeten sus sombreros!

AHORREMOS ENERGÍA CON ALLAN DRUMMOND

Si hay algo que le sobra a Allan Drummond es energía. Es ilustrador, diseñador, escritor y, al igual que Søren Hermansen en *La isla de la energía*, es maestro. Drummond creció en el Reino Unido y estudió arte en Londres. Antes de convertirse en ilustrador trabajó como periodista para un periódico. Las personas que viajan a diario a su trabajo ven sus murales en la estación Holborn del metro de Londres. Drummond también diseñó la estampilla especial del milenio para el Correo Real. Hoy enseña a estudiantes universitarios en Georgia sobre ilustración de libros infantiles. Drummond ha escrito e ilustrado más de 25 libros para jóvenes, entre ellos *Solar City*, en el que narra acerca de una comunidad que funciona con energía proveniente de la luz solar.

Propósito del autor

¿Por qué utiliza el autor notas al margen en *La isla de la energía*?

Respuesta al texto

Resumir

Usa los detalles más importantes de *La isla de la energía* para resumir cómo una comunidad aprovechó la energía eólica. La información del organizador gráfico de idea principal y detalles puede servirte de ayuda.

Idea principal
Detalle
Detalle
Detalle

Escribir

Piensa en por qué el autor repite la frase "¡Sujeten sus sombreros!". ¿Qué quiere que conozcas de la energía eólica y la gente de la Isla de la Energía? Completa estas oraciones para organizar las evidencias del texto.

El autor emplea palabras y frases para…
A medida que leo la selección, sus descripciones me permiten…
Esto es importante porque entiendo que…

Hacer conexiones

¿Cómo hicieron los habitantes de Samsø para que los recursos de energía renovable fueran útiles? PREGUNTA ESENCIAL

Comenta acerca de algunos lugares del mundo que se pueden volver energéticamente independientes con el uso de los recursos de energía renovable disponibles. EL TEXTO Y EL MUNDO

Compara los textos

Lee acerca de la función de los recursos en la mitología griega.

Del fuego y el agua

En la antigüedad, las personas explicaban nuestro mundo con mitos. Con los siguientes mitos podemos dar un vistazo a la manera en que los antiguos griegos percibían dos recursos renovables vitales: el fuego y el agua.

El regalo del fuego

Hace mucho tiempo, surgieron problemas en el Monte Olimpo, donde vivían los dioses griegos. Zeus, el gobernante de los dioses, se enfureció con Prometeo, un titán. Después de crear a los seres humanos con arcilla, Prometeo les dio tres regalos muy **interesantes** que Zeus deseaba reservar solo para los dioses: la sabiduría, que Atenea le había otorgado a Prometeo; la habilidad de andar erguido; y el **potencial** de ser noble. Gracias a esto, los seres humanos serían más inteligentes que los animales y cazarían para obtener alimento, vestido y refugio. Para calmar al enfurecido Zeus, los seres humanos le ofrecían abundantes sacrificios y guardaban poco para ellos.

Prometeo pensaba que esto no era correcto y engañó a Zeus para que escogiera un plato sacrificial disfrazado en vez del suculento plato de su ofrenda. El plato que Zeus escogió se veía delicioso por fuera, pero por dentro era grasa y huesos. Cuando Zeus se dio cuenta del ardid, le arrebató el fuego a los humanos.

Prometeo le rogó a Zeus que cambiara de parecer, pero Zeus le prohibió que les llevara fuego. Prometeo veía cómo su creación comía carne cruda y tiritaba en el frío y la oscuridad. Acudió a Atenea en busca de ayuda, quien lo llevó al Monte Olimpo donde capturaría fuego para los seres humanos.

Cuando el carruaje de Helios, el dios del sol, pasó por allí, Prometeo le robó una chispa y la escondió dentro de un tallo de hinojo, luego salió a hurtadillas y les dio fuego a las personas.

La furia se apoderó de Zeus cuando se enteró de lo que Prometeo había hecho. Ordenó que encadenaran al titán a una roca para que, todos los días, un águila picoteara su hígado, el cual volvería a crecer todas las noches. Prometeo sufrió por generaciones. Hércules lo liberó al dispararle una flecha envenenada al águila.

A partir de ese momento, como recordatorio, Zeus obligó a Prometeo a llevar en su dedo un pedazo de la roca a la cual había estado encadenado. Desde entonces los seres humanos han usado anillos como un símbolo de su gratitud por el regalo del fuego.

Mientras Zeus gobernaba el mundo desde lo alto del Monte Olimpo, su hermano Poseidón regía los mares. Atenea había hecho enfadar a su padre, Zeus, al ayudar a Prometeo. Ahora se atrevía a disputar con su tío, Poseidón, quién gobernaría la acrópolis de Ática.

El rey de Ática, Cécrope, era mitad humano y mitad serpiente, y aceptó dirimir la contienda entre Atenea, la diosa de la sabiduría, y Poseidón, el dios de los mares. El ganador tendría templos y la ciudad llevaría su nombre. A cada uno se le pidió que ofreciera un regalo especial que fuese de utilidad para los ciudadanos.

Poseidón ofreció un obsequio. Alzó su tridente sobre su cabeza, le asestó un poderoso golpe a la pedregosa colina. Admirado, Cécrope vio cómo el hueco se llenaba de agua. En la calurosa y seca tierra de Grecia, el agua era un recurso precioso.

Los habitantes de Ática estaban maravillados y parecían listos para fallar a favor de Poseidón hasta que Atenea le dijo a Cécrope que probara el agua. Un sirviente le trajo un vaso al rey, quien, al probarla, la escupió. ¡Era agua salada! En Ática resultaba inservible.

Entonces, Atenea se aproximó portando la rama de un árbol que ningún ser humano había visto antes. Plantó la rama en el suelo y en el lugar brotó un olivo. El rey asintió complacido. Su pueblo tenía ahora una fuente de alimento, madera y aceite. Las hojas del árbol sugerían un mundo en paz.

Cécrope eligió a Atenea como la diosa principal de la ciudad, la cual llamó Atenas en su honor. Poseidón se sintió indignado por el rechazo de su obsequio. Al regresar al mar, maldijo a Atenas y prometió que la ciudad jamás tendría suficiente agua. Desde aquella época, la sequía ha afligido a Atenas, la capital de Grecia.

Haz conexiones

¿Qué función tienen el fuego y el agua en estos dos mitos?
PREGUNTA ESENCIAL

¿De qué manera ha cambiado nuestra apreciación de los recursos naturales desde los tiempos antiguos? EL TEXTO Y OTROS TEXTOS

483

RODRIGO
·UN·
RELATO DE
TEXAS

Julia Mercedes Castilla
Ilustrado por Roberta Collier-Morales

¿? Pregunta esencial

¿Cómo conectan las tradiciones a las personas?

Lee cómo Rodrigo logró mantener vivas sus tradiciones.

¡Conéctate!

484

Rodrigo tenía la cara con cicatrices de viruela y cada ojo de distinto color: negro el izquierdo, el derecho marrón. Rodrigo. Así lo llamaron cuando llegó a la misión de San Juan Capistrano. Él y su querida tía Onawa, la hermana de su madre, sobrevivieron a una **epidemia** que arrasó su poblado cuando él apenas tenía tres años. Alsoomse, un joven cazador apache, los llevó a la misión. Él iba delante, a pie, seguido de una mula que cargaba a la mujer y al niño dormido.

—Cuídenlos —dijo el cazador a fray Francisco—. Vivirán.

El niño llegó con fiebre, deshidratado y con su frágil cuerpecito cubierto de ampollas. Los frailes los mantuvieron en cuarentena en una pequeña choza fuera de la misión. Les dieron ropa limpia, dos esteras y una piel de bisonte para abrigarse en las frías noches. Les llevaron leña y yesca para encender el fuego, y telas y paños con las que vestirse y asearse.

Todos los días, los frailes les hacían llegar leche de cabra hervida y seis vejigas de agua fresca. También les llevaban comida caliente: frijoles con cerdo ahumado los más de los días, y algún guiso de guajolote o salazón de antílope, que obtenían de los cazadores de la región a cambio de telas, dátiles y herramientas.

Los frailes pensaron que la mujer y el muchacho no sobrevivirían, pero pasadas las seis semanas de la cuarentena, Onawa llegó a la misión con el niño de la mano. Los dos estaban algo pálidos, pero aparentaban haberse recuperado.

—Te llamarás Rodrigo —le dijo fray Francisco al niño—. Y tú —le dijo a la mujer—, te llamarás Edelmira.

La mujer no era muy **comunicativa**. Miró al fraile sin pestañear y se limitó a decir:

—Onawa.

—¡Dije que Edelmira! —repitió el padre Francisco con severidad. La mujer apretó con fuerza la mano del muchacho.

—Onawa —insistió ella sin elevar el tono, aferrándose a lo único que le quedaba: el hijo de su difunta hermana y su propio nombre.

Viendo la ciega determinación de Onawa de no ser llamada Edelmira (ni Adelaida, ni Inés, ni ningún otro nombre tan difícil de pronunciar y tan vacío de significado), fray Francisco asintió.

—Así sea —decidió—. ¡Onawa!

Rodrigo creció en la misión. Aprendió a leer y a escribir. Y se le enseñó también a rezar y a comer en una mesa con modales de niño español. Aunque la misión estaba en el vasto territorio de los apaches, la educación de los frailes y su modo de vida lo alejaban de la cultura de sus ancestros, cuyos ritos y tradiciones se veían severamente limitados en la misión. Sin embargo, Onawa mantenía viva una pálida llama de la vieja cultura apache y sus espíritus: el aire, la montaña, las rocas, el río. Le cantaba nanas y pedía al gran espíritu que nunca llamara a su puerta la muerte.

AHORA COMPRUEBA

Volver a leer ¿Por qué Onawa no quería que le pusieran otro nombre? Vuelve a leer la página 487 para comprobar que entendiste el texto.

Al cumplir los nueve años, fray Francisco puso a Rodrigo de aprendiz en el taller de carpintería, pero lo que realmente le gustaba a niño era estar al aire libre. Siempre que podía se escapaba a la huerta a pasar el rato con fray Pere, a quien todos llamaban "fray Palma" por su costumbre de ir sembrando semillas de palmera.

—¿Qué es eso? —le preguntaba Rodrigo apuntando con el dedo a los surcos de tierra.

—Frijoles —respondió fray Palma.

—¿Y eso?

—Centeno.

—¿Y eso?

—Tomates.

Había también árboles frutales y chiles y calabazas... ¡y maíces de todos los colores! Y vides, que producían unas uvas grandes de un verde traslúcido, endulzadas por el sol del desierto.

—¿Y esas palmeras las trajiste tú? —preguntó el niño.

—Sí, traje un racimo de dátiles de Matola, mi aldea en la vieja España.

Tal era la pasión del pequeño Rodrigo por las cosas del campo que el padre Francisco lo puso a las órdenes de fray Palma.

Los años transcurrían con la plácida monotonía de las estaciones. Y aunque aquélla parecía una mañana de mayo como cualquier otra, no tardaron en llegar extraños augurios.

Rodrigo tenía ya catorce años y asumía casi todos los deberes de la huerta. Aquella mañana el joven agricultor vigilaba a La Churra, una mula de la misión. La Churra daba vueltas y vueltas a la noria haciendo girar los engranajes de un mecanismo para subir del fondo del pozo cubos de agua; al llegar arriba se vaciaban en la acequia y descendían de nuevo en un ciclo sin fin. El agua emergía con un dulce aroma de caverna. A Rodrigo le agradaba ese olor. Al aflorar y saltar a la acequia, el agua y el sol se entrelazaban y corrían juntos hasta los sedientos terrones de la huerta.

Rodrigo hacía caminar a la mula con una vara de acacia, mientras su supervisor paseaba entre los surcos de la huerta arrancando malas hierbas. El joven agricultor a veces se abstraía de su **vigilancia** para mantener a La Churra al paso. Se quedaba observando el agua, que desde la boca del pozo parecía una brea sin vida y que, al salir a la superficie, cobraba vida. El joven se quedaba mirando el pequeño caudal de agua clarísima, que corría por las acequias como una serpiente plateada hasta sumergirse de nuevo entre la tierra reseca de las llanuras.

—¡Arrea la mula, Rodrigo! —le dijo fray Palma—. Si se para a descansar a cada rato no acabaremos nunca.

Después de asegurarse de que toda la tierra se había empapado bien, Rodrigo se quedó mirando las hojas tersas de las hortalizas que, después de absorber el agua salvadora, se veían más verdes, alegres y brillantes.

De pronto, un halcón aplomado surcó el cielo y los gorriones que revoloteaban en las hortalizas se refugiaron en las palmeras. Todo quedó en silencio. Rodrigo notó una presencia. Al volverse, vio ante él a un guerrero apache a caballo. Pensó que era un cazador, ya que a veces aparecían para vender sus salazones de carne y sus pieles. Pero éste no traía ninguna mercancía y traía el rostro marcado con pinturas de guerra. No era un cazador, era un guerrero. Llevaba un pañuelo atado en la frente y de su largo cabello pendía un adorno de plumas de águila que le caía por delante del hombro. El guerrero miró fijamente a Rodrigo desde su caballo pinto, que montaba a pelo, sin montura y sin estribos.

¡Eh! —le gritó fray Palma alarmado—. ¡Largo de aquí! ¡Fuera!

El guerrero se quedó allí sin quitar los ojos de los ojos de Rodrigo. El muchacho no podía apartar la mirada del misterioso jinete. Quedó **hipnotizado.** "¡Esos ojos!", pensó. "¿Cómo es posible?". El guerrero se dio media vuelta y cabalgó lentamente hacia las llanuras. Al cabo se detuvo, dio media vuelta y alzó la mano durante unos instantes antes de desaparecer, al fin, siguiendo el curso del río Yanaguana.

Rodrigo tragó saliva y alzó la mirada de nuevo. El halcón se alejaba, pero observó algo extraño: el cielo estaba despejado y, sin embargo, el sol daba poca luz, como si estuviera cansado.

—Un eclipse —le dijo fray Palma con el ceño fruncido.

A los pocos minutos llegó Leonor, una muchacha de la misión algo más joven que Rodrigo.

—¡Rodrigo! ¡Rodrigo! —gritó—. Tu tía Onawa. ¡Ven conmigo, corre!

Leonor le dio la mano a Rodrigo y lo condujo entre las chozas de adobe de la misión. Pasaron junto a la iglesia, junto al taller de carpintería, junto al telar... Finalmente llegaron a la choza de Onawa. Al entrar, el muchacho se encontró a su tía tumbada en una estera.

—¡Onawa! —gritó Rodrigo llevándose las manos a la cabeza.

La mujer estaba inmóvil, callada, con los ojos muy abiertos. Respiraba trabajosamente. Nadie sabía qué le pasaba, pero ella sabía que se iba a morir.

—Dice que ha venido a visitarla la muerte —susurró Leonor con las manos recogidas bajo el mentón—. Acércate, Rodrigo, quiere despedirse de ti.

Rodrigo se arrodilló en el suelo y la tomó de la mano. Al ver al muchacho, Onawa se emocionó.

—Que los grandes espíritus te bendigan, *Kuruk* —le dijo.

Con un último esfuerzo, Onawa tiró de su sobrino y le susurró al oído algo que solo él escuchó.

Al día siguiente, antes de la **madrugada,** fray Palma ya estaba arrancando las malas hierbas de la huerta. Rodrigo debía reportarse para recoger caracoles de las vides; para encincharle el arnés a La Churra; para poner el espantapájaros en los duraznos. Pero Rodrigo no se reportó. El fraile fue a buscarlo a la choza de los huérfanos y encontró su estera vacía.

La pregunta corrió por toda la misión: "¿Dónde está Rodrigo?".

Rodrigo había desaparecido para siempre, porque había decidido que no era Rodrigo, sino Kuruk. Cuando el gallo cantó en San Juan de Capistrano, Kuruk ya estaba muy lejos. Pero le quedaba un largo camino. Se lo advirtió su querida Onawa en su lecho de muerte. "Sigue el río Yanaguana hacia el norte, Kuruk. Cuando estés agotado, te quedará mucho camino, pero tú sigue con **determinación**".

Kuruk anduvo días y días, alimentándose de moras y dientes de león, de peces y lagartos. Lloró en la oscuridad de la noche, pero siempre volvió a amanecer. Finalmente, apareció el misterioso guerrero que lo visitó en la misión. Se desmontó de su caballo. Se acercó a él y le puso las manos sobre los hombros. Kuruk lo miró a los ojos, esta vez más de cerca. Eran cada uno de un color: negro el izquierdo, el derecho marrón. ¡Era Alsoomse, su hermano! El mismo que once años atrás los llevó a Onawa y a él a la misión salvadora. Allí, los españoles lo llamaron Rodrigo, le enseñaron a regar la tierra como los árabes les habían enseñado a ellos, con norias y acequias; pero en el fondo de su corazón seguía siendo el apache Kuruk.

—Bienvenido a tu casa, Kuruk —le dijo su hermano, mientras cabalgaban juntos a un nuevo poblado en las montañas—. Ya eres tú.

Conoce a la autora y a la ilustradora

Julia Mercedes Castilla

Nació en Bogotá, Colombia. Estudió Literatura en Estados Unidos y no ha dejado la pluma desde que tiene uso de razón. Actualmente reside en Houston, Texas. Entre sus obras se encuentran *Aventuras de un niño de la calle* y *Emilio*, que son lecturas requeridas en instituciones educativas de América, España, Zimbabue, India y muchos otros países. A propósito de su escritura, Julia Mercedes dice: "Escribir es para mí no solo un placer, sino una obligación".

Roberta Collier-Morales

Por muchos años ha sido ilustradora de libros para niños, libros educativos y otros materiales. Su carrera como ilustradora empezó en Nueva York, donde vivió antes de regresar a Colorado, donde reside actualmente. Escribir también la apasiona. Su meta es escribir e ilustrar sus propias historias. Roberta es miembro de la Society of Children's Book Writers and Illustrators, así como de un grupo de escritura. Su especialidad es crear un arte multicultural que honra a la gente que ilustra lo más real posible. "Estoy agradecida de tener una carrera que me permite utilizar mis talentos. Espero que mi trabajo muestre la alegría y el amor que siento por la humanidad".

Propósito de la autora

¿Por qué la autora incluye los nombres apaches y los que les pusieron los españoles a los protagonistas?

Respuesta al texto

Resumir

Resume *Rodrigo. Un relato de Texas* utilizando los detalles más importantes del cuento. La información de tu tabla de tema puede servirte de ayuda

Detalle
Detalle
Detalle
Tema

Escribir

Piensa en cómo el autor utiliza lenguaje sensorial. ¿Cómo sabes que a Rodrigo le gustaban las cosas del campo y estar al aire libre?

> El autor emplea palabras y frases para ayudarme a visualizar…
> Esto es importante para el mensaje del cuento porque…
> Esto me ayuda a entender que…

Hacer conexiones

¿De qué manera Onawa mantuvo a Rodrigo conectado con sus tradiciones? PREGUNTA ESENCIAL

Piensa en una situación en la que una persona deba ir a un lugar con una cultura diferente a la suya, tal y como les sucedió a Rodrigo y Onawa. ¿Crees que es fácil asimilar las nuevas costumbres y conservar las propias? EL TEXTO Y EL MUNDO

Compara los textos

Lee y descubre cómo Eleu ayuda a conservar la historia de su aldea.

Para que no olvides que eres maorí

Yolanda Martínez

Aroha siempre se había sentido muy orgullosa de ser maorí. Por eso siempre intentó conservar sus tradiciones y costumbres indígenas enseñándoselas a su hijo Eleu. Sin embargo, las cosas han cambiado mucho en los últimos años en la aldea, pues las personas que han decidido tener una vida urbana han comenzado a olvidar las tradiciones, las costumbres y el idioma de sus antepasados. Muchos ya lo han olvidado por completo y en las escuelas de Nueva Zelanda no se enseña ni es permitido hablar en él.

—Cada vez veo más cambios en todo el pueblo maorí —dice Aroha a Eleu—. No estoy diciendo que todos hayan sido malos, pero si continuamos por este camino perderemos nuestra identidad.

—Madre, tú sabes cómo te respeto y que con obediencia acepto tus consejos —responde Eleu a su madre—. Pero las cosas han cambiado y lo que el pueblo maorí ha hecho es adaptarse a las épocas.

—¡Eso lo sé, Eleu! ¿Pero cuánto estamos sacrificando a cambio? —pregunta Aroha—. ¿Hace cuánto tiempo los jóvenes no participan en las reuniones del consejo? Ahora los únicos que vamos somos los adultos. Los jóvenes ni siquiera hablan nuestro idioma, no lo conocen.

Después de pensarlo un rato y de mirar todas las fotos de sus **ancestros,** Eleu comenzó a entender que eso sí era preocupante.

—Tienes razón. ¿Qué crees que debemos hacer, madre? ¿Cómo podemos ayudar?

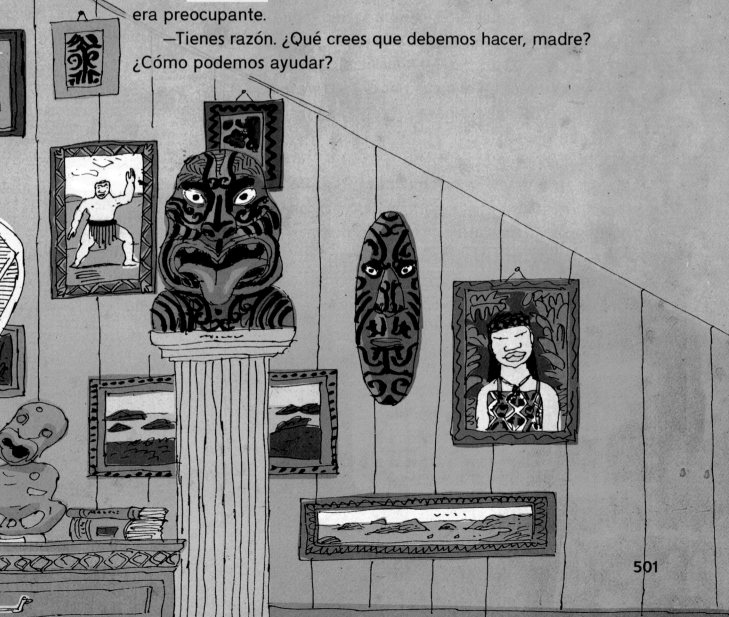

Ahora Eleu tenía la misma preocupación que su madre y hablaba con sus amigos sobre ese tema constantemente. Logró que todos comenzaran a preguntarse cómo conservar sus valiosas tradiciones ancestrales. Y siguieron pensando en ello hasta que escucharon hablar de un grupo llamado "Nga Tamatoa" (los guerreros) que había presentado una petición al parlamento para promover el idioma maorí.

Así que tomaron la decisión de formar parte de ese grupo que compartía sus preocupaciones por la conservación de su origen. Y su lucha rindió frutos, pues en 1975, el gobierno constituyó el día de la lengua maorí, que luego se convirtió en toda una semana. Esto también trajo muchos más cambios en la sociedad en pro de la conservación de sus tradiciones y costumbres.

Pero para conseguir estos cambios, Eleu había tenido que viajar mucho e irse de su comunidad por algún tiempo. Y lo hizo hasta que un día decidió implementar todos estos cambios en el lugar donde había crecido.

Por fin regresó un día para presentar su propuesta frente al consejo.

—Queridos ancianos, después de haber conseguido con mi grupo que se crearan muchos programas de recuperación en distintos lugares y de ver la creación de escuelas bilingües desde 1978, creo que es necesario implementar estos cambios para los jóvenes de nuestra comunidad.

Después de escucharlo, el *ariki rangi,* o jefe de la aldea, pidió la opinión del consejo de ancianos acerca de la propuesta que Eleu les había hecho.

—La idea es muy buena, *ariki rangi* —respondió uno de los miembros del consejo al jefe de la tribu—. Es preocupante ver cómo los jóvenes se han deslumbrado por otras culturas, los objetos de consumo masivo que producen sus industrias y sus costumbres, olvidando su origen.

—Pues si todos estamos de acuerdo —dijo el *ariki rangi*
a todo el consejo—, aceptamos la propuesta de Eleu.
Crearemos una escuela bilingüe dirigida a educar
en la cultura e idioma maorí a los niños más pequeños
y a los jóvenes de nuestra aldea.

—Me parece bien. Que así sea —dijo el jefe—. Eleu
será el encargado de enseñar nuestra cultura para que
no se pierda y para que nuestros niños nunca olviden
que son maoríes. Así podemos **honrar** a nuestros ancestros.

Y no solo se crearon escuelas donde se enseñaba
maorí, sino que después de la creación de la primera
estación de radio en maorí en 1983 en Nueva Zelanda,
también se creó una en la comunidad de Aroha y Eleu.

tupuna Tau-hou

hui Koha

taonga

¿ Haz conexiones

Comenta cómo Eleu ayuda a
preservar la historia del pueblo
maorí. PREGUNTA ESENCIAL

¿Por qué es importante conservar
el idioma de una cultura?
EL TEXTO Y OTROS TEXTOS

503

La cuna

Si yo supiera de qué selva vino
el árbol vigoroso que dio el cedro
para tornear la cuna de mi hijo...
Quisiera bendecir su nombre exótico.
Quisiera adivinar bajo qué cielo,
bajo qué brisas fue creciendo lento,
el árbol que nació con el destino
de ser tan puro y diminuto lecho.

Yo elegí esta cunita
una mañana cálida de enero.
Mi compañero la quería de mimbre,
blanca y pequeña como un lindo cesto.
Pero hubo un cedro que nació hace años
con el sino de ser para mi hijo,
y preferí la de madera rica
con adornos de bronce. ¡Estaba escrito!

Pregunta esencial

**¿Qué forma la identidad
de una persona?**

Lee acerca de cómo los poetas
capturan experiencias que
marcan y cambian a las personas.

 ¡Conéctate!

A veces, mientras duerme el pequeñuelo,
yo me doy a forjar bellas historias:
tal vez bajo su copa una cobriza
madre venía a amamantar su niño
todas las tardecitas, a la hora
en que este cedro amparador de nidos,
se llenaba de pájaros con sueño,
de música, de arrullos y de píos.

¡Debió de ser tan alto y tan erguido,
tan fuerte contra el cierzo y la borrasca,
que jamás el granizo le hizo mella
ni nunca el viento doblegó sus ramas!

Él, en las primaveras, retoñaba
primero que ninguno. ¡Era tan sano!
Tenía el aspecto de un gigante bueno
con su gran tronco y su ramaje amplio.

Árbol inmenso que te hiciste humilde
para acunar a un niño entre tus gajos:
¡Has de mecer los hijos de mis hijos!
¡Toda mi raza dormirá en tus brazos!

Juana de Ibarbourou

505

Bonita lección

—¡Papá, papá! —decía
la tierna Rosa del jardín volviendo—,
la jaula que guardaste el otro día
no seguirá vacía,

porque he encontrado el nido que estás viendo.
¡Mira qué pajaritos tan pintados!
En esa jaula les pondré su nido;
prodigaré solícitos cuidados
a los que aprisionar he conseguido,
y les daré, en constantes ocasiones,
migas de pan, alpiste y cañamones.
Luego, la jaula pintaré por fuera
y mandaré que doren su alambrera...
Pero ¿en qué estás pensando?
¿No me escuchas, papá? ¡Te estoy hablando!
—Sí, querida hija mía;
pensaba, al escuchar esa querella,
que en la cárcel me han dicho que hay vacía
una celda muy bella...
y que te pienso trasladar a ella.
Como allí el reglamento es algo fuerte,
ni tu mamá ni yo podremos verte;
pero te mandaremos cien brocados
que aumenten tu hermosura
y haré dorar cerrojos y candados,
y de bronce pondré la cerradura.
Pero... ¡cómo!... ¿llorando estás por eso?
—Ya no lloro, papá; te he comprendido...
Corro a llevar al árbol este nido
y... vuelvo por un beso.

Carlos Ossorio y Gallardo

Respuesta al texto

Resumir

Usa detalles importantes de "La cuna" para resumir lo que sucede en el poema. La información del organizador gráfico de tema puede servirte de ayuda.

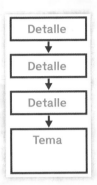

Escribir

Piensa en el recurso empleado en los poemas de no mencionar literalmente ideas e imágenes clave. ¿Cómo logran los poetas transmitir estas imágenes e ideas a partir de la organización y estructura de sus poemas?

En el primer poema...
En el segundo poema...
Así, ambos poetas logran transmitir
sus imágenes e ideas clave al...

Hacer conexiones

¿Cómo ayudan las experiencias a formar la identidad de las personas? PREGUNTA ESENCIAL

¿Cómo influyen las raíces, costumbres y tradiciones en la identidad de las personas? EL TEXTO Y EL MUNDO

Género · Poesía

Compara los textos

Lee acerca de cómo las raíces y el idioma pueden influir en la individualidad de las personas.

Nuestro idioma

Hallo más dulce el habla castellana
que la quietud de la nativa aldea,
más deliciosa que la miel hiblea,
más flexible que la espada toledana.

Quiérela el corazón como una hermana
desde que en el hogar se balbucea,
porque está vinculada con la idea
como la luz del sol con la mañana.

De la música tiene la armonía,
de la irascible tempestad el grito,
del mar el eco y el fulgor del día,

la hermosa consistencia del granito,
de los astros la sacra poesía,
y la vasta amplitud del infinito.

Bonifacio Byrne

El cedro

Yo con mis propios brazos cavé el pozo.
Yo con mis propias manos planté el cedro.

Y pasarán los años y los años,
siempre tendrá la planta gajos nuevos.

Y pasarán los años y los años
y el cedro sin cesar irá creciendo.

Y pasarán los años y los años
y el cedro estará aún joven y yo viejo.

Y en la paz del hogar, si lo consigo,
al familiar amparo del alero,
en mi chochez ingenua de hombre anciano
contaré sin reposo el mismo cuento:
"Yo con mis propios brazos cavé el pozo".
"Yo con mis propias manos planté el cedro".

Y pasarán los años y los años
y "alguien" quizá repita en su recuerdo:
él con sus propios brazos cavó el pozo;
él con sus propias manos plantó el cedro.

Mario Bravo

Haz conexiones

¿Cuáles son algunas de las maneras en que el idioma y las costumbres impactan la identidad de las personas? **PREGUNTA ESENCIAL**

¿Por qué son importantes las raíces o las tradiciones de las personas? **EL TEXTO Y OTROS TEXTOS**

Javier Termenon

El panorama general de la economía

David A. Adler

Pregunta esencial

¿Cuál ha sido la función del dinero a través de los años?

Lee cuántas de nuestras elecciones diarias están determinadas por la economía.

¡Conéctate!

La importancia del dinero

¿Qué es la **economía**? Es el estudio de la forma en que las personas deciden qué producir y vender. También es el estudio de por qué las personas compran ciertas cosas y no otras, y cómo los artículos llegan al **mercado,** el lugar donde las personas compran. El mercado puede ser un almacén de la esquina, un centro comercial grande o un sitio en internet.

Ahora, pon tu mano en el bolsillo y saca una moneda de 5 centavos, una de 25 centavos o un billete de un dólar. Tal vez sea difícil de imaginarlo, pero hubo un tiempo en el que el dinero no existía. También hubo un tiempo en el que las personas no estudiaban economía.

Hace miles de años no había dinero. Las personas eran autosuficientes. En ese entonces recolectaban y cazaban el alimento que necesitaban, hacían sus propias herramientas y construían sus propias viviendas.

Algunas personas eran buenas cazando, otras eran mejores haciendo canastos y garrotes, así que hacían intercambios. Un cazador podía intercambiar el cuero de un animal por algunas bayas. ¿Pero cuántas bayas cuesta el cuero de un animal y qué haría un cazador con tantas bayas?

Las personas necesitaban dinero, algo que todos estuvieran dispuestos a recibir en un intercambio y que también se pudiera usar para conseguir objetos. Los metales preciosos como el oro y la plata servían como dinero. Y ya que las piezas de oro y plata venían en todos los tamaños, podías pesar una para saber su valor. Luego se hicieron las monedas, que no tenían que pesarse, pues todos sabían su peso y su valor.

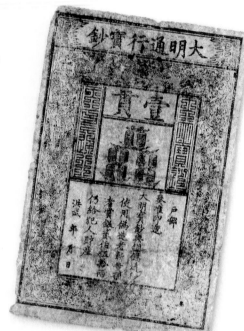

Esta nota china antigua es de la dinastía Ming del siglo XIV.

Un bolsillo lleno de monedas es pesado, así que se inventó el papel **moneda**. El primer papel moneda fue una promesa impresa que se podía intercambiar por monedas de oro o plata. Hoy, pocos países hacen monedas de oro y plata, pero el papel moneda es **valioso** porque lo puedes usar para comprar oro o plata. También lo puedes usar para comprar pan, zapatos, etc.

AHORA COMPRUEBA

Hacer y responder preguntas
¿Por qué las personas intercambian dinero en lugar de bayas o cuero de animal?

Puedes aprender mucho sobre economía en un restaurante

En un restaurante verás un menú variado. Y cada artículo tendrá un precio, lo cual te ayudará a decidir qué comprar.

Tal vez no sabes si quieres una hamburguesa o un sándwich de atún. Si es así, es posible que compres lo que cuesta menos. Mientras mayor sea la diferencia en los precios, mayor es la posibilidad de que compres lo más barato. Si una hamburguesa cuesta un dólar y un sándwich de atún cuesta diez dólares, es probable que compres la hamburguesa.

El precio puede convencer a las personas de comprar algo que realmente no quieren. Supón que estás en un restaurante y quieres un sándwich de atún, miras los precios del menú y ves que si compras la hamburguesa en lugar del sándwich, te sobrará dinero para comprar una ensalada y un pudín. El precio te puede convencer de comprar una hamburguesa en lugar de un sándwich de atún.

Menú

Sándwich de atún
$5.50

Hamburguesa
$2.50

Ensalada
$1.00

Pudín
$1.00

Eric Larsen

513

Ahora imagina que pasas al frente de un restaurante. No tienes hambre, pero ves un aviso en la ventana que dice que una hamburguesa cuesta solo un dólar. A ese precio es posible que decidas comprar una.

Pero claro, un precio alto tendrá el efecto contrario. Puede convencerte de no comprar algo que realmente quieres. Supón que estás en un restaurante y tienes ganas de comer un sándwich de atún. Ves que el sándwich cuesta diez dólares, y realmente quieres un sándwich de atún y no una hamburguesa. Pero si ves que el sándwich cuesta diez dólares, tal vez decidas salir del restaurante e ir a una tienda de comestibles donde puedas comprar una lata de atún y pan para hacer tu propio sándwich.

AHORA COMPRUEBA

Hacer y responder preguntas ¿Cómo afectan los precios de las cosas que queremos las decisiones que tomamos?

El precio puede ayudar a alguien a decidir qué producir para vender

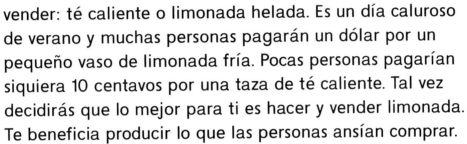

Imagina que tú y tus amigos caminan por un pueblo y de un momento a otro tienen sed. Buscas y ves que no hay un lugar para comprar bebidas. La escasez conduce a la oportunidad, así que decides comenzar tu propio negocio y convertirte en un **empresario.** Organizas una mesa para vender bebidas. Ahora debes decidir qué vender: té caliente o limonada helada. Es un día caluroso de verano y muchas personas pagarán un dólar por un pequeño vaso de limonada fría. Pocas personas pagarían siquiera 10 centavos por una taza de té caliente. Tal vez decidirás que lo mejor para ti es hacer y vender limonada. Te beneficia producir lo que las personas ansían comprar.

Antes de organizar tu negocio tendrás que **invertir** en limones, azúcar y vasos de cartón. Tendrás que gastar dinero incluso antes de tu primera **transacción,** de tu primera venta. Gastarás tiempo haciendo las bebidas y ese tiempo también es un costo. Es tu costo de oportunidad. Durante el tiempo que haces la limonada, pierdes la oportunidad de hacer otra cosa.

La limonada que haces es tu mercancía. Es tu oferta. Las personas que vienen a comprarla son tu demanda.

empresario

transacción

mercancía

Limonada

Las leyes de la oferta y la demanda

Según un proverbio antiguo: "Lo barato sale caro". En realidad, el valor de tu mercancía está determinado por lo que obtengas por ella en un mercado libre, y esto lo determinan las leyes de la oferta y la demanda. Si esperas que muchas personas sedientas pasen por tu puesto de limonada, lo mejor es que hagas mucha limonada, y si lo haces, tendrás mucha oferta. Pero si pocas personas pasan, tendrás poca demanda. ¿Qué debes hacer? Posiblemente estés ansioso por vender las bebidas y decidas bajar el precio. Hacerlo probablemente aumentará la demanda.

Tal vez pocas personas quieran pagar $2 por un vaso de limonada. Pero es posible que haya más que compren un vaso por $1, y muchas más que lo hagan por solo 50 centavos. A menor precio, habrá mayor demanda, y si el precio es lo suficientemente bajo, alguien que tenía planeado comprar uno podrá comprar el segundo o hasta tres. Incluso alguien que no tenga sed podría comprar uno.

Mientras más bajo sea el precio de tu mercancía, mayor será la demanda.

Si solo compraste unos pocos limones e hiciste una jarra pequeña de limonada, tendrás muy poca oferta. ¿Qué pasa si hay mucha demanda, es decir, muchas personas con sed que quieren comprar? A un dólar el vaso, podrías vender rápido todas las bebidas. Quizás lo mejor es que aumentes el precio, pues a dos dólares el vaso tu oferta no se venderá tan rápido, pero ganarás mucho más dinero por cada vaso que vendas.

En un país con un mercado libre, como Estados Unidos, las personas pueden cobrar lo que quieran por los productos que venden. En un mercado libre, a medida que la oferta sube, los precios bajan, y a medida que la oferta baja, los precios suben. En un mercado libre, a medida que la demanda sube, los precios suben; y a medida que la demanda baja, los precios bajan. Esas son las leyes de la oferta y la demanda.

¿Cuál es el mejor precio para la limonada? El mejor precio será uno tan bajo como para que las personas quieran comprarla y tan alto como para que tú y tal vez otros quieran hacerla y venderla.

Mientras más alto sea el precio de tu mercancía, más baja será la demanda.

Ventas de limonada

Número de vasos vendidos por día / Precio por vaso

517

El mercado global

En Estados Unidos las personas de un estado compran productos hechos en otros estados, incluso en otros países, y nosotros vendemos cosas a otros estados y países. El mundo en el que vivimos es un mercado **global**.

El bolígrafo que usas para escribir tu tarea se pudo haber hecho en China y las zapatillas que usas para la escuela, en Japón. El durazno que comiste en el almuerzo se pudo haber cultivado en Brasil.

El comercio exterior es el intercambio de productos y servicios entre las personas de aquí y de otros países. Por supuesto, es posible que cuando vendamos productos a personas de otros países no nos paguen en dólares.

En Estados Unidos usamos dólares y centavos para comprar cosas, pero las personas de otros países usan otras monedas, diferente dinero. En México, las personas usan pesos y centavos; en Europa usan euros; en Rusia usan rublos y cópecs; en China, yuanes; en Brasil, reales y centavos; en Japón, yenes y en la India, rupias.

bolígrafo

durazno

Debido a que vivimos en un mercado global, las cosas que comemos, vestimos y usamos pueden venir de muchos sitios diferentes.

zapatillas

Se dice que "El dinero es poder". Esto nos dice mucho sobre nuestro mercado global. Los países más ricos son los más poderosos. ¿Pero cómo llegaron a ser así? La respuesta es la economía. Entender cómo funciona nuestro mercado global explica por qué tantas personas estudian economía. La economía nos ayuda a entender cómo viven las personas, cómo venden, compran y comercian productos, cómo deciden qué producir en sus tierras y en sus fábricas.

Muchas de las cosas que hacemos nosotros, nuestras familias y nuestros amigos, desde comprar una hamburguesa, tomar unas vacaciones, hasta comerciar con videojuegos, están determinadas por la economía. Muchas de las elecciones que haces hoy y harás en el futuro, incluso qué comprar en un restaurante, estarán determinadas por la economía.

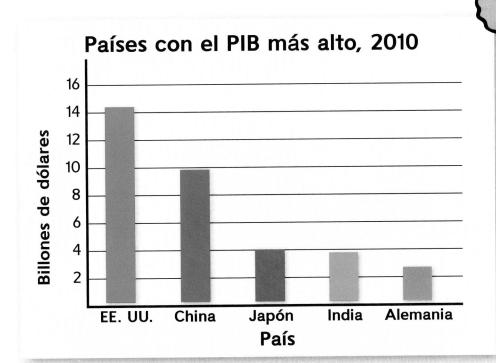

Países con el PIB más alto, 2010

El valor total de los productos y servicios de un país es su PIB, o "producto interno bruto". Usualmente se calcula anualmente.

Aprendamos de economía con este autor

David A. Adler vio el panorama general de la economía en la universidad, ¡fue su especialización! Después de graduarse, enseñó matemáticas por nueve años en el sistema escolar de la ciudad de Nueva York. Durante este tiempo, ganó algo de dinero dibujando y vendiendo tiras cómicas. Su primer libro, *A Little at a Time*, estaba inspirado en las preguntas de su sobrino de tres años. Desde entonces, ha publicado más de 200 libros, incluyendo la serie popular de Cam Jansen. ¡Si algo le inspira o le fascina a David, es probable que se convierta en su siguiente proyecto de escritura!

Propósito del autor

¿Por qué usa el autor el menú de un restaurante y un puesto de venta de limonadas para explicar ideas importantes sobre la economía?

(t) David Adler; (b) Ben Molyneux/Alamy; United States coin images from the United States Mint

520

Respuesta al texto

Resumir

Resume *El panorama general de la economía*. La información del organizador gráfico de idea principal y detalles puede servirte de ayuda.

Idea principal
Detalle
Detalle
Detalle

Escribir

¿Cómo te facilitan las características del texto entender cómo ha cambiado el papel del dinero con el tiempo? Utiliza estos marcos de oración para organizar tu respuesta.

El autor emplea características del texto, como…
Esto me facilita entender cómo ha cambiado el papel del dinero porque…

Hacer conexiones

¿Cómo afecta la economía tus decisiones diarias? **PREGUNTA ESENCIAL**

¿Por qué es importante el dinero para las personas? **EL TEXTO Y EL MUNDO**

La buena suerte del molinero

Libor y Vidal eran dos amigos ricos que siempre tenían la misma discusión. Se preguntaban si la riqueza viene siempre de la buena suerte o del trabajo duro.

—La suerte es más importante —declaraba Libor, que se había vuelto **empresario** después de ganar dinero en un concurso.

—No, trabajar duro y planear con anticipación es el camino hacia la riqueza —replicó Vidal—. "Si no hay dolor, no hay ganancia", es lo que siempre digo.

Pues él había trabajado duro, ahorrado e invertido sabiamente, y ahora era dueño de una finca extensa.

Los amigos decidieron poner a prueba sus creencias. Un día, mientras iban hacia el mercado a vender sus mercancías, se encontraron con Pedro, un molinero pobre que apenas ganaba suficiente dinero moliendo granos para alimentar a su familia. Le dieron 100 pesos para que los usara como quisiera.

Pedro inmediatamente compró carne para su familia, pero cuando iba camino a casa, un halcón bajó en picada para robarle la carne. Pedro agarró firmemente la comida, pero el halcón escapó volando con una bolsa que contenía el resto del dinero.

Erin Eitter Kono

522

Dos semanas más tarde, los hombres visitaron el molino de Pedro y no podían creer lo que le había pasado. Libor le dio a Pedro un trozo pesado de plomo y, mientras reía cruelmente, le dijo:

—Toma este pedazo de plomo que no es para nada **valioso;** nadie te lo robará.

Triste, Pedro le dio la pesa de plomo a un pescador, quien le dio a cambio el primer pez de su pesca. Cuando su esposa abrió el pez para limpiarlo, halló un diamante en su estómago, el cual vendió por una gran suma. Usó este dinero para agrandar su molino. Trabajó tan duro que pronto estaba moliendo granos para toda el área.

Un año más tarde, Libor y Vidal vieron que Pedro se había convertido en un hombre próspero. Cuando el molinero les contó sobre el diamante, Libor asintió.

—Te volviste rico por suerte.

—Pero si no hubiera trabajado del amanecer al anochecer, podría haberlo perdido todo —dijo Pedro.

Vidal asintió.

—Sí, la riqueza es el resultado del trabajo duro y la planeación.

Al final, los dos hombres nunca se pusieron de acuerdo sobre la verdadera clave para ser rico.

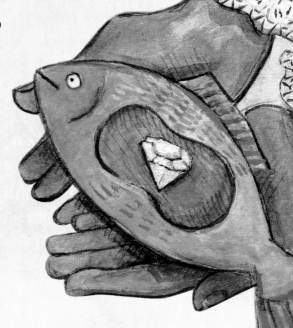

¿❔ Haz conexiones

¿Cómo se volvió rico Pedro? PREGUNTA ESENCIAL

¿Por qué es importante el dinero?
EL TEXTO Y OTROS TEXTOS

El árbol del tiempo:
¿Para qué sirven las genealogías?

Armando Leñero Otero

Ilustraciones de
Ixchel Estrada

Pregunta esencial

**¿Por qué es importante mantener
un registro del pasado?**
Lee y aprende cómo hacer
un árbol genealógico.

¡Conéctate!

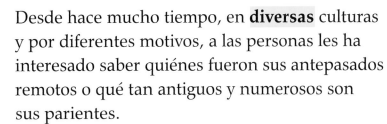

Desde hace mucho tiempo, en **diversas** culturas
y por diferentes motivos, a las personas les ha
interesado saber quiénes fueron sus antepasados
remotos o qué tan antiguos y numerosos son
sus parientes.

Entonces investigaban y reconstruían
su árbol genealógico.

En el México antiguo,
los pueblos mesoamericanos registraban los principales acontecimientos históricos en los **códices,** donde los gobernantes ocupaban un lugar central: las pinturas nos hablan de su **origen,** su educación y las ceremonias que practicaban, con quiénes se casaban, las guerras en las que habían estado y su descendencia. Algunos códices eran únicamente genealógicos y servían para saber con quién era conveniente casarse y seguir formando familias de nobles.

Hoy en día los árboles genealógicos nos pueden servir para conocer los nombres de nuestros parientes más lejanos en el tiempo o los menos conocidos por nosotros; para imaginar cómo vivieron la época que les tocó; o bien, para apreciar el paso del tiempo, el pasado, el presente y el futuro.

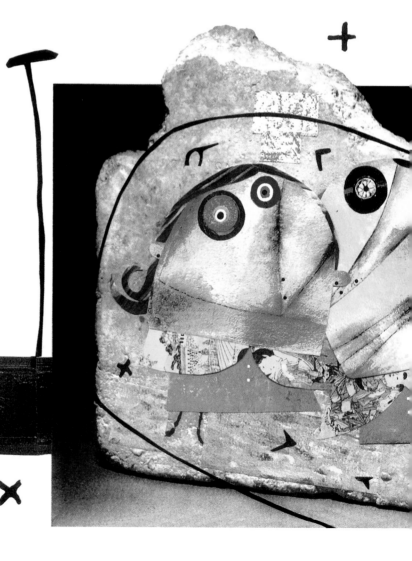

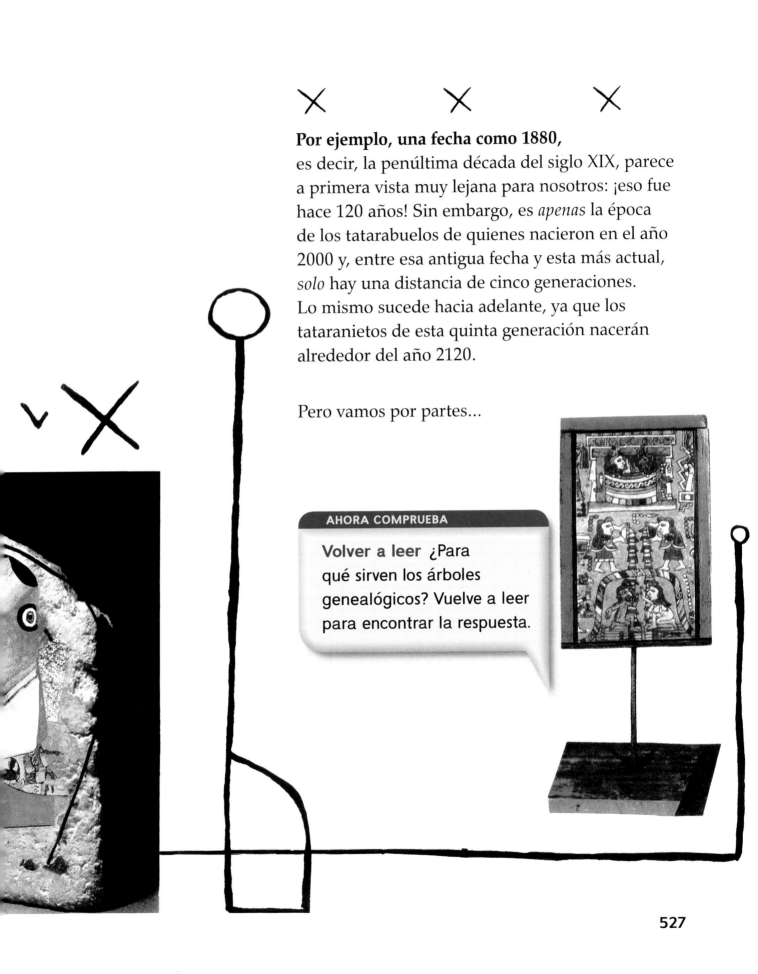

Por ejemplo, una fecha como 1880, es decir, la penúltima década del siglo XIX, parece a primera vista muy lejana para nosotros: ¡eso fue hace 120 años! Sin embargo, es *apenas* la época de los tatarabuelos de quienes nacieron en el año 2000 y, entre esa antigua fecha y esta más actual, *solo* hay una distancia de cinco generaciones. Lo mismo sucede hacia adelante, ya que los tataranietos de esta quinta generación nacerán alrededor del año 2120.

Pero vamos por partes...

AHORA COMPRUEBA

Volver a leer ¿Para qué sirven los árboles genealógicos? Vuelve a leer para encontrar la respuesta.

¿Qué es un árbol genealógico?

Es una representación o un esquema de las personas que forman una familia. Se le llama *árbol* porque en el esquema podemos identificar algo así como un *tronco* con *ramas*, de las que a su vez salen más *ramas*.

Los árboles genealógicos nos sirven para observar cómo se va multiplicando una misma familia y el tipo de parentesco que van adquiriendo sus miembros entre sí a lo largo del tiempo.

Una palabra relacionada con el árbol genealógico es *generación*: sucesión de descendientes en línea recta, pero también, conjunto de todos los que viven en una misma época o conjunto de personas que, por haber nacido en fechas próximas y más o menos compartir la misma cultura, se comportan de una manera afín o semejante.

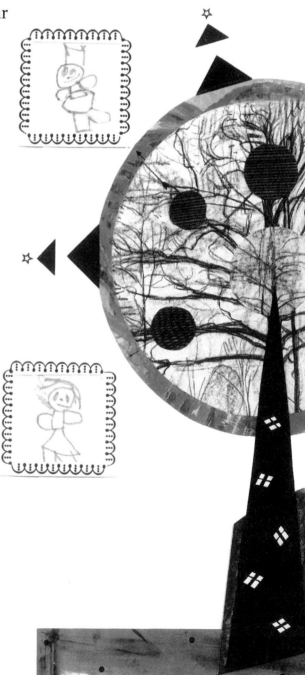

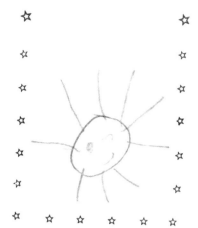

Pero ¿por qué genealógico?
Porque esta palabra está relacionada con otras, como:

Génesis
Origen o principio de una persona o cosa.

Genealogía
Conjunto de *progenitores* y *ascendientes* de una persona.

Estas dos palabras y su significado ayudan a definir la palabra *genealógico* como:

Perteneciente o relativo a la genealogía, y también, estudio del origen o principio de una familia y su descendencia.

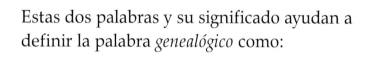

En relación con el árbol genealógico, una generación es un espacio temporal de treinta años, porque ese es el tiempo aproximado en que una persona tiene hijos o descendencia.

Descendencia

Descender quiere decir bajar. Los descendientes son las personas que provienen de nosotros, es decir, los hijos, nietos, bisnietos, tataranietos...

Ascendencia

Ascender significa subir. Los ascendientes son las personas de quienes nacimos, es decir, nuestros padres, abuelos, bisabuelos, tatarabuelos...

Linaje

Está formado por los ascendientes o descendientes de cualquier familia.

Los ascendientes y los descendientes de un mismo linaje van formando familias que tienen un parentesco.

Parentesco

Vínculo por consanguinidad o afinidad.

Consanguíneo

Persona que tiene parentesco de consanguinidad con otra.

Consanguinidad

Unión, por parentesco natural, de varias personas que descienden de una misma raíz o tronco.

Afinidad

Proximidad o semejanza de una cosa con otra.

De los árboles, esas plantas de tronco leñoso y elevado, que se **ramifica** a cierta altura del suelo, el árbol genealógico toma prestadas:

La raíz
Parte de las plantas que crece en dirección inversa a la del tallo, carece de hojas, e introducida en la tierra absorbe de ella las materias necesarias para el crecimiento y desarrollo de la planta y le sirve de sostén.

El tronco
Tallo fuerte y macizo de los árboles y arbustos.

Las ramas
Cada una de las partes que nacen del tronco o tallo principal de la planta y en las cuales brotan por lo común hojas, flores y frutos.

El árbol genealógico representa,
primero, la historia de una familia;
pero las familias se ramifican y
su composición cambia tanto
en el transcurso del tiempo, que
después este árbol puede formar
una historia más amplia, aquella
que nos da nuevos **indicios**
(o pistas) del pasado, de un
tiempo que se ha ido, pero del que
podemos encontrar huellas en
nosotros mismos.

AHORA COMPRUEBA

Volver a leer ¿Qué elementos de los árboles toma prestado el árbol genealógico? Vuelve a leer para encontrar la respuesta.

Actualmente, existen diversos tipos de familias cuyos lazos entre padres e hijos no se establecen necesariamente por relaciones de parentesco consanguíneo sino por vínculos afectivos, de tal manera que podríamos hablar, por ejemplo, de parentesco por adopción.

Antes de continuar es muy importante comentar algo: como has visto, casi todos los términos relacionados con los ascendientes y descendientes están escritos con género masculino. Sin embargo, debes tomar en cuenta que estos términos también se refieren a las mujeres.

¿Quiénes forman parte del árbol genealógico?

El árbol crece en diferentes direcciones...

- **Hacia arriba con nuestros ascendientes:**
  Padres, abuelos, bisabuelos, tatarabuelos...

- **Hacia abajo con nuestros descendientes:**
  Hijos, nietos, bisnietos, tataranietos
  y choznos.

- **A los lados** con nuestros hermanos, sobrinos,
  primos y las ramas que forman cada uno.

Veamos una representación en línea recta de
un árbol genealógico:

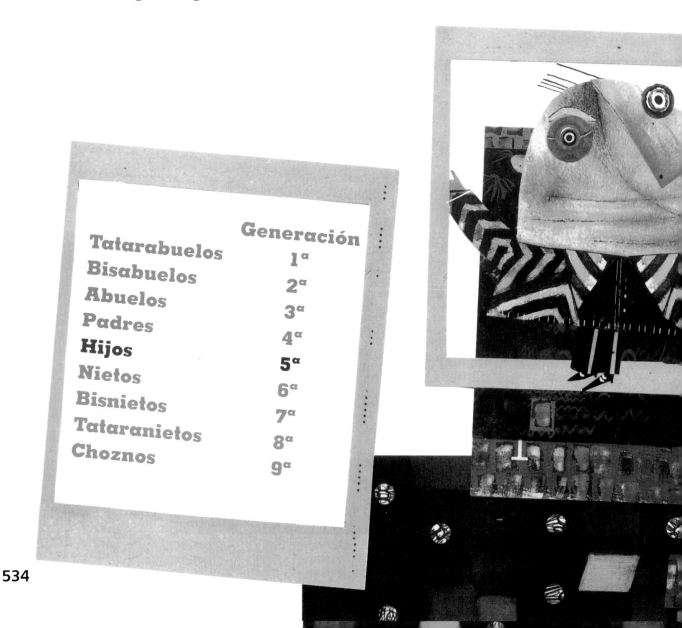

	Generación
Tatarabuelos	1ª
Bisabuelos	2ª
Abuelos	3ª
Padres	4ª
Hijos	**5ª**
Nietos	6ª
Bisnietos	7ª
Tataranietos	8ª
Choznos	9ª

¿Por qué las generaciones se separan en 30 años?

Supongamos que nacimos en el año 2000 (todavía en el siglo XX). Nuestros padres pudieron haber nacido aproximadamente en 1970, nuestros abuelos en el año de 1940, los bisabuelos en 1910 y los tatarabuelos allá por 1880, en el siglo XIX. Por otra parte, si nacimos en el 2000, nuestros hijos pueden nacer en el año 2030, nuestros nietos —o sea los hijos de nuestros hijos— en el 2060, los bisnietos en 2090 y los tataranietos en 2120, en pleno siglo XXII.

¿Qué necesitamos para hacer un árbol genealógico?

Conocer los nombres y apellidos de nuestros padres, nuestros abuelos paternos (hombre y mujer, papás de tu papá) y hasta donde puedas averiguar. También hay que saberse los nombres de los abuelos maternos (hombre y mujer, papás de tu mamá), de tus bisabuelos maternos y hasta donde puedas averiguar.

Esta primera genealogía está en línea recta, pero también puedes agregar los nombres de los hermanos y hermanas de tu papá y de tu mamá, de sus esposos y esposas y de sus hijas e hijos, es decir, de tus tíos, tías y tus primas y primos.

¿Qué pasos hay que seguir para hacer un árbol genealógico?

Para hacer un árbol genealógico en línea recta tienes que apuntar los nombres y apellidos de tus padres y hermanos, de los padres de tu papá y de los de tu mamá y luego los nombres de sus abuelos y abuelas. Por ejemplo:

Mi papá: Juan **Pérez** López

Mi mamá: Guadalupe **González** Martínez

Mi hermana: Ana **Pérez González**

Mi hermano: Juan **Pérez González**

Mi nombre es María **Pérez González**

Los padres de mi papá se llaman:

Abuelo paterno: Antonio Pérez Fernández

Abuela paterna: Josefina López Maldonado

Los padres de mi mamá se llaman:

Abuelo materno: Pedro González García

Abuela materna: Guadalupe Martínez Lira

Los abuelos paternos de mi papá se llaman:

Bisabuelo paterno: Antonio Pérez Calderón

Bisabuela paterna: Trinidad Fernández Sánchez

Los abuelos paternos de mi mamá se llaman:

Bisabuelo materno: Pedro González Ramírez

Bisabuela materna: Laura García Flores

Luego puedes representarlos en un árbol genealógico en el que puedes anotar las fechas de nacimiento o calcularlas de acuerdo con los 30 años de diferencia entre cada generación y te quedaría más o menos así:

Bisabuelos paternos
Antonio Pérez Calderón (1908)
Trinidad Fernández Sánchez (1910)

Bisabuelos maternos
Pedro González Ramírez (1912)
Laura García Flores (1915)

Abuelos paternos
Antonio Pérez Fernández (1938)
Josefina López Maldonado (1940)

Abuelos maternos
Pedro González García (1939)
Guadalupe Martínez Lira (1942)

Padres
Juan Pérez López (1968)
Guadalupe González
Martínez (1970)

Nosotros
Ana Pérez González (1994)
Juan Pérez González (1998)
María Pérez González (2000)

En el árbol genealógico que acabas de ver hay dos cosas que resaltan. La primera es que los segundos apellidos, es decir, los apellidos maternos, se van perdiendo, pero son importantes para poder saber cómo se llamaban los padres y las madres; y la segunda es que tus padres son a la vez hijos y a la vez nietos, todo depende de la *generación de referencia*. Esa generación se llama generación *ego*, que en el caso de este ejemplo es la que nació en el año 2000, o sea, la generación de María Pérez González.

Con las fechas aproximadas y la averiguación de lo que sucedía en esas épocas ya puedes empezar a imaginar las vidas que vivieron tus antepasados y las que podrían vivir tus descendientes y así iniciar un gran relato histórico o imaginario.

AHORA COMPRUEBA

Hacer predicciones ¿Qué nombres crees que tendrán tus descendientes?

Aprende con este autor y esta ilustradora sobre nuestras raíces

Armando Leñero Otero

Armando Leñero nació en ciudad de México en el año 1929. Estudió Administración y ha sido parte del comité directivo de varias organizaciones de su país, entre ellas el Centro Juvenil de Promoción Integral. Además, por el profundo conocimiento que tiene de la historia de su país y casi todos sus rincones, ha colaborado en varias investigaciones sobre México. Y tal vez por este apasionamiento, decidió mostrarnos en *El árbol del tiempo* que todas las familias tienen un pasado y un presente que, a la vez, forman parte de una historia más amplia, la de un pueblo o la del mundo.

Ixchel Estrada

La ilustradora mexicana, nacida en 1977, amante de los *collages* imposibles, es licenciada en Diseño Gráfico de la Escuela Nacional de Artes Plásticas de la UNAM y diplomada en Ilustración. Ixchel ha colaborado como ilustradora para varios medios impresos y editoriales reconocidos. Sus ilustraciones han sido seleccionadas para formar parte del Catálogo de Ilustradores de Publicaciones Infantiles y Juveniles. En la actualidad trabaja en su proyecto de traducir sus imágenes bidimensionales en juguetes hechos a mano.

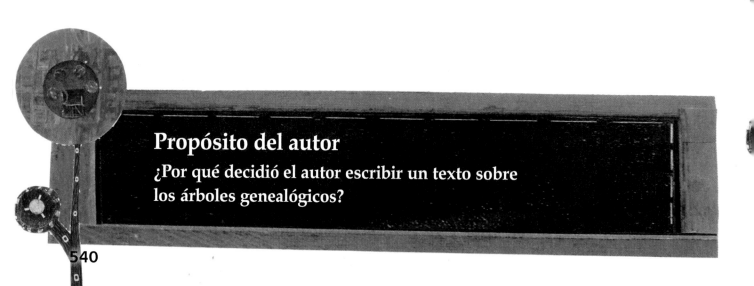

Propósito del autor
¿Por qué decidió el autor escribir un texto sobre los árboles genealógicos?

Respuesta al texto

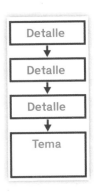

Resumir

Usa los detalles más importantes de *El árbol del tiempo* para resumir el texto. La información del organizador gráfico de tema puede servirte de ayuda.

Detalle
↓
Detalle
↓
Detalle
↓
Tema

Escribir

Piensa en cómo los árboles genealógicos nos permiten aproximarnos a nuestro pasado de una manera diferente. ¿Cómo logra el autor plantear esta idea a partir de la exposición de algunos conceptos?

Según el autor, un árbol genealógico...
Estos árboles también...
Así, logra plantear que estos árboles nos permiten ver el pasado de una manera diferente, porque...

Hacer conexiones

¿? ¿Por qué es un árbol genealógico una buena forma de saber más sobre tus antepasados? PREGUNTA ESENCIAL

Comenta por qué es importante mantener un registro del pasado.
EL TEXTO Y EL MUNDO

Compara los textos

Lee cómo los indígenas americanos han luchado por mantener vivas sus tradiciones.

Indígenas americanos:

ayer y hoy

Los indígenas americanos de antaño

Los indígenas americanos cazaban, pescaban y cultivaban en lo que hoy es tu ciudad. Esto ocurrió mucho antes de que vivieras allí. Vivían de la tierra. Lo mismo hicieron durante siglos sus ancestros. Se adaptaron al clima y a los recursos disponibles.

Esta forma de vida cambió con la llegada de los europeos. Los académicos creen saber la causa de muerte de millones de indígenas americanos: las enfermedades que trajeron los colonos blancos en el siglo XVIII. Mientras Estados Unidos se expandía, estallaron guerras entre los colonos y las tribus. Muchos de los indígenas americanos que sobrevivieron abandonaron sus tierras. Los colonos y soldados blancos forzaron al resto. La Ley de Desalojo de Indios de 1830 reubicó a las tribus al oeste del río Misisipi. Estableció 25 millones de acres para los asentamientos. Mientras, las tribus luchaban por conservar sus tradiciones

in Cruff/The Image Bank Getty Images

Reubicación de tribus indígenas

El anterior mapa muestra la reubicación de las tribus objibwa, seminola, cheroqui y alabama-coushatta a mediados del siglo XIX.

Al Norte: los ojibwas

Las tierras de los ojibwas o chippewas cubrían lo que ahora son los estados de Michigan, Wisconsin, Minnesota y Dakota del Norte. Ellos construían refugios con corteza llamados "wigwams". Y usaban la de los abedules para hacer canoas. Cazaban animales salvajes. Cultivaban maíz, calabacín y arroz silvestre, un grano que crece en los lagos de las regiones septentrionales. Los colonos se extendían por el norte de Estados Unidos, mientras los objibwas eran expulsados de sus tierras ancestrales a pequeñas reservas en estos cuatro estados.

Al Sur: los seminolas

En el siglo XVIII, los seminolas se asentaron en lo que hoy es el centro de Florida. Un territorio dominado por España. Construían cabañas y vestían ropa similar a la de los colonos. Muchos se dedicaron a la cría de caballos y ganado vacuno.

Estados Unidos obtuvo el control de Florida en la década de 1830 y forzó a los seminolas a reubicarse. Estallaron guerras entre los seminolas y el ejército de Estados Unidos. Algunos seminolas huyeron a los Everglades para evitar la reubicación. Allí cazaban, pescaban y comerciaban aislados.

Representación hecha por un artista de "El sendero de lágrimas" que ilustra la difícil travesía de los cheroquis.

Al Este: los cheroquis

El pueblo cheroqui habitaba en las tierras que hoy conforman los estados del Sureste. El territorio comprendido entre Carolina del Norte y Georgia. En el siglo XIX, Sequoyah, un jefe cheroqui, inventó un alfabeto escrito para la lengua cheroqui.

Los colonos blancos ansiaban vivir en las tierras cheroquis. Allí descubrieron oro. Esto redundó en la expulsión de los cheroquis. Una medida que tomó el Gobierno. Más de 4,000 cheroquis murieron en la travesía hacia Oklahoma. Este suceso se conoce como "El sendero de lágrimas". Los cheroquis lo llaman "El camino donde ellos lloraron".

Al Oeste: los alabama-coushatta

Las tribus alabama y coushatta eran tribus independientes originarias de Alabama. En 1763, los europeos los desplazaron de sus tierras en Alabama a Louisiana. Y luego, al sudeste de Texas. Ambas tribus participaron en la guerra entre Estados Unidos y México. Ayudaron a Texas en su lucha por la independencia. Las tribus pidieron su territorio cuando Texas se integró a la Unión en 1845. En 1854 le fue otorgado a la tribu de alabama un territorio cerca de Livingston, Texas. La tribu coushatta no recibió tierra propia. La tribu alabama accedió a compartir la tierra con los coushatta en 1859.

Los indígenas americanos de hoy

Actualmente, los indígenas llevan vidas distintas a las de sus ancestros. Algunos de los grupos que viven en reservas son pobres. Otros han prosperado. El arroz silvestre que compramos proviene de la reserva objibwa. Los alabama-coushatta reciben a más de 200.000 personas al año en sus campamentos. Los cheroquis de Oklahoma han hecho hoteles, hospitales y centros de entretenimiento. El turismo es una fuente importante de ingresos para los seminolas.

Los indígenas americanos han soportado muchas injusticias. Pero los de la actualidad conservan formas de **honrar** su cultura e historia. Los bailes o "powwows" les permiten celebrar tradiciones antiguas. Compartir relatos con cada nueva generación también ayuda a mantener vivo el pasado indígena en el presente.

Niños indígenas americanos de hoy participan en "powwows" para honrar la historia de su tribu.

Actualmente, los indígenas americanos trabajan en toda clase de profesiones.

Haz conexiones

¿Cómo honran su pasado los indígenas americanos actualmente? PREGUNTA ESENCIAL

¿Cómo conectan las tradiciones a las personas a través del tiempo? EL TEXTO Y OTROS TEXTOS

545

Glosario

En este glosario puedes encontrar el significado
de muchas de las palabras más difíciles del libro.
Las palabras están en orden alfabético.

Palabras guía

Las palabras guía en la parte superior de cada página te
indican la primera y la última palabra de la página.

abalanzarse/aparato

Primera palabra
de la página

Última palabra
de la página

Ejemplo de entrada

Cada entrada o palabra está dividida en sílabas. Después
encontrarás qué parte de la oración es (por ejemplo, si
aparece *adj.* es adjetivo), seguida de la definición de la
palabra y de una oración de ejemplo.

Parte de la oración

Definición

Entrada
principal y división
en sílabas

a•cuer•do *m.* Llegar a una decisión tomada en
común por varias personas. *Con mi hermano
llegamos al* **acuerdo** *de que él lavará la loza
en las noches.*

Oración de
ejemplo

Abreviaturas en este glosario

adj. adjetivo	*m.* y *f.* sustantivo masculino y femenino
adv. adverbio	*v.* verbo
f. sustantivo femenino	*s.* sustantivo masculino o femenino
m. sustantivo masculino	

Aa

a·ba·lan·zar·se *v.* Lanzarse o arrojarse hacia alguien o algo. *El portero se abalanzó para atrapar el balón.*

a·bru·ma·dor *adj.* Algo que agobia o preocupa en exceso. *Tengo pendientes varias tareas abrumadoras.*

a·ce·le·rar *v.* Dar velocidad o mayor rapidez a algo. *Aceleré mi bicicleta más de lo que a mi mamá le gusta.*

a·com·pa·ñar *v.* Estar o ir en compañía de otro. *Voy a acompañar a mis amigos al parque.*

ac·ti·tud *f.* Disposición del ánimo. *Ante los problemas hay que tener una actitud positiva.*

ac·tual·men·te *adv.* Que sucede en este momento. *Actualmente estoy estudiando idiomas.*

a·cuer·do *m.* Llegar a una decisión tomada en común por varias personas. *Con mi hermano llegamos al acuerdo de que él lavará la loza en las noches.*

a·do·les·cen·te *s.* Persona que está en la adolescencia. *A los adolescentes les gusta la música moderna.*

a·dor·no *m.* Elemento que sirve para decorar a alguien o algo. *Mi mamá ya compró los adornos para mi fiesta de cumpleaños.*

a·dop·ti·vo adj. Alguien tomado legalmente como hijo propio, que no lo es biológicamente. *Saber que era una hija adoptiva no cambió el amor de Lucrecia por su familia.*

a·fe·rrar·se *v.* Agarrarse o sujetarse fuertemente. *Juan se aferra a la mano de su papá en el supermercado.*

a·fi·ción *f.* Interés por una actividad o deporte. *Mi afición es el fútbol.*

a·gra·de·ci·mien·to *m.* Sentimiento o muestra de gratitud. *Ana expresó su agradecimiento a quienes la apoyaron.*

a·gri·cul·tu·ra *f.* Labranza o cultivo de la tierra. *Gracias a la agricultura podemos consumir muchos productos de la tierra.*

a·ho·rrar *v.* Reservar parte del dinero del que se dispone. *Ahorré todo un mes para comprar un balón.*

a·lia·do *m. y f.* Que se une a otros para alcanzar un mismo fin. *En la escuela siempre encuentro aliados para trabajar por mi comunidad.*

al·te·rar *v.* Cambiar o modificar. *Mi mamá alteró la distribución de la casa.*

am·pliar *v.* Extender, agrandar. *Voy a ampliar la foto de mis abuelos.*

an·ces·tro *m.* Antepasado o familiar remoto. *Quiero averiguar más sobre mis ancestros.*

an·ti·guo *adj.* Algo que sucedió o existió hace mucho tiempo. *En mi viaje a Londres compré objetos muy antiguos.*

a·pa·ra·to *m.* Instrumento o mecanismo con una función determinada. *El reloj es un aparato que indica la hora.*

a·plas·ta·do *adj.* Algo que perdió su forma por haber sufrido mucha presión o por un golpe. *Las flores **aplastadas** ya no se ven tan hermosas.*

a·re·no·so *adj.* Algo que tiene arena o características propias de ella. *El piso estaba un poco **arenoso**.*

ar·que·o·lo·gí·a *f.* Ciencia que estudia todo lo que se refiere a las artes y a los monumentos de la antigüedad. *Voy a estudiar **arqueología** para analizar los restos de la civilización chibcha.*

a·sen·tar·se *v.* Situarse, establecerse o ubicarse en un lugar. *Cuando llegamos al pueblo **nos asentamos** en la colina.*

as·tró·no·mo *m. y f.* Persona que se dedica profesionalmente al estudio de los astros. *Los **astrónomos** estudian los movimientos de los planetas.*

au·ro·ra *f.* Claridad y luz sonrosada que precede inmediatamente a la salida del sol. *En las mañanas me gusta ver la **aurora** desde mi cuarto.*

au·to·es·ti·ma *f.* Consideración, aprecio o valoración de sí mismo. *Tener una buena **autoestima** te hace más fuerte.*

a·van·ce *m.* Mejora o progreso. *Mi profesora me dijo que tuve un **avance** significativo en cuanto a la lectura.*

a·ve·ri·gua·ción *f.* Búsqueda o investigación para encontrar la verdad. *La policía se dedicó a hacer **averiguaciones**.*

Bb

ban·que·ta *f.* Orilla de la calle con pavimento adecuado para el paso de los peatones. *Se debe transitar por la **banqueta** para evitar accidentes.*

ba·ru·llo *m.* Confusión, desorden. *Toda la noche escuché un gran **barullo** fuera de mi casa.*

ba·su·re·ro *m.* Lugar en el que se pone la basura. *El **basurero** de mi vecindario queda un poco lejos de mi casa.*

bie·nes·tar *m.* Estado de tranquilidad por buenas condiciones físicas y económicas. *Tuvimos **bienestar** al mudarnos de ciudad.*

boi·co·te·ar *v.* Impedir que se lleve a cabo un asunto o un proyecto. *Algunos manifestantes **boicotearon** el discurso.*

Cc

cam·pa·ña *f.* Conjunto de actos que se dirigen a conseguir un fin determinado. *Mis amigos me ayudaron a hacer mi **campaña**.*

ca·mu·fla·do *adj.* Que se oculta a simple vista dando el aspecto de otro objeto. *La casa del árbol quedó **camuflada** por las ramas.*

can·sa·do *adj.* Fatigado, sin energías. *Los corredores lucen **cansados** al final de la competencia.*

ca·pa·ci·dad *f.* Talento o cualidad de una persona. *Mi hermana tiene una gran capacidad para aprender idiomas.*

ca·rac·te·rís·ti·co *adj.* Que sirve para distinguir algo o a alguien de los demás. *Nunca he olvidado el ruido característico del mar.*

cha·lu·pa *f.* Embarcación pequeña de diferentes formas para diversos usos. *La chalupa navega por el río.*

char·co *m.* Agua estancada en la tierra o el piso. *La lluvia formó varios charcos en la calle.*

có·di·ce *m.* Manuscrito antiguo de importancia artística, literaria o histórica. *Solo en los museos se pueden ver los verdaderos códices.*

co·di·cia *f.* Deseo o apetito ansioso y excesivo de bienes o riquezas. *La codicia hace que la gente sea menos solidaria.*

coin·ci·den·cia *f.* Acontecimiento fortuito. *Fue una feliz coincidencia encontrarnos en el cine.*

co·lap·sar *v.* Destrucción, ruina de una institución, sistema o estructura. *El edificio colapsó después del fuerte temblor.*

com·bus·ti·ble *m.* Sustancia inflamable que produce energía. *La gasolina es uno de los combustibles más usados.*

com·pa·ñe·ro *m. y f.* Persona que comparte con otra alguna actividad o tarea. *Este año tengo algunos compañeros nuevos en la escuela.*

com·pa·si·vo *adj.* Que siente pena o dolor por el mal de otra persona o de los animales. *Mi abuela siempre ha sido una mujer muy compasiva.*

com·ple·men·ta·rio *adj.* Que sirve para completar o perfeccionar alguna cosa. *Voy a realizar algunos cursos complementarios en verano.*

com·pro·mi·so *m.* Hacer o contraer una obligación con algo o alguien. *Hicimos el compromiso de ir a nadar todos los viernes.*

co·mu·ni·ca·ti·vo *adj.* Persona que tiene facilidad para comunicarse. *Felipe es una persona muy comunicativa en el trabajo.*

con·fia·ble *adj.* Cosa o persona en la que se puede confiar. *El cinturón de seguridad es muy confiable para evitar accidentes.*

con·se·cuen·cia *f.* Hecho o acontecimiento que resulta de otro. *Las consecuencias de no ahorrar agua ahora podrían ser terribles.*

con·si·de·ra·ble *adj.* Grande, cuantioso o importante. *Ya tengo una considerable suma de dinero para las vacaciones.*

con·ver·tir *v.* Cambiar o modificar una cosa o a una persona en otra. *El entrenamiento te convirtió en un gran deportista.*

cre·a·ti·vo *adj.* Algo que resulta de la inventiva. *Alicia en el país de las maravillas es una obra muy creativa.*

cre·cer *v.* Aumentar de tamaño, cantidad o importancia; desarrollarse. *Las plantas crecen con la ayuda del agua y el sol.*

cre·cien·te *adj.* Que crece progresivamente. *La creciente participación de los jóvenes en la política es evidente.*

cri·sis *f.* Situación complicada o delicada. *La **crisis** económica afecta a muchos países del mundo actualmente.*

cruel·dad *f.* Acción despiadada e inhumana. *No podemos permitir ningún tipo de **crueldad** contra los animales.*

cul·tu·ral *adj.* De la cultura o relativo a ella. *El centro comunitario organiza actividades **culturales**.*

cu·rio·si·dad *f.* Deseo de conocer lo que no se sabe. *La **curiosidad** me llevó a investigar en la biblioteca.*

Dd

de·li·cio·so *adj.* Capaz de causar deleite por ser muy agradable o ameno. *Los mangos estaban **deliciosos**.*

de·men·te *adj.* Persona que carece de juicio. *Hay que ser **demente** para manejar excediendo la velocidad permitida.*

de·mo·cra·cia *f.* Doctrina política en la que el pueblo interviene en la elección de sus dirigentes. *La **democracia** exige participación ciudadana activa.*

de·mos·tra·ción *f.* Ejecución, práctica de una prueba. *Nancy hizo una **demostración** de cómo prepara galletas de limón.*

de·pre·da·dor *m.* y *f.* El animal que caza a otros para su alimentación. *El león es un gran **depredador**.*

des·a·cuer·do *m.* Falta de acuerdo entre ideas, acciones, personas, etc. *Resolvimos el **desacuerdo** a través del diálogo.*

des·crip·ti·vo *adj.* Que describe. *Leí un texto **descriptivo** acerca de la biología.*

des·e·qui·li·brio *m.* Desajuste en el equilibrio. *El **desequilibrio** ecológico llega cuando la naturaleza se ve afectada por diversos factores.*

des·mo·ro·nar·se *v.* Deshacerse y arruinarse poco a poco un cuerpo sólido. *La humedad hará que la pared **se desmorone**.*

des·pe·gar *v.* Apartar, desprender o separar. *La silla se **despegó** porque es muy antigua.*

des·truc·ción *f.* Ruina o daño grande casi irreparable. *El huracán causó una gran **destrucción**.*

de·ta·lle *m.* Parte pequeña o fragmento que forma parte de otra mayor. *Este cuadro tiene muchos **detalles** curiosos.*

de·ter·mi·na·ción *f.* Decisión firme. *Necesitas mucha **determinación** para poder entrar al equipo olímpico.*

dis·cur·so *m.* Exposición oral y pública sobre algún tema. *El **discurso** del presidente fue muy conmovedor.*

di·sol·ver·se *v.* Cuando algo se mezcla o se descompone. *Me gusta ver cómo **se disuelve** el azúcar en el café.*

di·ver·so *adj.* Que es variado o que lo forman características diferentes. *Al recorrer Argentina me di cuenta de que su cultura es muy **diversa**.*

di·ver·ti·dí·si·mo *adj.* Que divierte o entretiene mucho. *La película estuvo **divertidísima**.*

do·cu·men·tar *v.* Registrar o consignar información. *Cuando visité la exposición, **documenté** en un cuaderno la información más interesante.*

Ee

e·co·no·mí·a *f.* Sistema de comercio e industria por medio del cual se produce y usa la riqueza. *La **economía del país** crece diariamente.*

e·co·sis·te·ma *m.* Comunidad integrada por un conjunto de seres vivos relacionados entre sí por el mismo medio en el que habitan. *El **ecosistema** de los bosques templados es muy frágil pues está propenso a la erosión.*

e·fi·cien·te *adj.* Que consigue un propósito determinado empleando los medios idóneos. *Eres un ejemplo en la oficina porque eres un empleado **eficiente**.*

em·bar·ca·de·ro *m.* Lugar que sirve para introducir o bajar personas u objetos de una embarcación. *El buque atracó en un **embarcadero** cercano.*

e·mo·ción *f.* Sentimiento muy fuerte de alegría, placer, tristeza o dolor. *Se puso a llorar de la **emoción**.*

e·mo·cio·nan·te *adj.* Que produce mucha emoción. *La ceremonia de graduación de mi hija fue muy **emocionante**.*

em·pre·sa *f.* Entidad dedicada a una actividad económica específica. *Mi papá trabaja en una **empresa** que produce automóviles.*

em·pre·sa·rio *m.* y *f.* Persona que crea o dirige una empresa. *Un **empresario** debe tener mucho ingenio y perseverancia.*

en·ca·ri·ñar·se *v.* Despertar cariño por alguien o algo. *Me he **encariñado** mucho con tu gato.*

en·mien·da *f.* Variante, adición o reemplazo de un documento. *La Constitución tiene varias **enmiendas** que han sido necesarias a lo largo de los años.*

e·pi·de·mia *f.* Enfermedad que afecta a muchas personas de una comunidad. *Hay una **epidemia** de gripe en la ciudad.*

é·po·ca *f.* Período o espacio de tiempo. *El mes de enero es una **época** de lluvias.*

es·pa·cio·so *adj.* Grande o amplio. *Las habitaciones de mi casa son muy **espaciosas**.*

es·pe·cí·fi·co *adj.* Que es concreto y preciso. *El lector buscaba un libro **específico** en la biblioteca.*

es·ti·mu·lar *v.* Incitar o animar a alguien para que realice una cosa. *Mi profesor siempre nos **estimula** a leer diferentes libros.*

e·vi·den·cia *f.* Prueba o indicio de algo que es evidente. *El detective buscó **evidencias** en el lugar del incidente.*

ex·cep·cio·nal *adj.* Que es muy bueno o extraordinario. *Logramos una victoria **excepcional** en el juego de hoy.*

ex·pe·di·ción *f.* Excursión colectiva a una ciudad o un paraje distante. *Voy a ir con mis amigos a una **expedición** al océano.*

ex·pe·ri·men·to *m.* Prueba para determinar las propiedades de un producto. *En la clase de biología debemos hacer varios **experimentos**.*

ex·po·ner *v.* Presentar o exhibir una cosa en público para que sea vista. *La próxima semana **expondremos** todos los proyectos en la feria de ciencia.*

ex·tin·to *adj.* Desaparecido, fallecido. *Los dinosaurios están **extintos** desde hace mucho tiempo.*

ex·tra·or·di·na·rio *adj.* Fuera de lo común. *Mi tía tiene una memoria **extraordinaria**.*

Ff

fa·se *f.* Cada uno de los estados sucesivos de una cosa que cambia o se desarrolla. *El proyecto tiene varias **fases**.*

fon·do *m.* Reserva de dinero para un fin específico. *Mi madre creó un **fondo** para mis estudios universitarios.*

frá·gil *adj.* Débil, que tiene poca fuerza o resistencia. *Debemos tener cuidado porque la escultura es muy **frágil**.*

fran·ja *f.* Tira alargada que recorre una superficie. *Una **franja** de terreno quedó libre para construir un parque.*

fre·cuen·te *adj.* Usual, común. *Es **frecuente** que Gloria y yo paseemos a nuestros perros en el parque los domingos.*

fric·ción *f.* Fuerza que se opone al movimiento de un cuerpo cuando su superficie roza contra otra. *La **fricción** del paracaídas con el aire cuando abre hace que me detenga.*

fuer·te *m.* Recinto fortificado. *El **fuerte** Laramie alojó a regimientos de caballería e infantería en el siglo XIX.*

Gg

ge·ne·ro·si·dad *f.* Tendencia a ayudar a los demás y a dar las cosas propias sin esperar nada a cambio. *La **generosidad** es una virtud extraordinaria.*

glo·bal *adj.* Que incluye todo el planeta Tierra. *Internet es una red **global**.*

glo·ria *f.* Honor y admiración que se recibe por hacer algo importante. *La mayor **gloria** para un equipo de fútbol es ganar la Copa Mundial de Fútbol.*

go•ber•na•dor *m. y f.* Persona que gobierna o que tiene un cargo público. *La próxima semana son las elecciones para **gobernador**.*

go•te•ar *v.* Caer un líquido gota a gota. *La llave del lavamanos **goteó** toda la noche.*

gra•ve *adj.* Que es serio o importante. *Mi automóvil tiene un daño muy **grave**.*

gra•ve•dad *f.* Fuerza que ejerce la Tierra sobre todos los cuerpos hacia su centro. *Gracias a la **gravedad** no flotamos por el aire.*

Hh

he•ren•cia *f.* Transmisión de rasgos genéticos de una generacón a otra. *De mi madre tengo la **herencia** de unos lindos ojos.*

hip•no•ti•za•do *adj.* Que queda atraído intensamente por una cosa o persona. *Quedé **hipnotizada** por la belleza del paisaje.*

his•to•ria *f.* Acontecimientos pasados relacionados con cualquier actividad humana. *Martin Luther King es uno de los mas grandes personajes de la **historia**.*

ho•nes•to *adj.* Persona íntegra, honrada e incapaz de defraudar a alguien. *Fue muy **honesta** la joven que devolvió el dinero que encontró en la calle.*

hon•rar *v.* Enaltecer algo o a alguien por respeto, admiración o estima. *Ayer **honramos** a nuestros abuelos en la escuela.*

hú•me•do *adj.* Que está ligeramente impregnado de agua o de otro líquido. *Después de la lluvia de esta mañana, las calles quedaron **húmedas**.*

hu•mor *m.* Estado de ánimo, bueno o malo. *Marta está siempre de buen **humor**.*

Ii

i•dén•ti•co *adj.* Igual o muy parecido a otra cosa o persona. *Mi madre me ha dicho que soy **idéntica** a mi abuela.*

i•den•ti•dad *f.* Conjunto de rasgos propios de un individuo o de una colectividad que los caracteriza frente a los demás. *El carisma es parte de la **identidad** de mi maestra.*

i•mi•tar *v.* Hacer algo que se asemeje a otra cosa o a alguien. *Mi hermanito menor **imita** al presidente.*

im•pre•de•ci•ble *adj.* Inesperado, imposible de predecir. *El resultado del partido era **impredecible**.*

im•pul•so *m.* Grande o amplio. *Toma **impulso** antes de saltar.*

i•nau•gu•rar *v.* Abrir al público un establecimiento. *¿Vamos al museo? Ayer **inauguraron** la exposición que quería ver.*

in•da•ga•ción *f.* Investigación que se hace para averiguar lo desconocido. *La **indagación** para saber donde dejé mi teléfono móvil no ha tenido resultados positivos.*

in•di•cio *m.* Aquello que permite conocer o inferir la existencia de algo. *Su forma de escuchar era un **indicio** de su interés.*

in·di·vi·dua·li·dad *f.* Característica particular de una persona que la distingue de los demás. *Algunas personas demuestran su* **individualidad** *mediante la ropa.*

in·dus·tria *f.* Operaciones desarrolladas para crear, transformar o transportar productos. *Cuando sea adulta me gustaría trabajar en la* **industria** *cinematográfica.*

in·ge·nie·rí·a *f.* Estudio y aplicación de conocimientos científicos y técnicos. *La obra de* **ingeniería** *que más me gusta es el puente Tower Bridge de Londres.*

in·jus·ti·cia *f.* Falta de justicia. *La función de las leyes es combatir la* **injusticia**.

in·no·va·dor *adj.* Objeto que presenta novedades en su creación o alteración. *En los últimos desfiles de moda he visto muchos diseños* **innovadores**.

ins·ta·lar *v.* Poner o colocar algo en un lugar. *Nos falta* **instalar** *el piso de la cocina.*

in·te·re·san·te *adj.* Que atrae la atención o curiosidad. *La obra de teatro resultó muy* **interesante**.

in·ven·tar *v.* Imaginar o crear algo. *Román* **inventó** *una nueva manera de jugar.*

in·ver·tir *v.* Emplear una cantidad de dinero en algo para obtener ganancias. *Daniel* **invirtió** *mucho dinero en las acciones de una compañía.*

Jj

jol·go·rio *m.* Diversión muy animada con ruido y desorden. *El día de mis quince años celebramos con un gran* **jolgorio**.

Ll

le·gis·la·ción *f.* Conjunto de las leyes de un Estado. *Todos los países se rigen por su propia* **legislación**.

lo·grar *v.* Conseguir lo que se intenta. ***Logró*** *todo lo que se propuso de niña.*

Mm

ma·dru·ga·da *f.* Momento inicial del día. *Las* **madrugadas** *son muy frías en mi ciudad.*

mal·hu·mo·ra·do *adj.* Que tiene o está de mal humor. *Tu hermano estaba muy* **malhumorado** *cuando me saludó ayer.*

ma·re·a·do *adj.* Que siente un malestar general o aturdimiento. *Samuel está* **mareado** *por el viaje en barco.*

me·cer·se *v.* Cuando algo se mueve rítmica y lentamente y siempre vuelve al punto de partida. *La abuela* **se mece** *en el sillón mientras me lee un libro.*

mer·ca·do *m.* Lugar destinado para vender o comprar alimentos o mercancías. *Me gusta ir a comprar mis alimentos en el mercado.*

mi·cros·co·pio *m.* Instrumento óptico formado por un sistema de lentes que permiten la ampliación de la imagen. *Me regalaron un microscopio para completar mi laboratorio.*

mo·ho·so *adj.* Cubierto de moho. *El sótano está mohoso por la humedad.*

mo·ne·da *f.* Forma de dinero de cada país. *El cambio de moneda requiere algunos cálculos.*

mue·ca *f.* Expresión del rostro. *Liz no dejó de hacer muecas durante toda la reunión.*

mul·ti·co·lor *adj.* De múltiples o variados colores. *Los papagayos son multicolores.*

Nn

ne·cio *adj.* Persona terca, obstinada o imprudente. *Mi hermano no toma mis consejos, pues es muy necio.*

Oo

o·be·dien·cia *f.* Cumplimiento de lo que se manda. *A los soldados les enseñan que la obediencia es importante.*

o·po·si·tor *m. y f.* Persona que se opone a otra en cualquier materia. *Tengo muchos opositores en estas elecciones.*

or·ga·ni·za·ción *f.* Formación social o grupo que tiene un fin determinado. *Pertenezco a una organización que presta ayuda humanitaria.*

o·rien·tar *v.* Informar sobre un asunto. *Mi colega me orientó cuando empecé a trabajar en la compañía.*

o·ri·gen *m.* Lugar de donde procede una persona o cosa. *Estas flores son de origen francés.*

Pp

pan·de·re·ta *f.* Instrumento musical formado por un parche y que tiene sonajas en su contorno. *La pandereta produce sonidos muy alegres.*

pa·se·ar *v.* Andar por placer o para hacer ejercicio. *Hugo e Hilda salen a pasear al parque todos los domingos.*

pa·tria *f.* Tierra natal o adoptiva que es la nación o el país al que se pertenece. *Siempre me ha gustado cantar el himno nacional de mi patria.*

pe·cu·lia·ri·dad *f.* Detalle y signo peculiar o propio. *Una peculiaridad del jazmín de noche es su aroma nocturno.*

per·ma·nen·te *adj.* Que permanece o dura. *Por fin consiguió un trabajo permanente.*

per·sis·ten·te *adj.* Que tiene firmeza y constancia para lograr algo. *Tuve que ser muy persistente para conseguir un cupo en esta universidad.*

piz·ca *f.* Porción mínima o muy pequeña de una cosa. *Ponle una **pizca** de azúcar al café.*

plá·ci·da·men·te *adv.* De manera calmada o tranquila. *El bebé por fin durmió **plácidamente** toda la noche.*

pla·ne·ar *v.* Volar con las alas quietas y extendidas. *Las ardillas voladoras tienen la habilidad de **planear** de un árbol a otro.*

po·de·ro·so *adj.* Que tiene poder o autoridad. *La gerente de la compañía es una mujer muy **poderosa**.*

po·lí·ti·co *m. y f.* Persona que se dedica a la política. *Los **políticos** siempre deben dar muchos discursos durante sus campañas.*

por·ten·to *m.* Persona que sobresale por tener una cualidad extraordinaria. *El arquero de la selección de fútbol de mi país es un **portento**.*

po·ten·cial *m.* Fuerza o poder disponible para realizar una labor. *Juliana tiene **potencial** para jugar tenis profesionalmente.*

po·ten·te *adj.* Fuerte, poderoso. *Me alegra que el aire acondicionado de mi casa sea muy **potente** en verano.*

pre·o·cu·pa·ción *f.* Intranquilidad, inquietud o temor. *Como me demoré, mis amigos me esperaban con **preocupación**.*

pre·sa *f.* Animal o cosa que se puede cazar o pescar. *El tigre atrapó su **presa** después de una larga persecución.*

pre·ten·der *v.* Querer conseguir algo o aspirar a ello. ***Pretende** escribir una novela antes de que termine el año.*

pri·vi·le·gio *m.* Ventaja o derecho especial de que goza una persona. *Las personas que viven en la playa tienen el **privilegio** de ver el mar todos los días.*

pro·ce·di·mien·to *m.* Método o sistema estructurado para realizar algunas cosas. *Debemos seguir el **procedimiento** que nos indica el libro.*

pro·ce·so *m.* Conjunto de las fases o etapas sucesivas de una acción. *La famosa novela de Kafka es sobre un extraño **proceso** judicial.*

pro·cla·ma·ción *f.* Anuncio de un asunto público solemnemente. *¿Escuchaste ayer la **proclamación** del alcalde?*

pro·yec·to *m.* Plan y disposición detallados que se forman para realizar alguna cosa. *Nos costó trabajo crear el **proyecto** para construir este edificio.*

pu·bli·car *v.* Hacer manifiesta una cosa al público. *Los diarios de mañana **publicarán** la noticia.*

Rr

ra·íz *f.* El origen de una cosa o persona. *La **raíz** del español es el latín.*

ra·mi·fi·car *v.* Dividir, segmentar, propagarse. *La familia de mi bisabuelo se **ramificó** por toda América Latina.*

re·com·pen·sa *f.* Compensación, remuneración o premio. *Es bueno recibir una **recompensa** por trabajar tan arduamente.*

re·mo·to *adj.* Lejano, distante. *Los viajeros llegaron de una ciudad* **remota**.

re·sis·ten·cia *f.* Capacidad para resistir o aguantar. *Tiene mucha* **resistencia** *física*.

res·pon·sa·ble *adj.* Obligado a responder por algo o alguien. *Luciana es* **responsable** *del cuidado de sus mascotas*.

ri·dí·cu·lo *adj.* Que produce burla por ser raro o extravagante. *Lleva un vestido* **ridículo**.

ries·go *m.* Posibilidad de que ocurra un daño o haya un peligro. *Si salgo sin sombrilla, corro el* **riesgo** *de mojarme*.

ro·tar *v.* Dar vueltas alrededor de un eje. *La hélice del helicóptero* **rotaba** *rápidamente*.

ru·ti·na *f.* Costumbre, hábito adquirido de hacer las cosas de la misma forma. *Los ejercicios de calentamiento forman parte de la* **rutina** *del atleta*.

Ss

se·gui·dor *m. y f.* Que sigue a una persona o cosa. *Los* **seguidores** *del cantante quedaron complacidos con el concierto*.

se·quí·a *f.* Largo período de tiempo seco. *La* **sequía** *duró más de un mes*.

se·rie *f.* Conjunto de cosas relacionadas entre sí y que se suceden unas a otras. *La* **serie** *de números naturales es infinita*.

sim·pá·ti·co *adj.* Que inspira simpatía o la muestra. *Es tan* **simpático** *que no tiene enemigo alguno*.

so·cie·dad *f.* Conjunto de personas que se relacionan organizadamente. *En el colegio me inscribí en la* **Sociedad** *Protectora de Animales*.

so·le·a·do *adj.* Con sol y sin nubes. *Esta tarde está* **soleada**.

son·rien·te *adj.* Que sonríe. *El niño estaba feliz y* **sonriente**.

sor·pren·den·te *adj.* Algo o alguien que causa mucha sorpresa. *Su biblioteca era* **sorprendente** *porque tenía libros de todo el mundo*.

Tt

tec·no·lo·gí·a *f.* Conjunto de conocimientos o instrumentos específicos de una técnica. *La* **tecnología** *ha avanzado a pasos agigantados en el siglo XXI*.

te·les·co·pio *m.* Aparato óptico en forma de tubo que permite ver objetos muy lejanos. *Podemos ver las estrellas más de cerca con un* **telescopio** *especial*.

te·me·ro·so *adj.* Que se asusta fácilmente. *El gatito era* **temeroso** *y se escondía debajo de la cama*.

te·rri·to·rio *m.* Espacio físico determinado. *Los leones que están en la naturaleza tienen un extenso* **territorio** *de caza*.

tí·mi·do *adj.* Persona que no tiene confianza en sí misma. *Nunca he sido muy* **tímido** *para hablar en público*.

to·le·rar *v.* Permitir o consentir algo sin aprobarlo expresamente. *Su padre le **tolera** todas sus travesuras.*

tram·pa *f.* Medio para burlar a alguien. *No debes hacer **trampa** cuando juegas.*

tran·sac·ción *f.* Trato, convenio o negocio comercial. *En su viaje de negocios, María cerró varias **transacciones** importantes.*

tra·ve·sí·a *f.* Viaje, particularmente el que se realiza en un barco o en un avión. *Estamos pensando en comenzar una **travesía** por mar.*

tra·ve·su·ra *f.* Acción con la que se causa algún daño o perjuicio de poca importancia. *Es muy inquieto y le gusta hacer **travesuras**.*

tre·men·do *adj.* Muy grande o intenso. *Hoy hizo un frío **tremendo**.*

triun·fal *adj.* Que tiene carácter de triunfo o de victoria. *El equipo ganador hizo su entrada **triunfal al estadio**.*

tro·zo *m.* Pedazo de algo. *Se comió un **trozo** de pastel.*

va·lio·so *adj.* De mucho valor. *Lo más **valioso** para mí es la amistad.*

ve·ne·no·so *adj.* Que envenena o posee veneno. *No todas las serpientes son **venenosas**.*

ven·ta·ja *f.* Superioridad o beneficio. *Tienes **ventaja** en el baloncesto porque eres más alta.*

ver·da·de·ro *adj.* Que contiene la verdad o que lo es. *El maestro pidió que señalara las respuestas **verdaderas**.*

ve·re·da *f.* Camino generalmente formado por el paso de animales y personas. *Sigue esta **vereda** y llegarás al pueblo.*

vi·bra·ción *f.* Movimiento repetido muy corto, tembloroso y rápido. *La **vibración** constante de la lavadora parece indicar que necesita reparaciones.*

vi·gi·lan·cia *f.* Acción y resultado de vigilar. *Estaba prestando **vigilancia** toda la noche.*

vi·go·ro·so *adj.* Que posee salud y vitalidad. *Mi abuela es una mujer **vigorosa**.*

vi·sio·na·rio *m. y f.* Que se adelanta a su tiempo o tiene visión de futuro. *Solo un **visionario** podría haber creado algo como los teléfonos celulares.*